海派经济学

Journal of Economics of Shanghai School

主办单位

中国政治经济学学会
上海财经大学海派经济学研究院
上海对外经贸大学马克思主义学院

支持单位

世界政治经济学学会
全国马克思主义经济学说史学会

目录

论文

信　息

CONTENTS

Paper

Information

海派经济学
第18卷第2期,2020 Journal of Economics of Shanghai School No.18,2,2020

马克思和恩格斯对资本主义住房问题的批判及其现实启示

戴圣鹏 孟 桢

内容提要 自从人类诞生以来,人们就开始关注住的问题,但住房问题日益突出与尖锐,成为一个社会历史问题登上历史舞台,则是在资本主义社会大工业化之后。马克思、恩格斯认为,资本主义社会的住房问题与资本主义的大工业化紧密联系在一起,它不是偶然的事件,而是必然的社会现象。正是资本主义开启了大工业化,才导致大量的人口往城市集中,而人口大量集中于城市,必然会使城市住房问题凸现出来。因此,在马克思、恩格斯的思维进路与理论逻辑中,解决住房问题远不是在经济上均衡城市住房供求那么简单,要解决城市住房问题,必须得找到深层次的社会原因才能真正解决,否则这个问题将一直伴随资本主义的发展。马克思和恩格斯对资本主义社会住房问题的批判,对于当前我国房地产市场的健康发展和住房问题的解决具有重要的现实启示意义。

关键词 马克思和恩格斯 资本主义大工业 住房短缺 城乡对立
中图分类号 A81

在马克思主义创始人的理论视野中,人的住房问题并没有在他们的视野之外。究其原因就在于,住房问题是一个关乎着人的生活与发展的非常现实的问题。这个问题自从它产生以来就一直存在着,在今天,它仍是我们生活中经常谈论的重大社会问题。

一、住房问题的历史考察

吃喝住穿问题,是关乎人生存的基本问题,是人生存的第一需要性问题。唯物主义历史观认为,人类首先需要满足吃喝住穿等问题之后,才可能从事政治、道德、文化、宗教、艺术等精神生产活动。如果吃喝住穿问题不能得到根本

收稿日期:2020—03—15

作者简介:戴圣鹏,华中师范大学马克思主义学院副教授,主要研究方向为马克思哲学、黑格尔哲学、经济哲学与马克思主义文明观;孟桢,华中师范大学马克思主义学院博士研究生,主要研究方向为马克思主义哲学。

基金项目:本文系华中师范大学中央高校基本科研业务费资助项目"华中师范大学马克思主义生态文明观及其中国化研究"(CCNU19TD012)的阶段性研究成果。

解决，人就不可能获得真正的解放。正如马克思主义经典作家所指出的那样，“当人们还不能使自己的吃喝住穿在质和量方面得到充分保证的时候，人们就根本不能获得解放”(马克思、恩格斯，2012a)。在原始社会时期，由于生产力极其低下，饥饿时常伴随着当时的人们，因此在人类社会的初期，如何解决食物来源不稳定与短缺的问题是人们首要关心的问题，也是人类生存的根本问题。只有当饥饿的问题有了较大改善的时候，人们才可能对其他的生存问题给予更多的关注与重视。当然，在人类社会初期，住的问题也是关乎着人的生存的重大问题，但人们对住的问题的重视并不像吃的问题那样突出，只是当吃的问题有了较为稳定的保障之后，住的问题才越来越引起重视。人们对住宅问题的重视是与私有制的产生紧密联系在一起的。随着生产力的提高，原始社会的土地公有制慢慢瓦解，氏族在原始社会的地位逐渐下降，逐渐失去它的社会功能和历史地位。作为社会的基本单位，氏族逐渐被家庭所代替，个体家庭成为社会的基本细胞，成为商品经济社会的基本经济单位。人类历史上第一个真正意义上的家庭形式是专偶制家庭。专偶制家庭的出现及其最后的胜利标志着个体家庭作为一个社会的基本经济单位登上了社会历史舞台。恩格斯在《家庭、私有制和国家的起源》中认为，“专偶制是不以自然条件为基础，而以经济条件为基础，即以私有制对原始的自然产生的公有制的胜利为基础的第一个家庭形式”(马克思、恩格斯，2012b)。个体家庭的出现，使得人们对住房问题的关心远远超过了原始社会。个体家庭建立在财产私有的基础上，对于一个家庭来讲，最能体现其存在的物质基础是这个家庭的居所——房屋。房屋是一个家庭私有财产的重要组成部分，是一个家庭拥有自身财产的重要标志，也是一个家庭获得相关社会身份的重要条件。因此，在私有制社会，相对于原始社会，住房问题或住宅问题变得更加重要。“野蛮人的每一个家庭都有自己的洞穴和茅舍，正如游牧人的每一个家庭都有独自的帐篷一样。这种单个分开的家庭经济由于私有制的进一步发展而成为更加必需的了”(马克思、恩格斯，2012c)。

在私有制社会中，住宅对于单个分开的家庭来讲，具有不可忽视的历史意义，成为一个家庭区别于另一个家庭的重要物质标志，是单个家庭建立的物质基础，所以它对于单个家庭而言具有独立性的意义。在奴隶社会与封建社会时期，由于人口不是过分地集中在某一个地方，而是分散于各地。当然不排除一定的时期一定的地点存在人口过分集中的情况，如古希腊的雅典城邦和中国唐朝的长安，但总体而言，在奴隶社会与封建社会，人口相对分散，因此不会出现人口过度集中所导致的住房短缺问题。奴隶社会与封建社会相对分散的人口分布，与当时自然经济的发展状况相适应，自给自足的自然经济需要一定的土地作为支撑，因此只有人口相对分散分布，才可能保证每一个家庭能通过耕种一定的土地来养活自身，这在城市中很难做到。在资本主义工业革命以前,城市主要依据自然条件建立,过去很多城市建立在自然交通比较方便的地方,如城市大多林立在水运比较发达的沿河流域。由于受当时社会生产力发展水平的制约,这样的地方空间发展比较有限,因此城市不可能容纳太多的人,绝大多数人还是生活在农村。但工业革命以后,城市的建立不再受制于自然交通条件,根据工业发展的需求,很多城市兴起,并随着大工业的发展兴盛起来。马克思主义经典作家认为,大工业"建立了现代的大工业城市——它们的出现如雨后春笋——来代替自然形成的城市"(马克思、恩格斯,2012d)。现代大工业城市的兴起改变了过去城市依附乡村的历史,"它使城市最终战胜了乡村"(马克思、恩格斯,2012e)。现代大工业城市的出现使得乡村依附于城市而存在,导致大量的乡村人口往城市大迁移。大量来自乡村的工人往城市集中,必然引发城市住房短缺问题。而在奴隶社会与封建社会,由于人口相对散布于乡村,因此很少存在住房短缺的问题。特别是在封建社会,不是城市战胜乡村,而是城市依附于乡村,因此人口分布与资本主义大工业时代人口过度集中在城市完全不同。由此可见,在奴隶社会与封建社会,存在住房问题,但住房问题并不突出,也不是一个引发社会矛盾的焦点问题。因此,在资本主义社会以前的历史时期,住房问题不是一个社会的突出问题,住房矛盾也不是一个社会的主要矛盾。

当人类社会进入现代大工业时代或资本主义时代以后,住房短缺问题逐渐作为一个社会历史问题登上历史的舞台。"一个老的文明国家像这样从工场手工业和小生产向大工业过渡,并且这个过渡还由于情况极其顺利而加速的时期,多半也就是'住房短缺'的时期"(马克思、恩格斯,2012f)。为什么人类进入了现代大工业时代或资本主义时代,住房问题才会表现得如此突出呢?在恩格斯看来,在现代大工业时代或资本主义时代,住房短缺问题产生的原因有两个方面:"一方面,大批农村工人突然被吸引到发展为工业中心的大城市里来;另一方面,这些老城市的布局已经不适合新的大工业的条件和与此相应的交通;街道在加宽,新的街道在开辟,铁路穿过市内。正当工人成群涌入城市的时候,工人住房却在大批拆除。于是就突然出现了工人以及以工人为主顾的小商人和小手工业者的住房短缺"(马克思、恩格斯,2012g)。资本主义大工业的发展引致的对劳动力的大量需求使得越来越多的乡村人口脱离他们世代耕种的土地,脱离其赖以生存的物质生产资料,源源不断地涌入城市谋生,从而使得城市人口不断增大,人口规模迅速膨胀。这样一来,由于城市人口不断增长,城市住房压力陡增,城市住房问题变成了一个突出的社会历史问题。因此,住房问题不是人类社会任何历史时期都存在的具有历史性意义的突出问题,它是人类进入资本主义社会,在资本主义大工业产生以后,才从众多社会问题中突现出来的一个社会历史问题,这个问题会贯穿整个资本主义时代。"住宅问题,只有当社会已经得到充分改造,从而可能着手消灭在现代资本主义社会里已达到极其尖锐程度的城乡对立时，才能获得解决”（马克思、恩格斯，2012h）。因此，在资本主义社会，“住房短缺并不是偶然的事情，它是一种必然的现象”（马克思、恩格斯，2012i）。

二、资本主义住房问题产生的根源与实质

资本主义大工业的发展，需要雇佣大量工人，必然使得人口向工业城市集中，而人口的集中必然导致城市的不断扩容。人口的增加与城市的不断扩展，必然会对城市的地皮以及住房价格产生深远的影响。马克思主义经典作家认为，“现代大城市的扩展，使城内某些地区特别是市中心的地皮价值人为地、往往是大幅度地提高起来”（马克思、恩格斯，2012j）。这也可以解释为什么在城市的发展中，地皮与房价往往会随着城市的发展而水涨船高，有时价格会让人觉得不可思议与离谱。运用唯物主义历史观与马克思主义政治经济学方法来看，土地的价格或者住房的价格实质上是资本化了的地租，正是因为它是“资本化的地租，也就是说，正是这个资本化的贡赋，表现为土地价格，因此土地也像任何其他交易品一样可以出售”（马克思、恩格斯，2012k）。由此可知，对于任何投机地皮与住房的人来说，“建筑投机的真正主要对象是地租，而不是房屋”（马克思、恩格斯，2012l）。城市人口对住房的大量需求，增加了建筑投机者（房地产商以及炒房客）投机地皮与住房的兴趣，随着他们投机兴趣的浓烈，地皮与住房的价格则节节攀升，高昂的住房价格就这样被造就了。面对高昂的住房价格，工人阶级必定无力购买，因此，对于他们来说，就不得不从房屋投机者那里租房来住，这样就导致了“社会上一部分人向另一部分人要求一种贡赋，作为后者在地球上居住的权利的代价”（马克思、恩格斯，2012m），也即向房屋投机者缴纳一定房租。之所以会导致这样结果，在马克思主义看来，是“因为土地所有权本来就包含土地所有者剥削地球的躯体、内脏、空气，从而剥削生命的维持和发展的权利”（马克思、恩格斯，2012n）。如果建筑投机者要继续保持对工人阶级的这种剥削权利，就必须使得住房的价格在高位上运行，也只有这样，他们才能获得更多的利益与投机机会。因此，对于建筑投机者而言，越是建造昂贵的住房，他们获取的地租就会越多，工人阶级或城市平民对他们的依赖性就越大，资产阶级对工人阶级的支配就会越强，对工人阶级的剥削就会越多。因此，建筑投机者绝不愿意为工人阶级建造既适用又经济的住房，为了招揽或留住更好的人才而为工人提供免费住宿除外，正如恩格斯所说，“建造昂贵住房为建筑业提供了更有利得多的投机场所，而建造工人住房只是一种例外”（马克思、恩格斯，2012o）。

住房建得越来越豪华、越来越昂贵，不仅可以为建筑业提供更有利得多的投机场所和更多的投机机会，还会不断地刺激人们的住房消费欲望，并进一步

强化人们对更好住房的向往。这样的一种刺激如何影响人们的住房消费心理，我们可以用马克思的一段经典话语来加以概括，“一座房子不管怎样小，在周围的房屋都是这样小的时候，它是能满足社会对住房的一切要求的。但是，一旦在这座小房子近旁耸立起一座宫殿，这座小房子就缩成茅舍模样了。这时，狭小的房子证明它的居住者不能讲究或者只能有很低的要求；并且，不管小房子的规模怎样随着文明的进步而扩大起来，只要近旁的宫殿以同样的或更大的程度扩大起来，那座较小房子的居住者就会在那四壁之内越发觉得不舒适，越发不满意，越发感到受压抑”(马克思、恩格斯，2012p)。因此，资本主义社会的建筑投机者建造昂贵的住房，会使得整个社会把太多的精力投放在住房问题上，这不仅对建筑投机者是这样，对于无法购买昂贵住房的人也是如此。因此，在资本主义社会，住房问题已不再是一个生存需要问题，而是一个社会需要与市场投资问题。这也告知我们在衡量住房需要时，不能仅从人的生存需要去考虑，而更多得要从社会需要的角度去考虑，并且社会需要是一个更为根本性的评价尺度。马克思在《雇佣劳动与资本》中对怎样衡量资本主义社会中人的需要做过一个表述，“我们的需要和享受是由社会产生的；因此，我们在衡量需要和享受时是以社会为尺度，而不是以满足它们的物品为尺度的。因为我们的需要和享受具有社会性质，所以它们具有相对的性质”(马克思、恩格斯，2012q)。在资本主义社会中，是资本主义的社会生产，特别是以投资为目的的房地产决定着人们对住房的需求，从而引发了相对于工人阶级而言的住房问题。

唯物主义历史观认为，资本主义社会所存在的住房短缺问题，并不是一种真正意义上的住房短缺，其本质上是人们住房需求不断膨胀所导致的“住房短缺”。这种住房需求不是从满足人的基本生存需要为目的，而是一种由于社会不断投资产生的膨胀化需求。这种需求不是来自住房消费本身，而是来自用于住房建设的生产资本的不断增加，正是用于昂贵住房建设的生产资本的迅速增加，才引发了资本主义社会的住房短缺问题。之所以会如此，根本原因就在于“生产资本的迅速增长，会引起财富、奢侈、社会需要和社会享受同样迅速的增长”(马克思、恩格斯，2012r)。因此，整个社会的住房需求，就这样被昂贵住房投资的不断增加弄得水涨船高。相对于建筑投机者用于住房投资的不断增加，工人阶级的住房条件并没有发生根本性的改观，工人阶级面对日益高昂的房价，只能望洋兴叹。在资本主义社会，工人阶级不仅在生产中遭受奴役与剥削，在生活领域中也同样遭受剥削。工人阶级要拥有自己的住所，要么是租房，要么是贷款买房，但无论是哪种形式，他们都不得不为自己的生存与休息的权利缴纳一笔贡赋，他们事实上已变成为了生存与休息而需要不断去工作的“奴隶”。在现代社会，人们把这样的人称为“房奴”。因此，恩格斯在描述工人阶级的住房状况时指出，他们事实上已经是一群被剥夺了舒适的住所而过着像耗子一样生活的人。因此，当时资本主义社会的住房问题可用马克思的一句话来描述，"这是一个着了魔的、颠倒的、倒立着的世界。在这个世界里，资本先生和土地太太，作为社会的人物，同时又直接作为单纯的物，在兴妖作怪"（马克思、恩格斯，2012s）。

三、马克思和恩格斯批判资本主义住房问题的现实启示

马克思和恩格斯对资本主义社会住房问题的关注与批判，特别是对工人阶级住房问题的关注与批判，对于当前解决我们所面临的住房问题，不仅具有不可忽视的理论意义，还具有不可忽视的现实价值。

当下国内住房价格在一段时间内居高不下，一定程度上过快增长，不能简单地认为是供不应求导致的，应该还有更深层次的原因。唯物主义历史观认为，房价的不断上扬，的确与城市人口的不断增加、城市的快速发展有着紧密的联系，城市人口的不断增加和城市的急剧扩容，的确会增大城市住房供给压力，出现供不应求的情况，并会使得城市的地皮价格不断上扬，并导致住房价格的不断上涨。但这种上涨它不可能是长久性的，而只能是一种阶段性的上涨。房价长期不断上涨，从根本上讲与投资者不断建设昂贵的住房和把住房当作投资对象有着更为直接的关系，从马克思和恩格斯所揭示的资本主义社会住房问题实质的角度讲，建设昂贵的住房只对房地产商以及其他的住房投资者有利，而对于真正需要住房的广大普通老百姓来讲是十分不利的。因为建设昂贵的住房，例如开发别墅住宅区或高档住宅区，不仅刺激了虚假的住房需要，膨胀了人们的住房攀比心，更主要的是导致大量的投资涌向高档住房以及昂贵别墅建设，这也必然导致用于民众基本需求建设的住房投资减少。也正是因为如此，恩格斯才认为在资本主义社会，"建造昂贵住房为建筑业提供了更有利得多的投机场所，而建造工人住房只是一种例外"（马克思、恩格斯，2012t）。因此，为了避免资本主义社会这种住房投资结构，避免走资本主义社会的老路，我们必须把建造昂贵住房变成一种例外，加大对高档住宅区以及别墅的监控，减少用于这方面的土地供给，从而达到减少用于昂贵住房方面的投资，并着力引导房地产商投资经济适用房的生产与建设，从根本上消除住房的资本属性。因此，在当前我们应该把更多的住房建设投资用于保障广大人民群众的基本住房需求上来，而不是把它变成资本逐利与投机的场所。只有这样，才能从住房投资的源头上控制房价上涨，维护住房市场稳定、健康发展。只要用于建设更为豪华、更为昂贵的住宅投资在不断增加，住房的价格就会不断上扬，房地产市场吸纳的社会资本就会越来越多，由房地产制造的经济泡沫就越来越大，社会生产与社会消费的成本就会不断增加，经济危机的风险就会急剧增加，最后的结果就是社会经济进入大萧条时代。

马克思主义经典作家认为,资本主义大工业时期出现的住房短缺问题,并不是真正的住房短缺,而是一种相对的住房短缺,即相对于广大的工人阶级来说的住房短缺,而对于资产阶级来说不但不存在住房短缺,住房还十分富余,甚至是奢华,因此,恩格斯认为,资本主义社会的住房短缺只是一个假象。之所以是一个假象,原因就在于资本主义社会"现在各大城市中有足够的住房,只要合理使用,就可以立即解决现实的'住房短缺'问题"(马克思、恩格斯,2012u)。其实在当前的中国,城市住房短缺问题也可以说是一种相对的短缺,因为在我国的很多大城市中,住房空置率是很高的,曾经有过一些学者对某个城市新建的城区做过调查,发现那里的空置率竟然高达60%。一边是新建住房大量空置在那里,而一边又是现实生活中很多人在城市生活中没有自己的房产与固定住所,因此,这种状况必然导致当前我国住房问题的尖锐化。但如果合理利用城市中空置住房,便可以解决我国当前的住房问题。从市场经济的角度讲,一个家庭拥有十几套甚至上百套住房,其符合资本积聚的规律,但不符合社会主义市场经济资源优化配置的原则,它是一种严重的社会资源浪费行为。我国之所以选择市场经济道路,就是因为市场经济有利于资源的优化配置,从而有利于实现经济效益与社会效益最大化。任何一种社会资源,只有在真实的使用中才能实现其价值,才能发挥其经济效益或社会效益。马克思认为,"产品只是在消费中才成为现实的产品,例如,一件衣服由于穿的行为才现实地成为衣服;一间房屋无人居住,事实上就不称其为现实的房屋;因此,产品不同于单纯的自然对象,它在消费中才证实自己是产品,才成为产品"(马克思、恩格斯,2012v)。如果社会生产的产品得不到真正意义上的消费,它就不是真正意义上的产品,它事实上就是一种社会资源浪费,不可能使经济效益或社会效益得到实现。社会上存在太多闲置住房,这类住房不仅不是"现实的房屋",更是一种闲置与浪费的社会资源。在我国人均土地面积如此之少的情况下,这种对土地资源的浪费是一种令人十分痛心的行为。针对这种十分紧缺的社会资源,国家有必要对长期闲置住房的所有者征收社会紧缺资源闲置税,以达到保护与最大限度地利用社会有限资源的目的。除此之外,国家还非常有必要采取措施来限制房屋出租者的最高租金价格,并对违反者加以重罚。通过社会紧缺资源闲置税与最高租金限价这双管措施,把社会闲置的大量住房推向市场,以化解城市的相对性的住房短缺问题,从而达到节省与保护土地资源的目的。

生存权与发展权是人权的两大基本内容,而住房问题是关系着人的生存权与发展权的重要问题。住房,属于人的生活空间,而"空间是一切生产和一切人类活动的要素"(马克思、恩格斯,2012w),因而个人住房必然构成了个人的生存权与发展权的物质基础。由此可见,在我国要保障人们的生存权,就应当使人们的住房有所保障,从而为人的生存权与发展权提供物质基础。在资本主义大工业化时期，工人阶级的生存权与发展权，由于住房问题而受到了极大限制，住房问题成为资本主义大工业化时期工人阶级最沉重的枷锁，成了工人阶级最大的不幸。恩格斯在描述当时德国的住房问题时认为，“住房有所保障——现在在大工业的统治下，不仅成了工人最沉重的枷锁，而且成了整个工人阶级最大的不幸，成了工资无比地低于正常水平的基础，并且不仅个别工业部门和个别地区是这样，全国各地也是这样”（马克思、恩格斯，2012x）。因此，当前，在我国现代工业化与城镇化的重要历史时期，我们必须避免这种状况的出现，决不能让住房问题成为广大人民群众的“最沉重的枷锁”，成为广大人民群众“最大的不幸”，成为广大人民群众改善生活条件的沉重负担。如果住房问题变成广大人民群众难以承受的负担，其必然在某种意义上损害人民的生存权与发展权，因此，对于当前中国来说，解决住房问题是一个关乎着人的生存权与发展权的问题，也是考验以人民为中心的执政理念能否得到践行的重大现实问题。因此，要保障广大的人民群众的生存权与发展权，就必须把人民群众关注与关心的住房问题解决好，这是社会主义国家为满足人民对美好生活的需要所应担负起来的社会责任，也是社会主义国家彰显其制度优越性的重要场域与舞台。

恩格斯在《论住宅问题》中指出，在资本主义社会，解决住宅问题“同其他一切社会问题的解决办法是完全一样的，这就是靠经济上供求的逐渐均衡来加以解决”，但“这样解决了之后，问题又会不断产生，所以也就等于没有解决”（马克思、恩格斯，2012y）。那怎样才能更好地或从根本上解决这个问题呢？恩格斯认为工人阶级要从根本上解决自己的住房问题，就需要社会革命，也即需要工人阶级对资产阶级发动无产阶级革命或社会主义革命。而在社会主义革命中，解决这个问题“不仅要以当时的情况为转移，而且也同一些意义深远的问题有关，其中最重要的问题之一就是消灭城乡对立”（马克思、恩格斯，2012z）。在恩格斯看来，资本主义社会通过增加住房供给以及征收房产税等举措来解决住房问题，只是治标不治本的举措，因为住房问题远不只是经济上均衡供给那么简单，它有其产生的深层次原因。因而，只有解决了更为深层次的原因，也即通过社会革命消灭资本主义社会的城乡对立，才能使工人阶级的住房问题得到根本性的解决，否则这个问题必将长期存在。因此，对于当前我国所面临的住房问题，固然通过增加供给与限制购置可以得到一定程度的缓解，但如果不从根本上改变我国城乡二元结构，城市住房问题必将难以得到有效解决。因为只要城市与农村在经济发展中存在较大差距，城市生活条件大大优于农村、城市社会保障高于农村的现象一直存在，那么人口必然会向城市转移，城市的住房问题就必将十分突出，且长期存在。因此，要解决当前我国城市住房瓶颈问题，就必须先缩小城乡差距，实现城乡一体化发展，而要实现城乡一体化发展，就必须首先实现农业的现代化和农村的城镇化。只要农业没有现代化、农村没有城镇化，城市与乡村的发展差距就会存在，城市的住房问题也会一直存在。因此，在我国，在解决城市住房问题上，不能头痛治头、脚痛治脚，一定要在增加城市住房供给与盘活城市住房存量的同时，大力发展现代农业，并因地制宜地实现乡村城镇化与现代化。

最后应指出，程恩富、钟卫华提出的"未来城市住房以公租房为主，商品房、私租房为辅"的改革发展模式值得重视（程恩富、钟卫华，2011）。这是因为，要解决当前我国城市住房瓶颈与缩小住房的贫富差别问题，除了从根本上发展现代生产力和实现现代生产力在各个地区的普遍发展（特别是在乡村的发展）之外，还应借助于社会主义的制度优势，按照中央提出的"房住不炒"的指导方针，大力增加城市公租房的供给，在一般情况下城市公租房的总供给量应不小于城市商品房的总供给量。而要增加城市公租房的供给，就必须增加城市公租房建设用地的供给。在现有城市建设用地紧张的情况下，要增加城市公租房建设用地，最好的方式就是把在城市的城中村、棚户区以及城市破旧区域改造中所腾空出来的土地，优先用来满足城市公租房建设需要，而不是进行商业化的大开发。通过城市土地供给调节房价，缩小住房的贫富差别问题，除了要确保城市公租房建设中城市核心区域优质地块的优先供给之外，还要发挥现有的公有制房地产企业在城市公租房建设中的主导地位与主体地位，以确保公租房建设能够保持高质量、低成本。城市的公租房不应建设在城市的远郊与边缘地带，而应是城市的核心区域或城市功能较完善区域（王丽艳、季奕、王咿瑾，2019），只有这样，才能借助城市公租房的大量优质供给和低租金的优势有效地拉低房价，降低民众的生活成本，从而解决当前的城市住房问题以及由住房占有不同所导致的社会分化问题，最终实现城乡一体化发展和社会的和谐发展。

参考文献

[1]程恩富、钟卫华，2011，城市以公租房为主的"新住房策论"，《财贸经济》，第 12 期，第 107—113 页。

[2]马克思、恩格斯，2012a，《马克思恩格斯选集》第 1 卷，北京：人民出版社，第 154 页。

[3]马克思、恩格斯，2012c，《马克思恩格斯选集》第 1 卷，北京：人民出版社，第 196—197 页。

[4]马克思、恩格斯，2012d、e，《马克思恩格斯选集》第 1 卷，北京：人民出版社，第 194 页。

[5]马克思、恩格斯，2012p、q、r，《马克思恩格斯选集》第 1 卷，北京：人民出版社。

[6]马克思、恩格斯，2012k、l，《马克思恩格斯选集》第 2 卷，北京：人民出版社，第 640 页。

[7]马克思、恩格斯，2012m、n、w，《马克思恩格斯选集》第 2 卷，北京：人民出版社，第 639 页。

[8]马克思、恩格斯,2012s,《马克思恩格斯选集》第 2 卷,北京:人民出版社,第 646 页。

[9]马克思、恩格斯,2012v,《马克思恩格斯选集》第 2 卷,北京:人民出版社,第 691 页。

[10]马克思、恩格斯,2012x,《马克思恩格斯选集》第 2 卷,北京:人民出版社,第 187 页。

[11]马克思、恩格斯,2012f、j、o、t,《马克思恩格斯选集》第 3 卷,北京:人民出版社,第 193 页。

[12]马克思、恩格斯,2012g,《马克思恩格斯选集》第 3 卷,北京:人民出版社,第 179—180 页。

[13]马克思、恩格斯,2012h,《马克思恩格斯选集》第 3 卷,北京:人民出版社,第 223 页。

[14]马克思、恩格斯,2012i,《马克思恩格斯选集》第 3 卷,北京:人民出版社,第 216 页。

[15]马克思、恩格斯,2012u,《马克思恩格斯选集》第 3 卷,北京:人民出版社,第 206 页。

[16]马克思、恩格斯,2012y、z,《马克思恩格斯选集》第 3 卷,北京:人民出版社,第 205 页。

[17]马克思、恩格斯,2012b,《马克思恩格斯选集》第 4 卷,北京:人民出版社,第 175 页。

[18]王丽艳、季奕、王咿瑾,2019,城市创意人才居住选址偏好研究——基于天津市微观调查与大数据的实证分析,《管理学刊》,第 5 期,第 30—37 页。

Marx and Engels's Criticism of Capitalist Housing Problem and its Practical Enlightenment

Dai Shengpeng Meng Zhen

Abstract Early from the birth of mankind, people have paid much attention to housing issues. While, it was until the capitalist great industrialization that, the housing problem became increasingly prominent and acute, forming a social and historical problem on the historical stage. Marx and Engels believe the capitalist housing problems is closely related with the capitalist industrialization, which is not a coincidence, but an inevitable social phenomenon. It is the capitalist industrialization that leads to a large number of population pouring into cities and resulted in the housing problems. Therefore, according to Marx and Engels, the housing problems cannot be solved only by balancing the supply and demand in an economic way. It can only be really solved by digging for the underlying social reasons. Otherwise, housing problems will be around all the way the capitalism lives. Marx and Engels' criticism of the capitalist housing problems is of much practical significance to the sound development of the real estate market and the solution of the housing problems in China.

Key words Marx and Engels　Capitalist Industry　Housing Shortage　Antagonism between Town and Country

海派经济学
第 18 卷第 2 期，2020 Journal of Economics of Shanghai School No. 18，2，2020

疫情、危机与中国对策：《资本论》的视角

刘新刚 裴振磊 石 秀

内容提要 2008 年全球金融危机爆发之后，美国经济越发脱实向虚，股市稳定性极差，其走势易受重大事件牵引。2020 年新冠疫情全球爆发并引发恐慌，美股暴跌，国际经济形势剧变。研判美国经济走势需引入"事件—金融—危机"连锁分析视角，而西方经济学中没有现成的理论。由此文章提出：(1)《资本论》有大量相关论述，有助于提炼形成金属货币本位下的"事件—金融—危机"连锁理论；(2)鉴于货币政策成为当今影响金融运行的重要变量，因此可以进一步制定货币政策参与下的"事件—金融—危机"连锁理论；(3)以此观察新冠疫情下金融、经济连锁运行，可以给出美国经济进入不可避免的衰退期这一基本判断和几种可能的具体轨迹；(4)中国要自觉和更好地发挥社会主义优势，防范国际金融风险，探索完善社会主义的货币、财政政策，在变局中推进"一带一路"倡议。

关键词 新冠疫情 全球危机 中国对策 《资本论》视角

中图分类号 F0—0

2020 年 3 月 18 日，习近平总书记在中央政治局常委会会议上强调"要准确把握国内外疫情防控和经济形势的阶段性变化，因时因势调整工作着力点和应对举措"。我们知道，当前情况是历史的延续，为准确研判情况变化，我们至少要考察 2008 年以来相关情况的发展趋势。2008 年美国次贷危机引发股市崩盘后，美国以超低利率和多轮量化宽松为主的非常规货币政策为解决之道，美股竟迎来一轮长达 11 年的牛市。但这不是真正的繁荣，而是用一个更大的泡沫掩饰之前的泡沫：美股道琼斯指数从危机期间的 6 547.05 点飙升到 2020 年初冲破 29 000 点，而同期美国 GDP 增长了不足 50%；"巴菲特指标"是美国股市市值和美国国民生产总值的比值，在 2020 年第一个交易日高达 153%。可以说，到 2020 年初，美国股市和经济的倒挂已经到达了一个相当惊

收稿日期：2020—03—18

作者简介：刘新刚，北京理工大学马克思主义学院副院长、教授、博士生导师，主要研究方向为马克思主义政治经济学；裴振磊，北京理工大学人文与社会科学学院博士生，主要研究方向为马克思主义政治经济学；石秀，北京理工大学马克思主义学院在站博士后，主要研究方向为马克思主义政治经济学。

基金项目：本文系工信部党的政治建设研究中心重大课题"党的政治建设与中国特色新型工业化道路研究"(19GZY108)的阶段性研究成果。

人的程度。而 2020 年初,新冠肺炎在全球爆发,引起资本市场极大的恐慌,成为点燃美国股市的一粒“火星”,使得美国股市在 10 天内触发 4 次“熔断”,而美国金融史上一共只有 5 次熔断。

各方面情况都表明,这次的情况和之前十余年美国股市的波动——甚至和 2008 年美国金融危机——都不一样。第一,从根本原因来说,美国 2008 年金融危机背后的根源,即经济脱实向虚,在之后十余年并没有被正视和解决,反而不断恶化。第二,从应对手段来说,降息和量化宽松的频繁使用,在增加经济体“耐药性”的同时,也在不断消耗货币政策的“战略储备空间”。第三,从演化轨迹来说,美国股市和经济内部风险激增,抗风险和自我调节能力极大丧失,其后续演化会极大地被突发重大事件的具体发展情况牵着走,“事件”和“金融”的作用关系成为重要变量。可见,研判当下美国和世界金融、经济的走向,必须引入“事件—金融—危机”连锁分析视角。

然而,西方经济学理论库中没有专门的现成的理论,《资本论》中则有相关理论资源。因此,按照“马学为体,西学为用,国学为根,世情为鉴,国情为据,综合创新”(程恩富、何干强,2009)理念推进中国经济学创新发展,本文的安排如下:第一,从《资本论》中析出“事件—金融—危机”连锁分析视角;第二,吸收西方经济学关于货币政策和金融具体运行层面的有益成分,将这一视角拓展到当代,形成货币政策参与下“事件—金融—危机”连锁机理;第三,分析此次疫情下资本主义体系运行趋势;第四,结合中国国情形成对策,同时推动中国经济学的综合创新。

一、马克思在《资本论》中对“事件—金融—危机”连锁机理的分析

2008 年全球金融危机爆发之后,西方经济学在理论解释危机方面陷入困境,在实践应对危机方面则表现出政策的疲软甚至是失灵。马克思对于资本主义经济危机的根源和演化作出了深刻的阐释,越来越多的学者在紧密跟进资本主义社会经济危机变化发展的基础之上,对于马克思主义政治经济学的危机理论展开了更深入的研究,取得了丰富的成果。然而,关于事件作用于金融这一环节的专门研究还比较缺乏,本部分通过整理马克思经典文本以及结合前人研究,提炼总结《资本论》“事件—金融—危机”连锁机理。

(一)政治经济学经济危机理论及其发展

关于马克思主义政治经济学的经济危机理论,传统的解释一般是从揭示资本主义生产方式的基本矛盾出发,说明资本主义制度爆发周期性经济危机的内在必然性。在政治经济学教科书中,一般使用“个别企业内部生产的有组织性和整个社会生产无政府状态之间的矛盾”与“资本主义生产无限扩大的趋

势和劳动人民有支付能力的需求相对缩小之间的矛盾”这两种资本主义基本矛盾的主要表现形式来解释经济危机的爆发(宋涛,2004:102)。因此,传统的经济危机理论重点关注和分析的是发生在实体经济领域的生产相对过剩问题,并从《资本论》中的利润率下降规律、资本有机构成提高、生产比例失调以及消费不足等部分寻找理论资源(朱东波,2019)。

随着资本主义经济社会的发展与演化,经济危机展现出的形态也发生了变化,尤其是近三十年以来,金融越来越成为率先出现危机并传导至实体经济的高危领域,引发了学者的关注。在 2008 年全球金融危机爆发以后,马克思的经济危机理论研究更是迎来了大批的创新产出,学者们关于金融危机和经济危机的成因及二者之间的传导关系作出了一系列阐释。刘国光(2009)指出,在经济全球化的发展背景下,发达国家在实体经济和虚拟经济领域都出现了过剩的现象,形成的虚假的购买力造成了发展中国家也发生严重的生产过剩。卫兴华、孙咏梅(2009)认为,虚拟经济脱离实体经济的高度发展,一方面争夺了实体经济的资源,另一方面实体经济由此发生的衰退又为虚拟经济爆发危机增大了风险。程恩富、杨斌(2011)从资本主义国家金融体系难以根治投机、公司治理具有内在弊端、贫富分化加重和国家调节低效四个方面,剖析了西方资本主义经济陷入长期动荡甚至生存危机的可能性。余斌(2013)认为,虚拟经济与实体经济之间的矛盾,使得投机活动对于实体经济的发展造成了严重的干扰。侯为民(2015)提出了信用收缩—资本贬值—生产能力破坏—资本家之间财产关系重组的社会生产在危机水平上进入新的经济周期的演化过程。卢江(2019)认为,在当代资本主义金融垄断资本占据主导权、产业结构空心化以及货币政治化的背景下,资本诱发的政治危机、社会危机、文化危机相互叠加,形成了难以理清的系统性危机。

(二)马克思在其政治经济学研究中关于“事件—金融—危机”连锁运行的分析

在已有的研究基础之上,我们进一步发现,金融危机通常是由某一事件所触发的,其间存在“事件—金融—危机”的连锁链条。目前关于事件作用于金融这一环节的专门研究还比较缺乏,而查阅马克思的文本发现,马克思在《资本论》创作过程中就已经对其作出了论述并形成了一些判断。

其一,马克思在《资本论》中关于英国农作物歉收这一偶然的突发事件最终导致英国 1847 年经济危机的连锁过程作出了详细的论述。第一阶段,打开中国门户,极大振奋市场,工商业迅速繁荣。自鸦片战争以来,中国门户的打开为英国商业的发展提供了更广阔的市场与更高的需求,英国经济进入蓬勃扩张阶段,人们普遍认为,“我们怎么会有生产过多的时候呢?我们要为三亿人提供衣服”(马克思,2004a)。这带动了英国工商业的繁荣。第二阶段,信用需求扩张,金融活跃,金融泡沫迅速膨胀。工厂主和商人为了扩大生产规模而求助于信用,尽可能多地认股,国内证券交易行情达到了空前的高度;银行贴现率同时也在降低,“1844 年是 $1\frac{3}{4}\%\sim2\frac{3}{4}\%$;1845 年直到 10 月份,是在 3% 以下,后来有一个短时间(1846 年 2 月)上升到 5%,然后 1846 年 12 月又下降到 $3\frac{1}{4}\%$”(马克思,2004b)。此时的英国,信用容易得到并加以利用,投机和欺诈等活动也开始出现,金融市场积累了大量泡沫。第三阶段,农作物歉收,黄金外流,货币信贷紧缩,市场恐慌。英国 1846 年农作物歉收,需要大量地进口粮食等生活资料,“至少有 900 万磅的金流到国外去了”(马克思,2004b),由于英国当时实行的是金本位制度,黄金的流失使英国的货币信贷紧缩,银行支付陷入局部停滞,银行贴现率提高,市场开始出现了恐慌的情绪。第四阶段,农作物再度歉收,恐慌全面爆发,金融危机爆发,引发全面危机。当农作物再次歉收时,恐慌情绪全面地爆发了。银行贴现率继续上升,直到 1847 年 11 月时已经达到了 10%,“绝大多数的汇票只有支付惊人的高利贷利息才能得到贴现,或根本不能贴现,支付的普遍停滞使一系列第一流商行和许许多多中小商行倒闭”(马克思,2004c),英国金融市场最终被两次农作物歉收事件压倒爆发危机,并传导到实体经济领域,发展为全面的经济危机。整个连锁过程如图 1 所示。

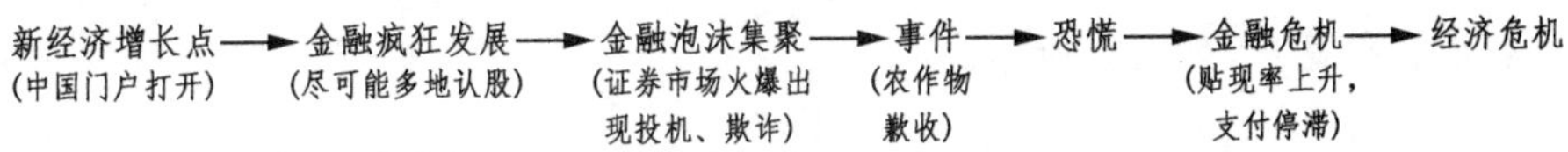

图 1　《资本论》中英国农作物歉收事件与英国 1847 年经济危机的连锁过程示意图

马克思在创作《资本论》的过程中也运用了上述视角在更大的世界范围内考察“事件—金融—危机”现象,并观察到了中国的起义运动对英国及整个欧洲经济运行和政治活动产生的影响,据此作出了一些预测。在《中国革命和欧洲革命》中,马克思论述了中国太平天国运动与英国当时发生的经济危机之间的关联。第一阶段,1850 年以来在海外新市场的不断开辟下英国经济处于繁荣发展状态。第二阶段,太平天国运动影响英对华贸易,市场恐慌。太平天国运动的爆发,一方面使中国向英国出口的茶叶价格上涨,另一方面使中国对英国进口的棉毛织品的需求减少,这样的变化违背了英国市场原本关于对华贸易的预期,于是伴随着英国金银外流和黄金价格的上涨,恐慌情绪再次出现,金融市场率先受到冲击。第三阶段,西欧农业歉收,英国危机爆发。西欧农业又发生歉收后,农产品价格上涨而工业品市场萎缩,英国工商业再次经历了同 1847 年相似情况的危机,“中国革命将把火星抛到现今工业体系这个火药装得足而又足的地雷上,把酝酿已久的普遍危机引爆”(马克思、恩格斯,2009a)。马克思预言,中国革命运动在未来的继续发生,可能会再次引发英国乃至整个欧洲经济危机的爆发。整个连锁过程如图 2 所示。

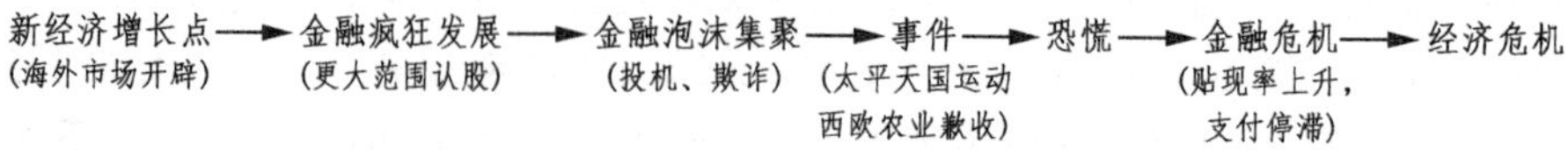

图 2 《中国革命和欧洲革命》中中国太平天国运动与英国经济危机的连锁过程示意图

在《资本论》第三卷中，马克思考察了英国的农作物歉收与本国的金融危机、经济危机的关联。而在《中国革命和欧洲革命》中，马克思进一步将研究视野扩展到世界史的范围，分析了一国出现的事件如何作用于另一国的金融市场及实体经济，这对于金融、贸易等国际经济交往更加密切的当今世界具有重要的启示意义。“事件—金融—危机”的连锁机制不仅反映在一国中，更具有全球性的影响力，尤其是当事件本身具有较强的传播能力或者发生在较大的经济体时。

(三)《资本论》视角下“事件—金融—危机”一般性连锁机理

通过对马克思文本的考察，可以发现马克思在政治经济学研究中已经形成了关于某一突发事件率先影响金融领域引发金融危机，金融危机最终演化为全面的经济危机的思想，但马克思没有给出上述连锁过程的系统性理论。本文在马克思文本和前人已有的研究基础上尝试提出“事件—金融—危机”的一般性解释框架，如图 3 所示。

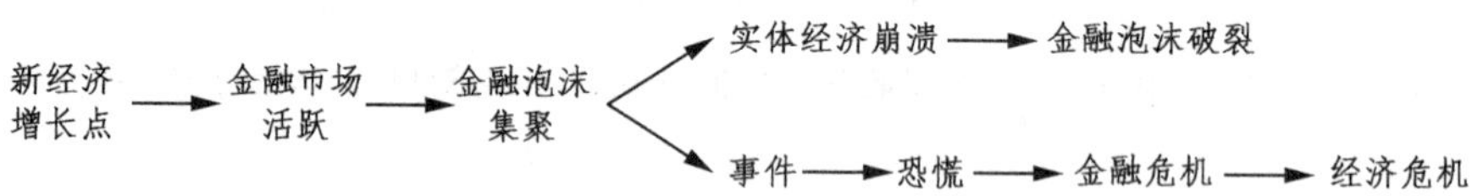

图 3 “事件—金融—危机”的一般性解释框架示意图

当资本主义经济社会处于繁荣阶段时，一般是由于某个经济增长点的出现。经济增长点可能是真实的，例如，新市场的开拓、新原料的发现、新的科学技术的应用等，也有可能是人为地利用信息不对称等炒作出的虚假的概念。这一新的经济增长点在拉动实体经济发展的同时，更极大地促进了金融市场的活跃。金融市场整体持有对未来的乐观预期，于是大批社会资本向金融市场涌入，信用门槛随之降低并衍生出各种金融创新产品以满足社会资本投资、投机的需求。在金融资产价格普遍上涨、金融市场持续繁荣的刺激下，亢奋、盲目、跟风等非理性因素发挥了巨大影响，进一步吸引社会资本流向金融领域，此时的金融资产价格已经以极高的程度偏离其实际价值，金融泡沫极大膨胀，并表现出脱离实体经济的独自运行状态，而在虚拟经济虚假繁荣的背后，则是实体经济的增长乏力和衰退。

当宏观经济运行到上述状态时，在没有国家采取调控措施的情况下，可能会有以下两种演化路径：其一，实体经济继续低迷而虚拟经济继续膨胀，最后实体经济先崩溃并将金融市场的泡沫刺破;其二,某一消极事件的发生,如自然灾害、疾病、战争等,预计会对未来的经济状况造成严重冲击,市场上开始出现悲观、恐慌等负面情绪,并迅速反映在原本就已被严重高估、极度脆弱的金融市场上,金融资产价格下跌并打破了一部分经济主体的资产—负债平衡,金融市场中开始出现违约现象,于是恐慌情绪进一步蔓延且形成了恶性循环,大量金融资产被抛售,金融市场继续急剧下挫并彻底引发金融危机。从事实体经营的企业在金融危机的波及下资金链断裂,再生产受损以至于破产,金融危机最终导致了全面的经济危机。此种演化路径是现代资本主义社会中常见的经济危机爆发过程,也是本文提出的"事件—金融—危机"的一般性连锁机理。

二、货币政策参与下对《资本论》"事件—金融—危机"连锁分析视角的扩展

我们析取了《资本论》中金属货币本位下"事件—金融—危机"分析视角,而当今金融运行环境和马克思所处时代的一个重大差异,就是货币政策已经成为资本主义调节金融最主要的手段,我们要用这一视角分析当今经济形势,必须把《资本论》"事件—金融—危机"分析视角进一步拓展。

(一)货币政策逐步成为资本主义最主要经济金融调节手段

进入20世纪,金本位制逐步崩溃。至20世纪70年代,美元成为世界货币,现代货币制度形成。此间,货币政策和财政政策逐步形成并广泛运用,之后,货币政策又越过财政政策成为资本主义应对危机、调节经济的最常用手段。首先,凯恩斯主义奠定了财政和货币政策的理论基础。凯恩斯主义认为国家应当采用扩张性的财政政策和货币政策应对危机,通过刺激有效需求促进经济增长。但是,在财政政策和货币政策的相机权衡中,凯恩斯主义认为由于流动性陷阱的存在,货币政策作用有限,财政政策在危机应对中具有更重要的作用。其次,第二次世界大战后,财政和货币政策开始被资本主义国家广泛采用。1929—1933年经济大危机爆发后,美国率先实施了与凯恩斯主义理论主张不谋而合的罗斯福新政,第二次世界大战之后,凯恩斯主义被更多的国家采用。初期,凯恩斯主义在助推经济复苏方面大显神通,美国几乎所有的经济指标都稳步回升。最后,20世纪70年代资本主义"滞胀"及货币主义理论的提出,使得货币政策逐步成为资本主义最主要和最常用的经济调节手段。到20世纪70年代,资本主义体系逐渐对凯恩斯主义产生了"耐药性",经济停滞和通货膨胀交织并存的"滞胀"危机出现。此种背景下,货币主义应运而生,与凯恩斯主义相对立,其认为货币供应量及其变动是影响经济活动和物价水平最主要的因素,主张实行"单一规则"的货币政策,即把货币存量作为唯一的政策工具。之后,虽然也有理论论争和实践波动,但整体上货币政策成为资本主

义调节经济的最主要手段，2008年金融危机后，美国主要采用超低利率和量化宽松政策来应对，更体现了货币政策的“一头独大”。这使得资本主义经济周期和危机发生机理都发生了深刻变化。许多学者从不同角度对这种变化做了分析，但尚没有从“事件—金融—危机”连锁的角度探讨货币政策加入后的影响，所以我们还是在《资本论》“事件—金融—危机”一般框架下加入货币政策这一重大变量，构建货币政策时代“事件—金融—危机”运行机理的分析框架，将马克思的这一分析视角推进到当代。

(二)加入货币政策后的“事件—金融—危机”连锁机理

21世纪以来美国金融市场的运行历程，充分体现了货币政策参与下的“事件—金融—危机”运行机理。第一阶段，同样是新的经济增长点出现，随之股市响应，金融资产价格普遍上涨，这和《资本论》中描述的机理基本一致。20世纪90年代末，互联网新经济概念提出，成为一个经济热点。1995年拥有浏览器软件技术的网景公司上市后股价一路攀升，一时间包含雅虎、亚马逊在内的大量互联网公司涌现出来。在媒体和研究机构的追捧下，人们投资热情高涨，一大批质量参差不齐的互联网公司争先恐后上市。即便是净利润亏损的公司，股价也可以成百上千倍暴涨，许多投资者个人财富急剧增加。

第二阶段，“事件”发生，揭露金融市场虚假繁荣下泡沫丛生的真相，市场恐慌，危机显现，这和《资本论》中描述的机理同样一致。2000年3月初关于网络公司实际业绩的财务报表的报道，披露了互联网公司内部普遍存在的财务报告作假、财务状况恶化等问题，互联网泡沫开始破裂。4月初，微软垄断案的宣判更是加剧了市场恐慌和踩踏，诸如思科、微软、戴尔等高科技股领头羊公司的共计数十亿美元的卖单同时出现，近一半的科技企业随后倒闭退市。至2002年10月，三大指数大幅下降。

第三阶段，和《资本论》中描述的任由危机自然爆发不同，资本主义运用货币政策，稳定市场，使得危机暂时不爆发。在此次崩盘引起的经济增速放缓背景下，美联储自2001年1月至2003年6月连续13次降息，直至将联邦基金利率由6.5%下降至1.0%，这一方面给予投资者信心，稳定股市投资情绪；另一方面低利率刺激民众不断消费投资，迎来市场行情的回升。美股三大指数在这一过程中稳步恢复，至2006年已经基本回升到崩盘前1999年的水平。

第四阶段，由于资本主义体系无心也无力管控资本的贪婪，货币政策释放的流动性进一步成为资本投机、炒作的工具，泡沫会在上轮危机前的水平上继续膨胀。在货币宽松政策背景下，大量资金纷纷流入美国房地产行业，美国的住房市场迎来持续繁荣，自2001年以来，美国房价一路猛增。人们投资房地产的狂热，刺激着金融机构不断创新金融工具。为了吸引更多民众申请住房贷款，银行设计了一套次级贷款方案，并且进一步资产证券化，通过精妙设计和层层交易将风险完美隐藏的CDO、CDS等金融工具将风险转嫁给了整个美国金融系统,乃至世界各国金融机构。2006 年,美国股市三大指数相较于世纪初再上一个台阶。

第五阶段,“事件”一旦再次出现,之前的戏码会再度上演,先是市场恐慌,接着货币政策出台,各方面得当的话,金融市场会企稳甚至更加“繁荣”,其间,不变的是情节套路,变化的是每经过一次如此循环,资本主义金融脱离实体经济就会加重几分,金融泡沫就会更加膨胀几分,资本主义内部失衡和风险就会叠加几分。流动性紧缩下美国房价最终增幅不再,获得次级贷款的个人与机构还款能力不足,违约现象大量出现,金融危机爆发,通过现代金融体系的触角,危机被迅速传导到整个经济体系,对非金融部门和民众生活产生影响,最终发展成为严重的经济危机。

2007 年以来,美联储积极动用和创新货币工具,自 2007 年 9 月起开始连续降息,至 2008 年底基准利率已由 5.25%下降至 0～0.25%左右的历史最低。2008 年 11 月至 2014 年 10 月间其共推行了三轮量化宽松以及一次扭转操作,通过购买大量中长期国债等方式再次向市场释放流动资金。从 2009 年起至 2015 年,三大指数在危机前 2006 年的基本水平上再次上升。然而,在资本主义一次次使用货币政策的过程中,伴随股市暴涨的是实体经济的停滞不前。互联网泡沫破裂后,在美联储货币政策的参与下,“美国虚拟经济与实体经济的比例从 2002 年的 6.058 5 逐年增大到了次贷危机爆发前后的 7 左右”(邱蓉、梁永坚,2020)。而随后影响更深的 2007 年次贷危机爆发以来,美联储历史性的量化宽松政策再次推动经济虚拟化,“美国资本市场进入了长达七年的大牛市,房地产市场也实现了与经济的同步复苏,截至 2015 年 6 月,金融保险房地产及租赁业在经济总量中的占比较危机前还高出 0.3 个百分比,制造业占比却减少 0.9 个百分点”(王婕,2016)。针对美国量化宽松救市行为,学者们多认为这是“短期止痛”,是深度依赖“再金融化”的“食利性增长”,是“危险的赌博”,属于“失业型经济复苏”,就算对于促进经济稳定起到一定作用,也并没有克服资本主义基本矛盾。也就是说,过度依靠货币政策的刺激可能只是在表面上“拉起”金融指标,但并没有从根本上解决经济系统内在问题,甚至是将风险叠加到下一阶段,从而孕育了更大的危机。综上,货币政策参与下“事件—金融—危机”连锁过程如图 4 所示。

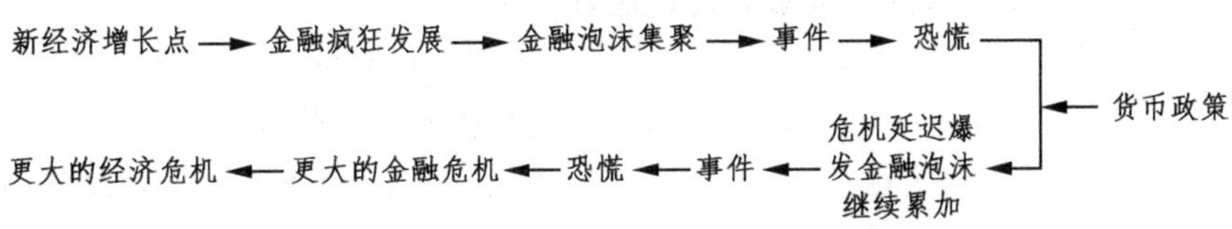

图 4　货币政策参与下的“事件—金融—危机”连锁过程示意图

我们可以看到，不论是负面报道还是支付危机，所谓“事件”，不过是金融危机爆发的一个导火索。而在危机爆发后，美联储复杂的货币政策往往被当作应对危机的“灵丹妙药”。传统货币政策工具包括公开市场业务、存款准备金率政策、再贴现政策三类；由于近年来资本主义经济体利率基准极低，传统货币政策工具在危机来临时空间不足，传导机制被破坏，更是诞生了央行资产负债表调整、前瞻性指导等一系列非传统货币政策工具，给利率基准以下行压力，使金融状况进一步宽松(本·伯南克，2013)。然而，宽松货币政策是否真的能够在危机爆发后力挽狂澜？答案无疑是否定的。事实上，此时所谓的货币政策与其说稳定了危机，不如说是暂时掩盖了危机。由于经济脱实向虚的运行并未有丝毫改变，货币流动性释放的最终结果只不过是，股市逐渐触底反弹后，与新的增长点结合又继续走向下一个高峰。而这意味着经济虚拟化程度加深，实体经济利润率被进一步挤压，反而孕育着更大的危机。在这种金融逐渐脱离实体经济运行的“非理性繁荣”下(罗伯特·J. 希勒，2008)，金融系统处于不稳定状态(海曼·明斯基，2010)，当泡沫足够大时，只需要一只蝴蝶轻轻扇动翅膀，就足以导致金融危机的系统爆发。可以说，“虚拟经济发展过度超前于实体经济的‘脱实向虚’状况，是当代资本主义基本矛盾在经济结构领域的具体表现，是经济运行风险不断积累并导致金融危机的现实缘由之一”(程恩富、侯为民，2018)。可见，在货币政策作用下，“事件—金融—危机”的过程不是简单的“循环往复”(卡萝塔·佩蕾丝，2007:8—10)，而是一种螺旋式叠加的运动。

三、基于以上视角对本次“新冠疫情事件—金融—危机”运行的分析

由上文对马克思“事件—金融—危机”连锁视角的梳理与货币政策下的发展可知，风险叠加的资本主义经济体系下，金融最害怕特殊“事件”的发生。2020年初，新冠疫情暴发，随即与股市产生巨大的连锁效应，引发资本市场极大的恐慌，对金融市场造成巨大影响。我们通过分析本次“新冠疫情事件—金融—危机”的连锁过程，分析当前资本主义体系经济金融发展形势。

(一)新冠疫情事件与金融的连锁过程分析

在这期间，新冠疫情事件与金融的连锁链条不断发展，大致存在四个发展阶段。图5表示了3月至交稿日的相关代表性指标变化趋势。

第一个阶段，也就是在3月6日之前，疫情在中国境外显现蔓延趋势，境外确诊人数超万，导致经济风险上升，造成资本市场对疫情的直接恐慌，尽管美联储降息50个基点(3月3日)试图减小影响，但是股市短暂提振后(3月4日)，依旧出现下跌迹象，利率下降施压美元指数走软，黄金因其避险属性受到

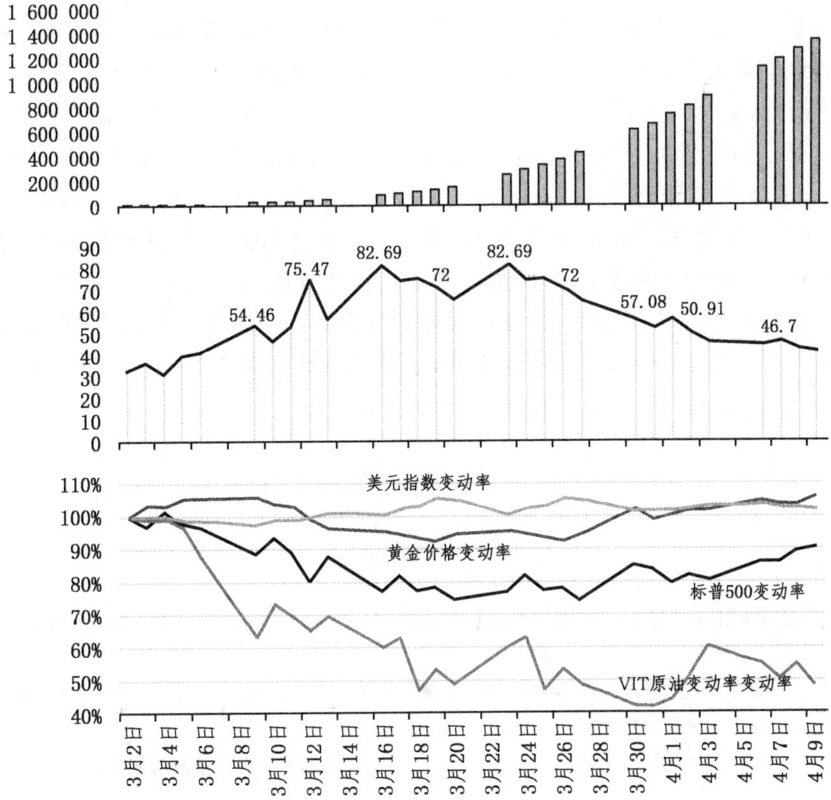

图 5　新冠疫情事件与金融连锁运行相关代表性指标变化趋势图

数据来源:境外确诊人数数据来源为世卫组织每日疫情报告,截至当地时间 10 点,即北京时间 17 点;美油期货、美股指数代表标普 500 指数、恐慌指数、美元指数、现货黄金价格均为每日收盘点数。

市场青睐,当周累计上涨 6.79%,创 2011 年 10 月 28 日以来最大单周涨幅。这一阶段疫情与金融的连锁过程如图 6 所示。

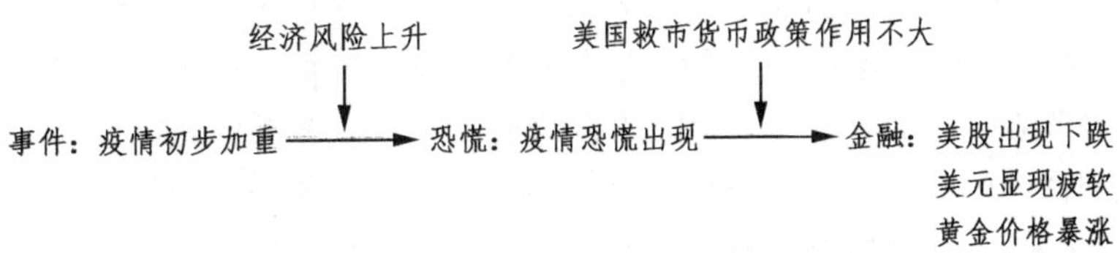

图 6　第一阶段疫情与金融的连锁过程示意图

3 月 9 日之后,叠加石油输出国组织(OPEC)和俄罗斯就减产未达成共识事件,疫情与金融的连锁发展到第二阶段,中国境外平均每天新增确诊人数接近5 000，疫情全面爆发，经济受损加重，全球供需矛盾显现，尤其体现在原油这一基础性工业原材料的需求减少矛盾上，加之可能的石油出口国博弈，导致原油价格暴跌近30%，直接威胁美国的页岩油、页岩气产业，经济增长预期进一步下降，资本市场恐慌加剧，随即传导至最敏感的股市，3月9日美股暴跌，标准普尔500指数超跌7%，触发熔断机制。欧美大范围释放救市货币政策信号，欲增加市场流动性确保金融风险不爆发，然而，这远远不能支撑市场信心，资本主义恐慌居高不下，3月12日恐慌指数达76.83，远高于19～20的历史均值，导致股市再次暴跌，标准普尔500指数日跌高达9.51%，触发一周内的第二次熔断。不仅如此，作为避险资产的黄金也被抛售以换取流动性，美元开始发挥其避险作用，美元价格上涨，金融风险极大攀升。此时，疫情与金融的连锁效应叠加，表现为新的链条形式(见图7)。

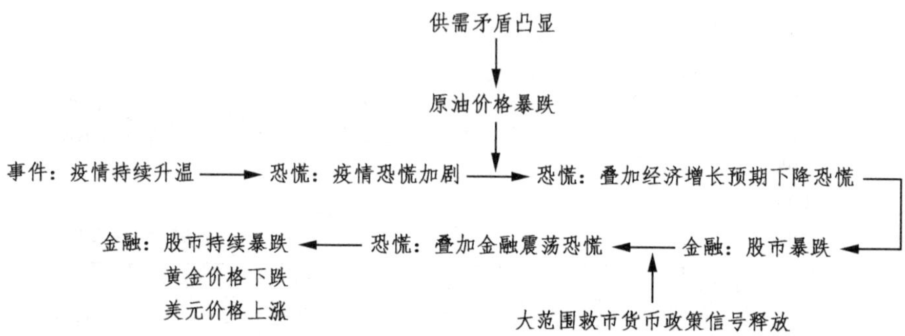

图7　第二阶段疫情与金融的连锁过程示意图

3月16日，美联储紧急降息100个基点，提供了总额高达7 000亿美元的量化宽松，还给市场再投入了5 000亿美元的紧急流动性，疫情与内含巨大风险的金融之间的连锁被推到第三个阶段。中国境外平均每天新增确诊人数过万，疫情发展成为最大不确定性事件，资本市场中疫情恐慌、经济增长预期下降恐慌、金融震荡恐慌继续加剧且相互叠加，资本信心接近崩塌。16日，市场被猛烈的货币政策吓到，既吃惊政策错配不能解决疫情风险，又担心这一切在未来导致新一轮市场震荡，形成新的政策恐慌，资本市场恐慌指数飙升了14%，美股直接走向大崩盘，带来33年来美股最大单日跌幅，仅仅3天后再次触发熔断机制。后续的疫情简报与经济刺激计划，促使美股加剧震荡，在暴力拉升和熔断之间切换，市场恐慌指数一直保持在70点左右的高位，蕴含极大风险。这一阶段的连锁过程见图8。

3月底、4月初，接连不断的“坏消息”使得人们逐渐麻木，情绪稍有平复，并慢慢接受政府多项刺激政策的指导，疫情、金融、经济及其蕴含的风险之间的连锁效应继续，进入第四个阶段。中国境外持续平均每天新增确诊人数过

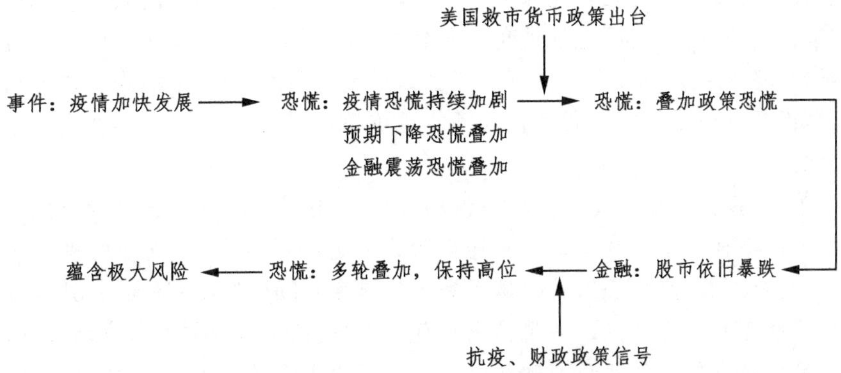

图8　第三阶段疫情与金融的连锁过程示意图

5万,人们对疫情发展开始麻木,加之特朗普选举在即,政府迫于疫情形势持续恶化开始出台系列甚至非常规救疫举措,市场恐慌情绪得到了一定程度的控制。随之,一方面,美国市场金融指标出现回涨;另一方面,经济形势持续恶化,美国一周(3月23—27日)内申请失业救济金人数攀升至328万人,创历史最差单周失业数据纪录,高达2008年次贷危机单周失业峰值的5倍;摩根大通甚至预计,美国第二季度GDP增速将下降40%。这一阶段的连锁过程见图9。

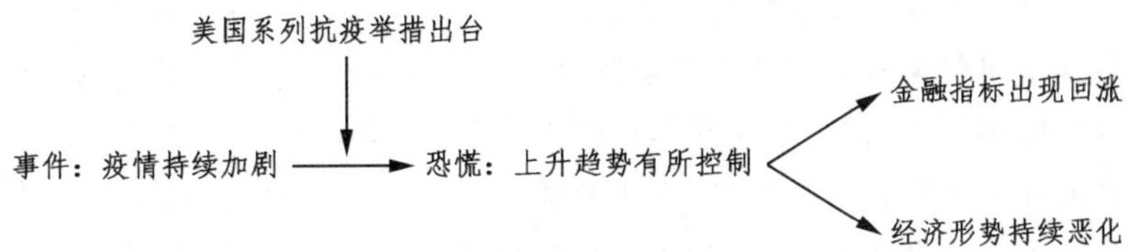

图9　第四阶段疫情与金融的连锁过程示意图

(二)当前资本主义体系经济金融发展形势及危机研判

尽管仅选取了1个多月的观察区间,综上分析本次新冠疫情下金融、经济的运行过程,针对当前资本主义体系经济金融发展形势,依然可以得出如下结论:第一,新冠疫情是美国股市暴跌的导火索而不是根源,新冠疫情揭开了资本主义内部矛盾的盖子,尤其是揭露了2008年次贷危机后资本主义金融的虚假繁荣和巨大泡沫;第二,恐慌是疫情事件与金融、经济连锁的中介,当前欧美主导的资本主义体系依旧处于巨大的恐慌中,至少包含对疫情的恐慌、对经济增长预期下降的恐慌、对金融市场震荡的恐慌,甚至对救市政策的恐慌。这些恐慌,及金融震荡,正在不断加大整个经济和社会的风险。

当前,疫情持续恶化,事件、金融、经济的连锁反应还在持续,究竟会将资本主义极度虚拟化的金融拖入何种地步，目前尚不易做出精确判断。但是，依据“事件—金融—危机”连锁视角下危机爆发的逻辑，基本可以做出一个总体性研判：资本主义经济金融体系已经受到巨大的不可逆的伤害，经济衰退已经必然，而且其问题严重的程度极大可能远超2008年次贷危机。具体有如下几点判断：

第一，疫情可能爆发更大的超预期破坏性，这是影响接下来金融与经济运行的关键事件。新冠疫情每日新增确诊人数还在不断增多，更多的供需矛盾显现，失业人数持续上涨，数据显示美国一季度GDP增速将降至0.5%，较上季度下降1.6个百分点。从现在全球疫情发展情况看，即便疫苗成功研制，疫情亦可能爆发较大的超预期破坏性。联合国贸易与发展会议报告中预测，受新冠疫情影响，2020年全球经济增速或将下降0.9%，年增长率将低于2.5%，将受到2008年全球金融危机以来最严重的影响。实际上，国际货币基金组织总裁格奥尔基耶娃与国际货币与金融委员会主席康亚戈发表的联合声明已经表示：当前面临着前所未有的局面，一场全球卫生流行病已转变成一场经济和金融危机。

第二，美国货币政策并非解决危机的根本之道。自2008年金融危机后，资本主义体系就多次采取了量化宽松刺激政策试图化解其经济危机，但从其失业率、劳动参工率、商业银行的负债率等指标来看，实现的仅仅是呵护市场流动性以确保金融风险的不爆发，“经济复苏”实质是“再金融化”导致的一个“货币假象”。即便不考虑恐慌因素，在缺乏实体经济增长支撑的前提下，美国效忠利益集团和金融资本的政治制度缺乏动机和物质力量预防货币“大水漫灌”，难以实现资本从“更大规模”转向“更加精准”，如此的量化宽松蕴含着更大的金融经济风险。也就是说，货币政策多是作用于金融指标的，难以发挥促进实体经济的实质作用，并非解决危机的根本之道。而且，美国能够在短时间内实现指标坐稳，在很大程度上是依赖于美元的准世界货币地位的。但是，美国不顾与经济脱轨，如此无限量化宽松，反而加速了世界对其信用的消耗，其货币体系地位在很大程度上会受到冲击和侵蚀。

第三，金融风险蕴含极大的经济危机，而实体经济持续恶化，实体经济出现重大问题反过来引发金融危机，进而造成全面经济危机的风险也在增加。相对美国当前经济现实，特殊事件将会加快金融风险与经济衰退的连锁反应，从而加剧金融危机与经济危机风险。一方面，美国股市泡沫风险极高，长期量化宽松会导致金融产品估值过高到极点，造成难以扭转的脱实向虚，一旦股价持续下跌，发债企业将面临巨大亏损和流动性短缺，导致资产负债表崩盘，拖垮经济体系。另一方面，疫情导致经济衰退，企业面临巨大债务风险，容易引发金融机构流动性危机，再次拉垮股市，爆发金融危机。

整体来说，我们不能孤立地看待当前形势，这不是单纯的一场疫情造成的金融震荡,其根源不在疫情,其影响也不会限于经济金融领域。97 岁的美国前国务卿、外交家基辛格评论冠状病毒大流行将永远改变世界秩序。可以说,这次新冠疫情带来的震荡更深层次地表明"资本主义生产方式在逐渐丧失历史合理性、自我调节创新的能力和空间以及发展的多样性"(姜辉,2012),是资本主义意识形态与发展方式的危机。但在全球化背景下,中国必将受其影响,甚至成为资本主义转嫁矛盾的对象,我们必须采取对策积极应对。

四、对　策

此次疫情中一系列事态的发展变化,不是偶然现象,是资本主义内在对抗性矛盾系统爆发的表现,也是社会主义将会赢得比资本主义更广泛的制度优势,两大社会制度在长期竞争中的力量对比将发生历史性转折的具体映现。这种转折不可避免要带来阵痛,这种阵痛一方面来自金融震荡,甚至全球性经济衰退,及之前全球经济秩序撕裂和重组造成的冲击;另一方面来自资本主义不甘于放弃既有的垄断利益而发起的反扑。在这样的背景下,我们首先要做好自己的事情,在中国共产党的领导下,坚定推进新时代中国方案,推进治理体系和治理能力现代化;其次,要推进落实"人类命运共同体"理念,高度自觉世界人民福祉和中华民族伟大复兴的一致性,积极承担起自己的大国责任。中国尤其是在十八大之后,开展了一场全方位的改革,通过供给侧结构性改革、创新驱动发展、金融支持实体经济、普惠金融以及"一带一路"建设,中国解决了从经济结构调整到经济发展动力优化等一系列长期以来没有解决的问题。因而,2020 年之后,新冠肺炎的爆发虽然增加了中国经济发展的压力,但疫情在党和国家高效的治理体系下得到了迅速的抑制,并未引发经济系统性危机的风险。然而当下,新冠肺炎开始在世界各国呈蔓延之势,西方各国在疫情治理不利的前提下又无法真正消除经济金融内在风险,自 2008 年以来一直不断累积的资本主义系统性风险极有可能被引爆并传导到全球市场,即使危机在短时间没有爆发,照之前的分析,也只会为未来的经济发展埋下更大的隐患。因此,中国必须防患于未然,一方面,从疫情治理过程中吸取经验,健全突发公共卫生事件应对机制,推动国家治理体系的进一步完善;另一方面,要对极有可能爆发的全球危机做好充分准备,抓住中国特色社会主义经济体结构总体性思维(胡乐明,2014),制定社会主义的金融政策、货币政策、财政政策,大力推进"一带一路"倡议。

(一)充分研判和准备,防范国际金融风险

进入新时代以来,我国经过金融支持实体经济、普惠金融等改革,金融行业已经确立了服务实体的发展方向。2019 年 2 月,在中共中央政治局第十三次集体学习时,习近平总书记进一步强调要深化金融供给侧结构性改革,并重

点提出要从制度上激励金融机构加大对民营和小微企业等国民经济重点领域和薄弱环节的支持力度。此后,中央银行确立了"三档两优"的存款准备金率政策框架,并以银行永续债为突破口,补充银行一级资本,通过金融工具创新,金融服务实体的政策传导渠道进一步通畅。到2020年1月,我国对实体经济发放的人民币贷款余额已经占同期社会融资规模存量的60.5%,经济脱实向虚的问题已经得到了有效遏制,金融系统性风险大大降低。因此,在本次危机之中,A股虽然出现了一定波动,但并没有像世界资本市场那般剧烈下行震荡而形成恐慌,能够客观、独立地反映中国经济发展,如果美国金融危机能够在经过一段时间的震荡后得到缓和,就不会对中国金融市场造成太大冲击。然而,通过本文研究发现,本次美国资本市场的震荡下挫并非源于疫情暴发的刺激,各种突发事件只是一个导火索,根本原因在于美国金融发展长期背离实体经济发展而形成了大量资产泡沫。自2008年以来,美股长达12年的牛市实际上是在实体经济没有明显增长的前提下各公司举债大量回购股票所推高的,而为了推高股市,美国企业一直在靠举债度日,非银行机构的企业债务已经由2009年的48万亿美元激增至2019年的75万亿美元,目前美国BBB级贷款已经达到30万亿美元。在这种前提下,美国股市因疫情的影响而造成的震荡极易传导到其实体经济层面,进而波及世界范围。而在这一视野下,美国金融、经济风险将有可能通过以下三个途径对我国形成威胁。第一,导致中国购买的美元资产缩水。美联储的量化宽松将导致美元贬值,而如果美国实体产业链崩溃,美国资产价值更将大幅度缩水,中国作为美国第一大债权国将面临美元资产储备大幅缩水的危险,且目前美国的主权债务已经超过了23.2万亿美元,占美国GDP总量的108%,不排除金融风险集中爆发后美国违约的风险。第二,影响中国进出口贸易。一方面,美元的贬值使得以美元定价的大宗商品价格上升,并使得中国商品的出口成本增加;另一方面,一旦美国资本市场的震荡下行引发企业债大面积违约,引发实体经济生产链的断裂,会对中国出口贸易形成重创,进而影响中国的经济金融。第三,通过"热钱"流入、资产泡沫盗取中国经济发展成果。如果美国资本市场的危机传导到了实体产业之中,国际资本必然大量外逃且极有可能流入在疫情中表现出众的中国,中国面临着资产价格被推高的危险。可以预期的是,在资产泡沫膨胀到极限后,国际资本又将做空资本市场,并在资本市场暴跌后低价收购中国的优质资产,对中国资本市场和实体经济形成双重打击。因此,面对可能到来的金融风险:第一,中国应当适当减持美元外汇储备、美国国债以及其他美元资产的持有量,使得持有数量达到日常贸易交往的安全最低限,同时适当增加黄金以及石油、天然气、铁矿石等大宗商品的储备,降低美元信用下降后的风险敞口;第二,要进一步促进金融衍生品真正发挥套期保值、降低实货风险敞口的职能,打击投机交易和超规模交易,维持金融市场稳定性。目前国资委已经就国有企业金融衍生品的规范使用出台了相关文件,接下来要进一步发挥党委的领导职能,落实国有企业各主体的管控责任,并通过加快完善相关法规制度,加强对非国有企业金融衍生品规范使用的监管;第三,要完善危机的反映和应对机制,在国际金融市场危机一触即发的背景下,尤其要警惕国际金融资本做空,监视和及时应对市场出现大幅异常波动。

(二)实施导向精准、领域细分的财政政策

世界各国疫情的大面积扩散叠加海外金融市场的震荡,将对全球产业链带来生产困难和资金链断裂的双重风险,我国出口贸易的必然受损以及国际产业链供给断裂的高风险已经不可避免,如何扩大内需、建设国内完整产业链尤其是高端产业链,就成为当务之急。而在近年来我国固定资产投资之中,基建投资增速一直处于低位,无疑是目前拉动内需的最快速有效的选择。2 月 14 日,习近平总书记在主持中央全面深化改革委员会第十二次会议时指出,要以整体优化、协同融合为导向,统筹存量和增量、传统和新型基础设施发展,打造集约高效、经济适用、智能绿色、安全可靠的现代化基础设施体系。这一轮以“新基建”为抓手的财政计划必然不是无差别的财政刺激,总的来说具有以下特点:第一,发展新基建不等于放弃“传统基建”。从总量上来看,根据国际货币基金组织(IMF)的数据,2017 年我国公共资本存量已经达到 48 万亿美元(2011 年不变价格计算),位列世界第一,但是人均公共资本存量为 3.5 万美元,在 149 个经济体中居第 37 位,明显低于日本(6.4 万美元)、俄罗斯(5.7 万美元)、美国(4.6 万美元)等,尤其是医疗、环保、文化、体育等方面的人均基础设施,更是离国际标准存在相当大的差距。因此,传统的基建并不存在总体上的过剩,要进一步精细化研判具体地区和领域的基础设施建设情况,进行细化分析和细化刺激。第二,要以新基建的上下游联动效应,进一步带动新兴制造业和服务业蓬勃发展。目前国家已经推出以重点倾斜龙头产业带动产业链上下游的货币政策,而在基建领域,领头企业往往是大型国企,因此要落实龙头企业在产业链中“堵点疏通”的任务,还需要国企党委的有力监督,对合格的上下游企业进行预付款,并在国企年终考核中增加其对于产业链带动作用的考核指标。第三,以党的坚强领导来完成产业布局和产业政策的快速落实。根据目前企业短期融资需求上升而中长期融资需求下降的现状,新基建的部署必须在短期内落地,同时相关的补贴、减税、无息贷款、快速审批生产扩张申请等政策也需要通过专项计划配套推出,以迅速弥补短期流动性的不足,同时提升民间资本中长期投资期望。

(三)要审慎使用货币政策,精准投放货币

在使用货币政策的同时,要看到货币本身的非中性和各经济部门的差异化,由此认识到货币政策极可能带来金融市场、房地产市场的虚假繁荣等风险和问题。实际上,自疫情引发美股熔断以来,各国纷纷推出货币政策进行救市。3月11日，英国央行的宽松货币政策将银行利率降低50个基点至0.25%；3月14日，加拿大央行宣布紧急降息，将关键隔夜利率降低50个基点至0.75%；3月16日，美联储第二次降息，将利率降到0%～0.25%，同时启动7 000亿美元的量化宽松。目前海外疫情仍在恶化，金融市场的震荡可能再多次发生，但可以发现，留给各国继续降息降准的政策空间已经十分有限，即将逼近流动性陷阱，且在疫情对生产和生活的影响预期没有消除前，大水漫灌式的货币政策也很难持续提振金融市场的信心。而中国在对抗疫情给经济造成的冲击时，在货币政策的实施方面采取普惠金融定向降准，对达到考核标准的银行定向降准0.5～1个百分点。在此之外，对符合条件的股份制商业银行再额外定向降准1个百分点，支持发放普惠金融领域贷款。以上定向降准共释放长期资金5 500亿元。中国的货币政策在疫情过后支持企业复工复产的过程中以及未来，都将维持货币政策的稳健适度，坚决不搞大水漫灌，以疏通产业链堵点、促进新基建带动产业升级为目标，根据疫情和国际局势不同发展阶段的不同主要矛盾以及矛盾的主要方面，分阶段定位政府干预的主要目标，精准匹配不同政策，将稳固支持实体经济发展、引导金融资源为实体经济服务放在重要位置。

（四）抓住机遇应对挑战，纵深推进“一带一路”

本次疫情下，资本主义内在矛盾和资本主义主导下全球化的脆弱性充分揭露，中国治理模式优越性和“人类命运共同体”理念的巨大力量充分彰显，我们要抓住有利条件进一步推动“一带一路”方案。中国特色社会主义制度是在遵循客观规律的基础上不断发展的，是敢于和善于与资本主义既合作又激烈竞争的制度，在合作与竞争中中国特色社会主义将更加彰显自身的优势（辛向阳，2019）。在本次疫情中，“一带一路”承担了疫情防控和推进建设两手抓的重大任务：中国的医疗专家团队和物资进入伊朗、意大利等“一带一路”沿线的疫情较为严重国家援助当地的抗疫工作，中国驻“一带一路”国家的企业在疫情当前通过远程办公等方式最大限度维持在建项目的运转，印证了当今时代世界各国命运的紧密相连，体现出推进“一带一路”国际合作的重要性与必要性。“一带一路”建设方案在世界共同应对疫情挑战面前实在地展现了中国的大国担当与共商共建共享的原则，为疫情过后中国继续推进“一带一路”增强了信心与实力，扫清了一些阻碍，同时也指明了发展方向。其一，在经济发展方面，在实体领域中，中国应在打造高质量传统基建的基础上，推动新基建在“一带一路”国家的开展，从而支援“一带一路”国家的建设；在虚拟经济领域中，除了继续打造高质量、高标准的可持续基础设施融资体系，中国可与“一带一路”国家尝试构建抵御突发事件引发金融风险的合作机制，同时推动人民币国际化进程。其二，我们要更加自觉，“一带一路”不是简单的经济合作，更是让世界了解中国方案、了解“人类命运共同体”理念的途径，要自觉围绕和服务实现中华民族伟大复兴这一目标。在中国方案的认可方面,长期以来"一带一路"建设方案在国际推进受阻一部分原因是某些资本主义国家对中国方案的误解甚至是歪曲。而在本次疫情当中,"一带一路"证实了中国方案的可行性和正确性,赢得了"一带一路"国家和其他资本主义国家的尊重与认可。从马克思主义的立场出发,"相对于引发不平等的新自由主义的全球化,世界将会对抗性地产生出谋求平等的另一种全球化"(渡边雅男、谭晓军,2015),疫情发生加速了这一历史必然。"经济建设和对外经济关系必须服从于增强国家经济自主性、实现国强民富的中国梦这个大局,努力实现以确保国家利益、以增强自主能力为目标的充分自主型开放局面。"(舒展,2018)这需要中国在推进"一带一路"建设中更加注重把中国文化、制度、组织方面的独特优势发挥到国际合作与交流中,运用具有社会主义属性的方式协助其他国家解决资本主义体系带来的问题。因此,经过本次变局,中国推行"一带一路"倡议的决心将会更大,中国"一带一路"倡议的发展将经过极短期的小挫折到大发展的趋势。接下来,我们应当利用疫情防控中所取得的优势地位,推动中国理念的进一步被认可,且进一步完成"一带一路"的落实落细。

参考文献

[1]本·伯南克,2013,危机以来的货币政策,付尧译,《吉林金融研究》,第 1 期,第 24—29 页。

[2]程恩富、何干强,2009,论推进中国经济学现代化的学术原则——主析"马学"、"西学"与"国学"之关系,《马克思主义研究》,第 4 期,第 5—16、159 页。

[3]程恩富、杨斌,2011,当前西方金融和经济危机对世界资本主义生存和发展的影响,《海派经济学》,第 1 期,第 19—31 页。

[4]程恩富、侯为民,2018,西方金融危机的根源在于资本主义基本矛盾的激化,《红旗文稿》,第 7 期,第 32—34 页。

[5]渡边雅男、谭晓军,2015,在历史发展和现实运动中把握全球化的本质,《马克思主义研究》,第 11 期,第 101—109 页。

[6]海曼·明斯基,2010,《稳定不稳定的经济——一种金融不稳定视角》,石宝峰、张慧卉译,北京:清华大学出版社,第 2 页。

[7]胡乐明,2014,以总体性思维构建中国特色社会主义经济制度体系,《马克思主义研究》,第 1 期,第 20—23 页。

[8]侯为民,2015,生产过剩、信用扩张与资本主义经济危机——马克思的经济危机理论及其现实启示,《学术研究》,第 2 期,第 86—91 页。

[9]姜辉,2012,资本主义"危"在何处,《思想理论教育导刊》,第 7 期,第 25—28、99 页。

[10]罗伯特·J. 希勒,2008,《非理性繁荣》,北京:中国人民大学出版社,第 85 页。

[11]刘国光,2009,当前世界经济危机中中国的表现与中国特色社会主义模式的关系,《高校理论战线》,第 5 期,第 4—6 页。

[12]卢江,2019,马克思经济危机理论释义及其当代价值,《经济学家》,第 8 期,第

17—26 页。

[13]卡萝塔·佩蕾丝,2007,《技术革命与金融资本:泡沫与黄金时代的动力学》,北京:中国人民大学出版社,第 8—10 页。

[14]马克思,2004a、b、c、d,《资本论》第 3 卷,北京:人民出版社,第 458、459、460 页。

[15]马克思、恩格斯,2009,《马克思恩格斯文集》第二卷,北京:人民出版社,第 621 页。

[16]邱蓉、梁永坚,2020,虚拟经济与实体经济比率研究——基于金融危机的视角,《经济问题探索》,第 1 期,第 156—164 页。

[17]宋涛,2004,《政治经济学教程》,北京:中国人民大学出版社,第 102 页。

[18]舒展,2018,《双重维度下的国家经济自主性研究》,北京:中国社会科学出版社,第 251 页。

[19]卫兴华、孙咏梅,2009,当前金融危机的特点与根源及应对思考,《经济学动态》,第 5 期,第 15—19、24 页。

[20]王婕,2016,全球金融危机后美国经济复苏的特点、动因及启示,《新金融》,第 4 期,第 17—23 页。

[21]辛向阳,2019,科学社会主义视野下百年未有之大变局,《世界社会主义研究》,第 10 期,第 25—31、93 页。

[22]余斌,2013,资本主义生产方式的诸多矛盾与经济危机,《中共杭州市委党校学报》,第 5 期,第 69—76 页。

[23]朱东波,2019,马克思资本主义经济危机理论研究——兼论后金融危机时代资本主义的前景,《宁夏党校学报》,第 6 期,第 35—41 页。

Epidemic, Crisis and China Countermeasures: The Perspective of Capital

Liu Xingang Pei Zhenlei Shi Xiu

Abstract After the 2008 financial crisis, the United States mainly used monetary policy to stabilize the stock market, leading to an 11-year bull market so far, but the economy is extremely deflated. the economy is extremely out of the way. In 2020, the global outbreak of COVID-19 caused panic, the collapse of U. S. stocks and the international economic situation. Xi Jinping stressed to strengthen the analysis to them and developed targeted policy initiatives timely. At present, although the U. S. stock market has rebounded, the stability is very poor and its trend is very easy to be drawn by major events. The study needs to introduce the perspective of "event-finance-crisis", which beyond the ready-made theory in the Western economic library.

Fortunately, "Capital" has a lot of related discussion. We refine them and form the chain theory of "event-finance-crisis" under the metal currency standard. At the same time, considering that monetary policy has become an important variable affecting finance today, we further develop the "event-finance-crisis" chain theory under the participation of monetary policy. Based on this theory, we observe the chain operation between finance and the economy under the epidemic, and draw a basic judgment and several possible specific trajectories for the U. S. economy to enter an inevitable recession. China should consciously exert its socialist advantages to guard against international financial risks, improve socialist monetary and fiscal policies, and promote The Belt and Road initiative.

Key words Epidemic of COVID-19　Global Crisis　China Countermeasures　"Capital" Perspective

海派经济学
第18卷第2期,2020 Journal of Economics of Shanghai School No.18,2,2020

实现人民的美好生活需要是效率、公平的硬道理

——习近平效率、公平观的伦理意蕴探析

贺汉魂 许银英

内容提要 人民对美好生活的向往是中国共产党人的奋斗目标。经济效率与收入公平分配是实现人民美好生活需要的两大根本维度。人民的获得感是评价效率与公平合理性的根本标准。经济效率高未必合理,低未必不合理,关键要看是否做到在生命成本付出最少时,人民的美好生活需要实现程度最大。实现人民的美好生活需要则要求公平分配,"共建共享"是公平分配的根本依据,"共生共享"是"共建共享"的重要补充。从实现人民的美好生活需要看,效率优先,兼顾公平实际是公平原则的某些内容优先实施,同时兼顾公平原则的另一些内容。习近平效率、公平观的根本伦理意蕴是:实现人民的美好生活需要是效率、公平的硬道理。

关键词 习近平 美好生活需要 效率与公平

中图分类号 D619

效率、公平始终是经济学论争的重大主题,甚至可称为经济学说史上的"哥德巴赫猜想"。效率、公平在经济学史中的地位如此之高主要"缘由在于社会经济资源的配置效率是人类经济活动追求的目标,而经济主体在社会生产中的起点、机会、过程和结果的公平,也是人类经济活动追求的目标,这两大目标间的内在关联和制度安排,就成为各派经济学解答不尽的两难选择"(程恩富,2005)。在经济学中,效率主要指生产投入与产出之比,公平一般认为是收入及其形成机会合理分配的根本依据,这也是人们看待二者关系的根本基础。这样的效率、公平一定是合理的效率与公平吗?习近平总书记多次强调中国共产党人的奋斗目标是人民对美好生活的向往。党的十九届四中全会进一步

收稿日期:2020—01—10

作者简介:贺汉魂,湖南第一师范学院马克思主义学院教授,湖南师范大学道德文化研究中心、中国特色社会主义道德文化省部共建协同创新中心首席专家,主要研究方向为马克思主义政治经济学、经济伦理学;许银英,湖南第一师范学院马克思主义学院副研究员,主要研究方向为马克思主义政治经济学、经济伦理学。

基金项目:本文系国家社会社科基金一般项目"马克思增进人民幸福的财富伦理思想研究"(17ZX109)的阶段性研究成果。

明确:“应坚持和完善统筹城乡的民生保障制度,满足人民日益增长的美好生活需要。”①习近平总书记关于人民的美好生活需要的论述启示我们实现人民的美好生活需要是效率、公平的硬道理,效率之追求、公平之实行,二者关系之对待均应契合此理。

一、效率与公平是实现人民的美好生活需要的根本维度

顾名思义,美好生活需要是能够实现美好人生的需要,人生最根本的美好需要是幸福。亚里士多德强调:“只有幸福才有资格称作为绝对最后的,我们永远只是为了它本身而选取它。”(亚里士多德,1990)幸福是“至善”,可以说是一种伦理共识。义务论者,如康德就言德福兼治者方是至善之人,“一个人在把德性和幸福结合起来以后,才算达到至善”(康德,1960a)。功利论者,如霍尔巴赫更明确地强调一切道德判断、评价均应以利益为归旨,“利益或幸福的欲求是人的一切行为的唯一动力”(霍尔巴赫,1964)。不过人们对美好生活需要的追求往往大不同,致使人们往往认为“不幸的是幸福的概念是如此模糊,以至于虽然人人想得到它,但是却谁也不能对自己所决定追求或选择的东西说得清楚明白、条理一贯”(康德,1960b)。幸福是什么真的说不清吗?当然不是,英文把幸福叫“Happy”,意思便是“好生活”。所谓好生活,亚里士多德说就是称心如意的美好生活。可见幸福人生的实质就是美好生活需要得以实现的人生,不同的美好生活需要则是实现幸福人生的具体条件和表现。

何为人的美好生活需要?人是个体的存在,也是类的存在,人的美好生活需要自然可以理解为人作为“个人”的美好生活需要,即个人偏好得以实现的美好生活需要,也可以理解为人作为“类”的共同性的美好生活(强以华,2019)。“个人”的美好生活需要千差万别,社会不可能也不应该完全满足,但应努力帮助每一个人实现不违背“类”之普遍规定的个人美好生活需要。人的“类”的美好生活需要,具体内容虽因时而化,但绝非说不清,因为一定时期人的共同性需要大体上还是明晰的,社会(政府)也是能够通过提供服务而实现之。所谓人民的美好生活需要其意便在此。2012年习近平总书记提出:“我们的人民热爱生活,期盼有更好的教育、更稳定的工作、更满意的收入、更可靠的生活保障、更高水平的医疗卫生服务、更舒适的居住条件、更优美的环境,期盼孩子们能成长得更好、工作得更好、生活得更好。”(习近平,2014a)这便是在社会主义初级阶段新时代人民共同性的美好生活需要的基本内容。2019年在中国共产党第十九届中央委员会第四次全体会议中,习近平总书记再次强

① 《中共中央关于坚持和完善中国特色社会主义制度 推进国家治理体系和治理能力现代化若干重大问题的决定》,http://www.gov.cn/zhengce/2019-11/05/content_5449023.htm,2019年11月5日。

调人民这些美好生活需要必须努力实现,“必须健全幼有所育、学有所教、劳有所得、病有所医、老有所养、住有所居、弱有所扶等方面国家基本公共服务制度体系,注重加强普惠性、基础性、兜底性民生建设,保障群众基本生活”①。

物以类聚,人以群分,在剥削阶级社会,人民的美好生活需要从来不被统治阶级归在“类”中。提出幸福是“至善”的亚里士多德所谓“配享幸福者”并不包含奴隶。我国封建社会的民本观强调的是保障老百姓的基本生活需要,使民不覆君,而不是要实现人民的美好生活需要。在资本主义社会,劳动人民不过是为资产阶级生产剩余价值的可变资本,即使物质生活有所改善,那也只是资本家把戴在工人阶级身上的锁链略微放松一点。马克思主义强调的是实现人民的美好生活需要,马克思批判剥削阶级道德的重要原因就在于,“教士、哲学家、律师和政治家总是向人民说,为了他们自己的幸福,他们必定要忍饥挨饿,因为这是上帝的意旨”(马克思、恩格斯,1998)。中国化的马克思主义幸福论的基本内涵就是要实现中国人民的美好生活需要。毛泽东提倡“为人民谋幸福”,邓小平强调“人民共同富裕”,江泽民提出“代表中国最广大人民的根本利益”,胡锦涛倡导“以人为本的科学发展观”,尽管表述有异,核心均是要实现人民的美好生活需要。习近平总书记更明确提出人民对美好生活的向往就是我们的奋斗目标。

人民的美好生活需要包括什么?人既是物质的存在也是精神的存在,人民的美好生活需要的基本内容便是物质与精神需要,其中又以物质需要更为基础,马克思就指出:“追求幸福的欲望极微小的一部分可以靠观念上的权利来满足,绝大部分却要靠物质手段来实现。”(马克思、恩格斯,2009)这就决定了经济效率与收入公平分配(下文简称为“效率、公平”)是实现人民的美好生活需要的两大根本维度,就如习近平总书记所指出的,“‘蛋糕’不断做大了,同时还要把‘蛋糕’分好”(习近平,2014b);“把激发全社会创造活力和实现各方面利益有机结合起来,妥善处理公平与效率的关系,通过市场来更好地配置资源、激发效率,通过政府来更多地协调利益、关注公平”(习近平,2007a)。

效率之所以成为实现人民的美好生活需要的根本维度,根本而言在于效率提升往往意味着物质财富的增加。物质财富本身就是人民最基本的美好生活需要,又是实现人民其他美好生活需要的根本前提。效率提升使人民有可能拥有更多的空闲时间,得到更多的物品或更多的服务,增加了实现美好生活需要的途径,还可为建设公平、人道的社会奠定基础。就如习近平总书记指出的:“我们要在不断发展的基础上尽量把促进社会公平正义的事情做好,既尽力而为,又量力而行,努力使全体人民在学有所教、劳有所得、病有所医、老有

① 《中共中央关于坚持和完善中国特色社会主义制度 推进国家治理体系和治理能力现代化若干重大问题的决定》,http://www.gov.cn/zhengce/2019－11/05/content_5449023.htm,2019年11月5日。

所养、住有所居上持续取得新进展。"(习近平,2014b)公平之所以成为实现人民的美好生活需要的根本维度,根本原因在于进入社会主义初级阶段新时代应"不断实现好、维护好、发展好最广大人民根本利益,使发展成果更多更公平惠及全体人民"(习近平,2014c),为此必须公平分配,"全面深化改革必须着眼于创造更加公平正义的社会环境,不断克服各种有违背公平正义的现象"(习近平,2014h)。分配的对象不只是物质财富,但物质财富无疑是最基本的分配对象,因为物质财富作为人民最基本需要的对象是劳动生产而成,人们需要通过分配财富来确证自己的贡献,并由此获得收入。交换也是获取物质财富的重要形式,但在大生产的现代社会,交换者拥有的物质财富大多也经分配而得,可见"收入分配的合理程度表征着人类文明的状态与社会发展的程度,体现着人类处理自身创造性产物的价值原则"(贺汉魂,2018),公平作为分配的根本标准,自然更应该是收入分配的根本准则。

效率与公平是实现人民的美好生活需要的两大根本维度,同时意味效率、公平应是促进人民的美好生活需要实现的效率与公平(对此本文接下来进一步分析)。就生产什么、分配什么而言,物质财富是实现人民的美好生活需要的根本基础,财富应是具有真实使用价值且能促进人民的美好生活需要实现的财富,否则不该生产,也不该分配。就如何生产而言,生产劳动是人的本质活动,是人的自由本质的实现,劳动本身就是一种美好生活需要。但是劳动同时又是劳动者体力与脑力的付出,是劳动者休闲的牺牲,因而劳动可能成为妨碍人民美好生活需要实现的活动。所以要在充分保障人民"有劳动"的基础上提升生产效率,不应以损害劳动者的身心健康为代价来提升生产效率。就如何分配而言:一方面,应把物质财富按贡献的性质与大小分配给创造财富的劳动者,否则他们的付出得不到合理的回报,美好生活需要也无法实现;另一方面,既然物质财富是人民的最基本的美好生活需要,全体人民就应该共享一定数量的财富,而且随生产力发展,共享的程度与范围应不断扩大。习近平总书记强调:"使改革成果更多更公平惠及全体人民"(习近平,2014c),这里的"更多"强调的就是人民越来越多地"共享","更公平"强调的就是按贡献分配。"更公平"是实现"更多"共享的根本前提,但只是"更公平"也可能把无法作出贡献的人排除在共享之外,所以确保"更多"人可以"共享"又不能只是追求"更公平",而应使"更多"与"更公平"有机统一。

效率、公平是经济发展的核心概念,效率、公平应是促进人民的美好生活需要实现的效率、公平,我们不能以冷冰冰的数字和主观性的幸福感,而应该以人民实实在在的"获得感"作为评价经济发展合理性的根本标准。习近平总书记强调:"老百姓可能不关心GDP,但他们关心吃穿住行,关心就业怎么办、小孩上学怎么办、生病了怎么办、老了怎么办,等等。"(习近平,2007b)人民最实在的"获得感"是获得真实的利益,所以不能将经济增长等同于效益增长,因为效益不是生产效率，正如何新先生所言："经济生产之增长，有实物和货币两种形态。实物增长是利得，来自生产技术的发展和更多生产力和劳动之投入。货币增长是利润，来自市场交易后实现的货币利得。"（何新，2013a）在现代社会，虚拟经济虽未创造真实的物质财富，却因为效益高吸引着大量投资，应限制其发展，否则就不是把"真蛋糕"真的做大。还应看到经济增长不等于经济发展，因为分配是人民真正获得"蛋糕"的根本途径，所以还得分好"蛋糕"。获得感也不同于幸福感，幸福感是人们对生活满意程度的一种主观感受。以人民的幸福感（幸福指数）作为评价经济发展的指标是对"有增长无发展、有财富无幸福"的GDP至上的增长模式的纠偏。但在实际操作层面，这种评价容易陷入指数增长的"数字游戏"，容易发生人民"被幸福"的事情。与幸福感和幸福指数相比，获得感是人们获得实实在在的利益后产生的满足感，强调的是确保人民实实在在地得到实惠，不能增加人民"获得感"的效率与公平仍然是对人民无效的效率、无益的公平，因而依然是不合理的效率与公平。

二、实现人民的美好生活需要是判定效率应不应该的根本标准

效率的一般含义指人们为了实现一定的目的必然要作出一定付出，为此需要对付出带来的效果进行衡量与评价。人们具体活动的目的与付出均是具体的，经济效率"涉及生产、分配、交换和消费各个领域，涉及经济力和经济关系各个方面，它不仅仅属于生产力的范畴"（程恩富，2007），但主要指财富生产效率，即生产的投入与产出之比，"对于经济学家来说，就像对工程师一样，效率意味着从一个给定的投入量中获得最大的产出"（阿瑟·奥肯，1999）。人生的最根本目的是实现美好生活需要、增进人生幸福。"生命诚宝贵"，人的活动成本最根本的是生命成本。所以从实现人民的美好生活需要看，经济效率高未必合理，低未必不合理，关键要看是否有助于在生命成本付出最少时，人民的美好生活需要实现的程度最大（贺汉魂，2019）。

首先，生产效率高未必合理在于任何生产均存在生产什么的问题，因而存在"何种效率"才合理的问题。人类进行生产劳动的直接目的是生产出财富，财富的根本意义在于满足人们的物质需要，单就此而言，效率当然是越高越好。但是生产出有害财富的劳动本就不应进行，这样的效率本就不该提升，例如不安全食品不该生产，更不应该提升它们的生产效率，习近平总书记强调："民以食为天，加强食品安全工作，关系我国13亿多人的身体健康和生命安全，必须抓得紧而又紧。"（习近平，2013）另一方面，有真实使用价值但对实现人民的美好生活需要无意义或意义不大的财富也不应生产，生产这些财富的生产效率也不该提升，这就是供给侧结构性改革的伦理实质所在：供给侧结构

性改革旨在通过减少无效和低端供给，扩大有效和中高端供给来增强供给结构对需求变化的适应性和灵活性，满足人民的真实需要。

其次，生产效率高未必合理在于任何生产均存在如何生产的问题，因此存在“如何效率”才合理的问题。提升效率的基本途径是生产要素合理组合与发展科技。但是任何生产劳动均是劳动者耗费生命力为社会创造财富的过程，“如何效率”成为有效实现人民的美好生活需要的关键是既提高劳动生产效率，又节约劳动者的生命力付出，否则生产要素经济上的合理组合、科技发展及其运用就可能成为马克思曾批判的“成了折磨人的手段，因为机器不是使工人摆脱劳动，而是使工人的劳动毫无内容”(马克思，2004)。这样的效率，即便高也不是社会主义国家需要的。习近平总书记强调，“任何以牺牲人的生命和健康为代价的所谓‘发展’，都是不健康、不道德、不和谐的，也都不是真正的发展，应实现安全保障下的可持续发展”(习近平，2007c)。生产劳动总得在一定的自然环境中进行，必定要使用一定的自然资源，通过损害生态环境来提升经济效率也不应该，习近平总书记多次强调决不能以牺牲环境为代价去换取一时的经济增长。2019 年在中国共产党第十九届中央委员会第四次全体会议中又再次强调：“必须践行绿水青山就是金山银山的理念，坚持节约资源和保护环境的基本国策，坚持节约优先、保护优先、自然恢复为主的方针，坚定走生产发展、生活富裕、生态良好的文明发展道路，建设美丽中国。要实行最严格的生态环境保护制度，全面建立资源高效利用制度，健全生态保护和修复制度，严明生态环境保护责任制度。”①

再次，生产效率高未必合理在于提升经济效率不应成为一切社会主体的主要职责，为社会提供公共服务的部门，如政府、医院、学校等就不应该以自身的经济建设为中心，不应以提升自身的经济效率为本职工作。社会主义国家，政府是人民的政府，政府追求的效率不应是经济效率，而应是程恩富老师所言的“根据目前我国社会政治、经济的特点及所处的特定历史时期，要分析宏观经济效率就必须要从制度效率、政府政策执行效率和宏观调控的效率等方面来衡量”(程恩富，2005)。对此，习近平总书记在中国共产党第十九届中央委员会第四次全体会议强调：“国家行政管理承担着按照党和国家决策部署推动经济社会发展、管理社会事务、服务人民群众的重大职责。必须坚持一切行政机关为人民服务、对人民负责、受人民监督，创新行政方式，提高行政效能，建设人民满意的服务型政府。”②学校与医院也不应以提升经济效率为根本职

① 《中共中央关于坚持和完善中国特色社会主义制度 推进国家治理体系和治理能力现代化若干重大问题的决定》，http://www.gov.cn/zhengce/2019－11/05/content_5449023.htm，2019 年 11 月 5 日。

② 《中共中央关于坚持和完善中国特色社会主义制度 推进国家治理体系和治理能力现代化若干重大问题的决定》，http://www.gov.cn/zhengce/2019－11/05/content_5449023.htm，2019 年 11 月 5 日。

责，否则它们将成为实现有钱人而不是实现广大人民的美好生活需要的机构了，人民共享发展成果也就成为空话。在西方资本主义国家，教育与医疗就是以经济效益为中心，优质教育资源是私有的，劳动人民的子女往往只有在所谓快乐教育的幌子下浪费青春时光，优质的医疗资源也是私有的，劳动人民无法享有基本的医疗保障，遇到重大公共卫生灾难时，往往只能坐以待毙。事实上，经济主体在经济领域不应唯利是图，在非经济领域，更不应该追求经济效率、强调经济效益至上。社会也不应纯粹以经济效率衡量经济主体的运行效果和对社会的贡献。公有经济特别是国有经济承担了大量社会责任，服务于国家战略，自身的经济效率自然会受到一些影响。单纯以经济效率的指标对它们进行评价并不公平，何况事实已表明公有制经济的效率并不低。

最后，生产效率高未必合理根本而言在于效率至上颠倒了发展的根本价值目标与发展的基本手段、途径的关系。就社会存在与发展而言，经济是基础，但增加物质财富、提升经济效率并不能自发地解决发展的根本价值目标。发展的根本价值目标是什么？习近平总书记指出发展应以人民为中心，“发展不能脱离‘人’这个根本，必须是以人为本的全面发展，这是发展的终极目标”(习近平，2007c)。背离以人民为中心的发展理念，把社会发展单向度地理解为创造物质财富(主要是GDP的增长)，以经济效率至上取代人的全面发展的发展模式不但无法有效解决发展问题，反而会带来日益扩大的贫穷与不平等问题，最终会减缓经济增长速度。

另一方面，生产效率低未必不合理。首先，劳动本身就是人民重要的美好生活需要，保障人民能劳动，即就业，可能会因此暂时牺牲一些经济效率。资本主义社会的劳动者失业既能降低生产成本，又能迫使就业者更加努力劳动，这就是相对人口过剩成为资本主义经济常态的根本原因。中国共产党以实现人民对美好生活的向往为奋斗目标，美好生活需要的重要内容就是更稳定的工作、更满意的收入。习近平总书记多次指出：“党和国家要实施积极的就业政策，创造更多就业岗位，改善就业环境，提高就业质量，不断增加劳动者特别是一线劳动者劳动报酬”①，特别强调在新时代“要把握好科技创新和稳定就业的平衡点，既要坚定不移加快创新，也要实施有效的社会政策特别是教育和社保政策，解决增强劳动人口就业能力和保障基本生活问题，确保社会大局稳定”②。在中国共产党第十九届中央委员会第四次全体会议中又再次强调：“要健全有利于更充分更高质量就业的促进机制。”③

---

① 习近平，在庆祝“五一”国际劳动节暨表彰全国劳动模范和先进工作者大会上的讲话，《人民日报》，2015年4月29日。

② 摘自《习近平关于社会主义社会建设论述摘编》，北京：中央文献出版社，2017年，第143页。

③ 《中共中央关于坚持和完善中国特色社会主义制度 推进国家治理体系和治理能力现代化若干重大问题的决定》，http://www.gov.cn/zhengce/2019－11/05/content_5449023.htm，2019年11月5日。

其次,生产效率低未必不合理在于物质财富不是人民唯一的美好生活需要,人民其他方面的美好生活需要也应该高效率地实现,财富生产效率可能会因此下降一些。在党的十九大报告中,习近平总书记指出当前和今后的很长一段时期,要在五位一体总体布局上不断满足人民群众日益增长的美好生活需要,在中国共产党第十九届中央委员会第四次全体会议中习近平总书记进一步强调:"满足人民多层次多样化需求,使改革发展成果更多更公平惠及全体人民。要健全有利于更充分更高质量就业的促进机制,构建服务全民终身学习的教育体系,完善覆盖全民的社会保障体系,强化提高人民健康水平的制度保障。坚决打赢脱贫攻坚战,建立解决相对贫困的长效机制。"①这些论述实际上说明了人民的美好生活需要并不限于物质与精神需要,还包括政治、社会、生态方面的美好生活需要。实现人民的这些美好生活需要,离不开物质财富增值这一根本基础,但增值物质财富本身并不等于它们得以实现,相反,充分实现人民的这些美好生活需要,在一定时期内可能会因此减缓财富生产效率的提升。

三、实现人民的美好生活需要是评价分配合不合理的根本准则

公平虽然被视为分配合理性的根本准则,但并不意味着公平的分配必定就是合理的分配。其一,一切妨碍实现人民的美好生活需要的对象本就不该分,公平地分可能更加不应该,因为这样做会扩大妨碍人民美好生活需要实现的程度和范围;其二,正义就如休谟所言,"只能是起源于人的自私和有限的慷慨,以及自然的供应相对于人的需要有所欠缺的状况"(大卫·休谟,2008)。事事时时都要公平分配,至少会使一些人民的美好生活需要无法实现。究竟什么样的公平分配才是合理的分配呢?习近平总书记指出:"坚持共享发展,必须坚持发展为了人民、发展依靠人民、发展成果由人民共享"②;"要把促进社会公平正义、增进人民福祉作为一面镜子,审视我们各方面体制机制和政策规定,哪里有不符合促进社会公平正义的问题,哪里就需要改革;哪个领域哪个环节问题突出,哪个领域哪个环节就是改的重点"(习近平,2014b)。习近平总书记的"共享"论实际上赋予了公平分配新内涵:一切可以由人民共享的对象均应成为分配的对象,实现人民共享的公平分配才是真正合理的分配。

---

① 《中共中央关于坚持和完善中国特色社会主义制度 推进国家治理体系和治理能力现代化若干重大问题的决定》,http://www.gov.cn/zhengce/2019－11/05/content_5449023.htm,2019 年 11 月 5 日。

② 《中共中央关于坚持和完善中国特色社会主义制度 推进国家治理体系和治理能力现代化若干重大问题的决定》,http://www.gov.cn/zhengce/2019－11/05/content_5449023.htm,2019 年 11 月 5 日。

什么对象应该成为共享的对象,应依据何种原则对此分配呢?共享的基本对象是人民共建而成的成果,所以"共建共享"是公平分配的根本依据。人本身(包括人体器官)及其内在于人本身的一些重要属性,如人的生命、健康、情感等并非共建的成果,分配它们本就不应该,公平地分更不应该。理由很简单,正义的本质是等利害交换,"是等利(害)交换的善行"(王海明,2001a),分配它们必然意味被分配者身心俱伤,受伤后又难以甚至根本不可能得到正义的补偿。还有一些自成目的的行为所产生的要素,如人与人之间的情谊、自然禀赋、运气和努力等,其形成虽然内含了一定的社会共建性,但这些共建性大多偶然而成,形成后根本无法分,强行地分配,哪怕是公平地分也不应该。至于个人独创的成果,如个人的手工制品,是可以实现共享的,但实行共享的主要方式是交换而不是分配,强行分配实质是掠夺。由此看来,作为人民活动前提条件的基本权利,即生命、平等、自由等基本权利以及由它们派生出来的其他基本权利与人民活动的结果、前提,如经济利益,社会地位与机会等均应公平地分配。前者分配不公平,人们无法通过自己的努力去实现美好生活需要,后者分配不公平,社会将陷入冲突而妨碍人们共建,从而妨碍人民的美好生活需要实现,这就是全面以法治国的重要意义所在,"坚持法治建设为了人民、依靠人民,加强人权法治保障,保证人民依法享有广泛的权利和自由、承担应尽的义务,引导全体人民做社会主义法治的忠实崇尚者、自觉遵守者、坚定捍卫者"①。

人民共建的成果最基本的是经济利益,经济利益主要指物质财富,真实贡献自然是落实"共建共享"分配原则的根本依据,"每个生产要素在参加生产的过程中。都有其独特的贡献,也都有相应的报酬——这就是分配的自然规律"(约翰·贝茨·克拉克,2008)。财富因劳动生产而成,劳动过程同时又是劳动者生命力的付出过程,通过分配使劳动者获得财富自然是正义的根本要求,"分多少"的基本要求是多劳多得、少劳少得、不劳不得,所以按贡献分配的核心是按劳分配。生产劳动必然使用生产资料,因此只要生产资料所有者的所有权是合理的,按生产要素分配也是合理的。习近平总书记多次强调社会主义初级阶段应坚持按劳分配与按生产要素分配相结合的分配原则,在中国共产党第十九届中央委员会第四次全体会议中又再次强调:"坚持多劳多得,着重保护劳动所得,增加劳动者特别是一线劳动者劳动报酬,提高劳动报酬在初次分配中的比重。健全劳动、资本、土地、知识、技术、管理、数据等生产要素由市场评价贡献、按贡献决定报酬的机制。"②这样的分配制度也是符合我国国

---

① 《中共中央关于坚持和完善中国特色社会主义制度 推进国家治理体系和治理能力现代化若干重大问题的决定》,http://www.gov.cn/zhengce/2019-11/05/content_5449023.htm,2019年11月5日。

② 《中共中央关于坚持和完善中国特色社会主义制度 推进国家治理体系和治理能力现代化若干重大问题的决定》,http://www.gov.cn/zhengce/2019-11/05/content_5449023.htm,2019年11月5日。

情，体现中国特色社会主义制度优势的伟大创造，“公有制为主体、多种所有制经济共同发展，按劳分配为主体、多种分配方式并存，社会主义市场经济体制等社会主义基本经济制度，既体现了社会主义制度优越性，又同我国社会主义初级阶段社会生产力发展水平相适应，是党和人民的伟大创造”①，更充分实现这一优势应“鼓励勤劳致富，保护合法收入，增加低收入者收入，扩大中等收入群体，调节过高收入，清理规范隐性收入，取缔非法收入”②。

但是“共建共享”有一重要缺陷，那就是会把有能力而无机会参与共建的人，如失业者和根本没有能力参与共建的人、未成年人和病人，排除在共享的圈子之外。前者不参与共建的责任不在其本人，要求后者参与共建本就不应该。对这些人完全实行“共建共享”的按贡献分配，他们不要说实现美好生活需要，基本生存需要都将不保。习近平总书记指出新时代的中国，“科技进步和创新创造了很多新的业态，但劳动力难以适应，造成了大量结构性失业”③。供给侧结构性改革也会“带来部分职工下岗失业、收入降低等阵痛”④。这实际上说明了在新时代更加不应该对所有人民完全按“共建共享”原则进行分配。另一方面，从分配正义的落实看，人民在“共建”中的贡献大小是决定“共享”多少的依据。问题是准确地核算出共建者的具体贡献基本上不可能。就以按劳分配而言，实行按劳分配主要因为劳动的质不同，可是同质的事物才好进行量的比较。劳动能力不同从根本上决定了劳动的质不同，劳动能力形成离不开社会环境和教育，离不开社会生产要素的作用，所以个人的贡献必然内涵了社会的贡献。至于生产要素的真实贡献，由于生产资料的价值在活劳动作用下才能形成，那就更难准确区分了。更重要的是，人们的贡献往往在事后才能计算，共建而无果时实行按贡献分配，共建者起码的生存都无法保障，何谈实现美好生活需要。

弥补“共建共享”的缺陷需要一定程度上超越按贡献分配，实行“共生共享”，即共生者平等共享的分配原则，也就是习近平总书记在中国共产党第十九届中央委员会第四次全体会议中强调的：“注重加强普惠性、基础性、兜底性民生建设，保障群众基本生活。”⑤实行“共生共享”的分配并不违背正义精神，因为“共生者”或曾经是或将会成为共建者，而且作为一国之国民，他们在土地

---

① 《中共中央关于坚持和完善中国特色社会主义制度 推进国家治理体系和治理能力现代化若干重大问题的决定》，http://www.gov.cn/zhengce/2019－11/05/content_5449023.htm，2019年11月5日。

② 《中共中央关于坚持和完善中国特色社会主义制度 推进国家治理体系和治理能力现代化若干重大问题的决定》，http://www.gov.cn/zhengce/2019－11/05/content_5449023.htm，2019年11月5日。

③ 摘自《习近平关于社会主义社会建设论述摘编》，北京：中央文献出版社，2017年，第143页。

④ 摘自《习近平关于社会主义社会建设论述摘编》，北京：中央文献出版社，2017年，第90页。

⑤ 《中共中央关于坚持和完善中国特色社会主义制度 推进国家治理体系和治理能力现代化若干重大问题的决定》，http://www.gov.cn/zhengce/2019－11/05/content_5449023.htm，2019年11月5日。

等自然资源方面的所有权方面本应一律平等，这就意味他们现在不参与共建是为其他国民提供了参与共建的机会。“共生共享”依据的是人民“共生”的资格，因而分配的对象主要有二：一是用来保障共同体的人民基本生活的物质资料，针对的社会成员当然是在“共建共享”分配中所得较少者，如习近平总书记所指出的“在财政支出上，各地一定要突出重点，优先保证农村教师工资、城市市民最低生活保障、农民大病统筹、‘五保’对象集中供养、困难家庭子女就学救助等与群众利益密切相关的支出”（习近平，2007c）；二是保障共同体的人民活动的必要前提、条件的基本权利和发展机会、权利，如习近平总书记所指出的“我们要通过创新制度安排，努力克服人为因素造成的有违公平正义的现象，保证人民平等参与、平等发展的权利”①，“生活在我们伟大祖国和伟大时代的中国人民，共同享有人生出彩的机会，共同享有梦想成真的机会，共同享有同祖国和时代一起成长与进步的机会”（习近平，2014d）。这就需要加强再分配、第三次分配，即习近平总书记在中国共产党第十九届中央委员会第四次全体会议所强调的：“健全以税收、社会保障、转移支付等为主要手段的再分配调节机制，强化税收调节，完善直接税制度并逐步提高其比重。完善相关制度和政策，合理调节城乡、区域、不同群体间分配关系。重视发挥第三次分配作用，发展慈善等社会公益事业。”②

需要强调的是依据“共生共享”原则分配的基本对象不应彼此替代，否则就意味共生者未能共享一些发展成果。这一点可以说是实现人民的美好生活需要与西方功利主义思想的重要区别。近代西方功利主义者提出“最大多数人的功利”的分配标准。当代西方伦理学家罗尔斯对此批判指出每个人基于自然的权利是不可侵犯的，在财富或收入方面对一些人进行补偿，取消他们经济、社会权利和机会也是不正义的，应实行“最小受惠者的最大利益”的“差别原则”。罗尔斯正义观的共享倾向较明显，局限也非常明显：其一，罗尔斯强调不能替代的只是基于自然的权利，这就意味不少发展中形成的成果可以不为人民共享；其二，罗尔斯的分配正义论没有解决、也不可能解决财富占有权应该与占有者的社会权力相分离的问题，因为罗尔斯并不主张废除资本主义生产资料私有制。与罗尔斯的分配正义观不同，习近平总书记提出的共享理念既指共享收入和财富，也指共享权力和机会，特别强调应“扩大人民有序政治参与，保证人民依法实行民主选举、民主协商、民主决策、民主管理、民主监督；维护国家法制统一、尊严、权威，加强人权法治保障，保证人民依法享有广泛权利和自由”（习近平，2017d）。这实际上强调了不能用收入和财富去平衡、补偿

① 摘自《十八大以来重要文献选编》（上），北京：中央文献出版社编，2014年，第553页。

② 《中共中央关于坚持和完善中国特色社会主义制度 推进国家治理体系和治理能力现代化若干重大问题的决定》，http://www.gov.cn/zhengce/2019－11/05/content_5449023.htm，2019年11月5日。

权利和机会。但是经济毕竟是政治的基础，所以习近平总书记同时又强调两点：其一，防止富有者享有超过一般人民的权利与机会的重要途径是保障人民有足够的收入，所以要"完善以税收、社会保障、转移支付等为主要手段的再分配调节机制，维护社会公平正义，解决好收入差距问题"①；其二，分配方式是社会根本制度决定的，社会主义基本经济制度从根本上保障了财富占有者与社会权力相分离，保障了发展机会与发展成果均能由人民共享，所以"必须坚持社会主义基本经济制度，充分发挥市场在资源配置中的决定性作用，更好发挥政府作用，全面贯彻新发展理念，坚持以供给侧结构性改革为主线，加快建设现代化经济体系"②。

"共建共享"与"共生共享"虽然内涵有别，直接目标相异：前者意在推动共建，自然应以按贡献分配为主，后者意在确保每一个人的基本物质生活条件，基本人权与发展机会，自然应以平等分配为主(李志祥，2019)，二者却服从一个共同的目的，那就是习近平总书记指出的人民共富，"在经济社会不断发展的基础上，朝着共同富裕方向稳步前进"(习近平，2014e)。所以要实现真正的共同富裕，应努力实现二者的相互促进：通过实行"共建共享"形成更多用于"共生共享"的成果，通过实行"共生共享"，特别是发展权利与机会共享增加共建者的数量，提升他们参与共建的积极性。这也是中国特色社会主义制度的重要优势，"坚持以人民为中心的发展思想，不断保障和改善民生、增进人民福祉，走共同富裕道路的显著优势"③。

四、在公平的基础上提升效率的是实现人民的美好生活需要的根本途径

在对待效率与公平关系的方面，有些人认为二者是矛盾的：不公平才能有效率，要公平必然降效率。效率与公平真的必然矛盾吗？习近平总书记指出："我们必须紧紧抓住经济建设这个中心，推动经济持续健康发展，进一步把'蛋糕'做大，为保障社会公平正义奠定更加坚实点物质基础，'蛋糕'不断做大了，同时还要把'蛋糕'分好。"(习近平，2014c)显然，"蛋糕"既要做大，也要分好的根本前提是"做大"(效率)与分好(公平)在性质上并不矛盾，在实践中可以相互促进，如程恩富老师所言的二者应是交互同向的关系(程恩富，2005)。

① 摘自《习近平关于社会主义社会建设论述摘编》，北京：中央文献出版社，2017 年，第 41 页。

② 《中共中央关于坚持和完善中国特色社会主义制度 推进国家治理体系和治理能力现代化若干重大问题的决定》，http://www.gov.cn/zhengce/2019－11/05/content_5449023.htm，2019 年 11 月 5 日。

③ 《中共中央关于坚持和完善中国特色社会主义制度 推进国家治理体系和治理能力现代化若干重大问题的决定》，http://www.gov.cn/zhengce/2019－11/05/content_5449023.htm，2019 年 11 月 5 日。

效率与公平何以在性质上并不矛盾？公平的基本内涵是等利害交换，越公平，人民共建的积极性便越高，人们损害社会或他人的倾向便越小，个体活动效率与社会活动的总体效率便越高，反之，亦然。从经济学论，公平分配还是增强消费力、提高效率的原动力。总之如程恩富老师所言："牺牲效率的公平不是我们所要求的公平，没有公平的效率也是十分低下的。"(程恩富，2005)公平既然是效率的根本基础，实现效率与公平统一的关键自然是在公平的基础上提升效率，于是问题便成为作为效率基础的公平应是什么样的公平。我们认为从实现人民的美好生活需要看，此种公平应合乎以下基本规定。

首先，提升效率的公平应是确保人民的基本权利平等的公平。基本权利从底线意义上肯定人的种属尊严，自然应该平等分配。习近平总书记在纪念现行宪法公布施行30周年大会上的讲话中明确提出党和国家要依法保障全体公民的人身权、财产权、基本政治权利等各项权利不受侵犯，强调"如果宪法受到漠视、削弱甚至破坏，人民权利和自由就无法保证"(习近平，2014f)。既然是基本权利，在应得的范围内，对弱者就应给予特别的关照，如习近平总书记指出的："我们要加大对弱势群体的扶持力度。让人人拥有机遇，享有成果。"①另一方面，人民个体性的美好生活需要的特殊性决定了不同人们往往会以自己的利益去寻求公平的论证，习近平总书记对此深刻指出："在不同发展水平上，在不同历史时期，不同思想认识的人，不同阶层的人，对社会公平正义的认识和诉求也会不同。"(习近平，2014c)这就需要寻求到保障人民基本生存、发展需要的底线公平，基本要求就是财富分配应足以保障所有人的生存、发展的基本权利。

其次，提升效率的公平应是保障发展机会平等的公平。提升生产效率的根本前提是人民有机会参与共建。这就要求社会成员在自由选择、生存发展、资源利用等方面的机会平等，如习近平总书记指出的："如果升学、考公务员、办企业、上项目、晋级、买房子、找工作、演出、出国等各种机会都要靠关系、搞门道，有背景的就能得到更多照顾，没有背景的再有本事也没有机会，就会严重影响社会公平正义。"②机会平等不应流于形式，其中的关键便是社会成员有能力把握机会，有资源利用机会。习近平总书记对此强调："促进公共资源向基层延伸、向农村覆盖、向弱势群体倾斜"③"努力让每个孩子享有受教育的机会，努力让十三亿人民享有更好更公平的教育。"(习近平，2014g)

再次，提升效率的公平应是对"共建"的成果按"共建共享"原则进行分配的公平。不同人对"共建"成果的贡献并不相同，不应进行平均主义的分配。在财富创造中，劳动是最大的贡献，应以按劳分配为主。习近平总书记指出：

① 摘自《习近平关于全面深化改革论述摘编》，北京：中央文献出版社，2014年，第92页。
② 摘自《十八大以来重要文献选编》(上)，北京：中央文献出版社，2014年，第137—138页。
③ 摘自《习近平关于全面深化改革论述摘编》，北京：中央文献出版社，2014年，第42页。

“由于种种原因,目前我国收入分配中还存在一些突出的问题,主要是收入差距拉大、劳动报酬在初次分配中的比重较低、居民收入在国民收入分配中的比重偏低。”[①]所以收入分配制度改革的重点是:“坚持在经济增长的同时实现居民收入同步增长、在劳动生产率提高的同时实现劳动报酬同步提高。”(习近平,2017b)

那么何以有人认为效率与公平相矛盾呢?这是因为他们把公平等同于平等了。平等是人们与利益获得相关的相同性;公平是人们平等的利害相交换的行为,是利害相交换的平等(王海明,2001b)。平等分为自然平等,如同性别、同肤色相同,与社会平等,如均贫富、等贵贱。自然平等不应言其该不该。社会平等可分为两大类:一是不公平的平等,即非等利(害)交换的平等,如不等量劳动获得等量报酬;二是公平的不平等,即等利(害)交换,如多劳多得、少劳少得。公平的不平等与效率成正相关关系,并不矛盾,不公平的平等,因为违背公平可能减损效率。如程恩富老师所指出的:“公平不等于收入均等或收入平均。经济公平的内涵大大超过收入平均的概念”,“只要不把公平曲解为收入的平均或均等,通过有效的市场竞争和国家政策调节,按劳分配必然会促进效率的提高。”(程恩富,2005)还有一些人认为公平与效率相矛盾是有历史证据的,如原始社会很公平却无效率,奴隶社会不公平却相对于原始社会有效率。其实奴隶社会比原始社会效率高的根本原因是生产力发展,主要表现为社会分工发展对效率提升的意义大于制度不公平对效率的降低程度,而且奴隶社会基本上人不吃人,保存了劳动力,相对原始社会而言是文明社会。总之,公平是效率的基础,牺牲公平追求效率,最终结果只能是既不公平,又无效率。

既然公平是效率的基础,为何人民常说效率优先,兼顾公平呢?实际上“优先”与“兼顾”有两种含义:“一种是在价值(尤其是在伦理价值和政治价值)评价的意义上使用它们;另一种是在描述的意义上使用之”(万俊人,2000)。在价值上,效率与公平是实现人民的美好生活需要的根本维度,并不存在谁应优先的问题,在实际操作上二者还是可以有其一优先,此时所谓的优先与兼顾只是基于实现人民的具体美好生活需要的策略安排。至于一般情况下,或总体而言,应该是效率优先,兼顾公平,主要因为生产是收入分配的根本前提,经济发展是实行公平分配的根本基础,就如习近平总书记指出:“实现社会公平正义是由多种因素决定的,最主要的还是经济社会发展水平。”但是公平永远是效率的基础,习近平总书记同时就强调:“我们当然要以经济建设为中心,但是这样讲,并不是说就等着经济发展起来了再解决社会公平正义问题”,而是因为“我国现阶段存在的有违公平正义的现象,许多是发展中的问题,是能够通过不断发展,通过制度安排、法律规范、政策支持加以解决的”,所以绝不能

① 摘自《习近平关于社会主义社会建设论述摘编》,北京:中央文献出版社,2017年,第37页。

通过牺牲公平换取效率,"如果不能创造更加公平的社会环境,甚至导致更多不公平,改革就失去了意义,也不可能持续"(习近平,2014c)。

以如上理解为基础便可发现,所谓"效率优先,兼顾公平"不过是公平原则的某些内容优先实施,同时兼顾公平原则的另一些内容。从实现人民的美好生活需要看,基本权利平等、机会平等、按贡献分配应成为有机整体(吴忠民,2004)。缺少基本权利平等,社会将背离以人民为中心的发展的基本要求。缺少机会平等,社会将因此丧失活力。缺乏按贡献分配,分配会成为平均主义。但是公平的具体规则无论从理论自身的逻辑还是实践操作的顺序来看,均存在先次时序(吴忠民,2004)。从理论自身的逻辑看,基本权利平等先于机会平等,机会平等先于按贡献分配,因为丧失基本权利的人事实上已无参与共建的机会,对这些人实行按贡献分配显然是虚伪的。但从实践操作而言,大多数人在一些或大部分基本权利得到保证的情况下便会参与共建,而且人民最容易发现,也最为直接关心的是付出是否得到应有的回报而不是机会是否平等。无疑,机会不平等条件下的贡献并非真实的贡献,但个体的社会成员未必能十分清楚贡献的真实性,也无法决定其真实性,所以人民,至少是一些人民,在机会不完全平等却可以多劳多得的情况下也会有参与共建的积极性。从社会层面而言,由于历史与现实的原因,政府在相当长的时期内无法确保事事时时均机会平等,却不能因此放弃经济发展。更重要的是,确保机会平等,不断增加社会公平的物质基础在于提高经济效率和效益,这样,在确保一些或大部分人民的基本权利平等、多数情况的机会平等下,效率必然成为社会优先重视的对象。就如习近平总书记指出的:"一个时期有一个时期的问题,发展水平高的社会有发展水平高的问题,发展水平不高的社会有发展水平不高的问题。"(习近平,2014c)对应于公平原则的基本内容,那就是按贡献分配优先、兼顾按平等原则,也就是习近平总书记所指出的:"我们讲促进社会公平正义,就要从最广大人民根本利益出发,多从社会发展水平、从社会大局、从全体人民的角度看待和处理这个问题。"(习近平,2014i)我们必须紧紧抓住经济建设这个中心,推动经济持续健康发展,进一步把"蛋糕"做大,为保障社会公平正义奠定更加坚实的物质基础。

参考文献

[1]阿瑟·奥肯,1999,《平等与效率》,北京:华夏出版社,第2页。

[2]程恩富,2005,公平与效率交互同向论,《经济纵横》,第12期,第32—35页。

[3]程恩富,2007,现代马克思主义政治经济学的四大理论假设,《中国社会科学》,第1期,第16—29页。

[4]大卫·休谟,2008,《人性论》(下),关文运译,北京:商务印书馆,第536页。

[5]霍尔巴赫,1964,《自然的体系》上卷,管士滨译,北京:商务印书馆,第297页。

[6]贺汉魂,2018,马克思财富分配正义思想的基本内容及其精神实质探析,《东南大学学报》,第 5 期,第 5—15 页。

[7]贺汉魂,2019,实现人民美好生活需要是做大"蛋糕"、分好"蛋糕"有硬道理——"蛋糕论"的马克思财富伦理思想阐析,《云梦学刊》,第 2 期,第 67—74 页。

[8]何新,2013a、b,《反主流经济学:主流经济学批判》,北京:万卷出版社,第 167 页。

[9]康德,1960a、b,《实践理性批判》,关文运译,北京:商务印书馆,第 4、24—25 页。

[10]李志祥,2019,共建共享与共生共享:共享发展的双重逻辑,《南京社会科学》,第 2 期,第 1—8 页。

[11]马克思,2004,《资本论》第 1 卷,北京:人民出版社,第 463 页。

[12]马克思、恩格斯,1998,《马克思恩格斯全集》第 10 卷,北京:人民出版社,第 282—283 页。

[13]马克思、恩格斯,2009,《马克思恩格斯文集》第 4 卷,北京:人民出版社,第 293 页。

[14]强以华,2019,论人的美好生活,《华中师范大学学报》(人文社会科学版),第 2 期,第 60—66 页。

[15]王海明,2001a、b,《新伦理学》,北京:商务印书馆,第 303、383 页。

[16]万俊人,2000,《道德之维——现代经济伦理导论》,广州:广东人民出版社,第 149 页。

[17]吴忠民,2004,《社会公正论》,济南:山东人民出版社,第 36—37 页。

[18]习近平,2007a、b、c,《之江新语》,杭州:浙江人民出版社,第 131、139、227 页。

[19]习近平,2014a、b、c、d、e、f、g,《习近平谈治国理政》,北京:外文出版社,第 4、97、96、40、41、137、191 页。

[20]习近平,2014h、i,切实把思想统一到党的十八届三中全会精神上来,《求是》,第 1 期,第 97、3—6 页。

[21]习近平,2017a、b,《决胜全面建成小康社会 夺取新时代中国特色社会主义伟大胜利》,北京:人民出版社,第 37、46—47 页。

[22]约翰·贝茨·克拉克,2008,《财富的分配》,王翼龙译,北京:华夏出版社,第 3 页。

[23]亚里士多德,1990,《尼各马科伦理学》,北京:中国社会科学出版社,第 10 页。

Realizing the People's Need for a Better Life is the Absolute Principle of Efficiency and Fairness

—On the Ethical Implication of Xi Jinping's View of Efficiency and Equity

He Hanhun　Xu Yinying

Abstract　The people's yearning for a better life is the goal of the Communist Party of China. Economic efficiency and fair income distribution are two fundamental dimensions to realize people's good life needs. People's "sense of gain" is the fundamental criterion to evaluate efficiency and fairness. High economic efficiency is not necessarily reasonable, low efficiency is not necessarily unreasonable, the key depends on whether people pay the least cost of life, the people's better life needs to achieve the greatest degree. To realize the people's good life, it is necessary to distribute fairly. Co-construction and sharing is the basic basis of fair distribution. Co-existence and sharing is an important supplement to co-construction and sharing. From the point of view of realizing the people's need for a better life, giving priority to efficiency and giving consideration to fairness are some contents of the principle of fairness and some contents of the principle of fairness at the same time. The fundamental ethical implication of Xi Jinping's concept of efficiency and fairness is that it is the absolute principle of efficiency and fairness to realize the people's need for a better life.

Key words Xi Jinping Better Life Needs Efficiency and Fairness

社会治理视角下的当前中国弱势群体问题

程美东

内容提要　虽然现阶段中国已经实现了整体富起来并正走向强起来,但是由于发展的不平衡、不充分的特点的存在,我国依然存在为数不少的在文化资源、经济资源、社会资源等方面占有量偏低的弱势群体。从社会治理的角度来看,弱势群体往往是社会不稳定的导火索,因为他们的利益诉求容易被忽视,在沟通不畅的情况下很容易以社会事件的方式来非理性地加以表达。所以,搞好社会治理的前提之一就是要维护好弱势群体的利益。要彻底解决弱势群体可能引起的社会问题,首先要以整个社会发展为前提,尤其要大力发展生产力,不断夯实解决弱势群体问题所需的物质基础;其次要努力发展社会事业,使医保、养老等制度更加惠及弱势群体;最后还要依法保护弱势群体的利益。

关键词　弱势群体　社会事件　社会治理

中图分类号　D6

习近平总书记在党的十九大报告中指出,要在幼有所育、学有所教、劳有所得、病有所医、老有所养、住有所居、弱有所扶上不断取得新进展,深入开展脱贫攻坚,保证全体人民在共建共享发展中有更多获得感,不断促进人的全面发展、全体人民共同富裕。①这里"弱有所扶"的概念彰显了党中央对弱势群体的高度关切。事实上从十八大以来,习近平总书记就始终关注、重视贫困人群、残障人群等社会弱势群体,重视对弱势群体利益的解决。以残障人群为例,习近平总书记始终强调残疾人是一个特殊困难的群体,需要格外关心、格外关注,"全面建成小康社会,残疾人一个也不能少"。中共十九届四中全会通过的《中共中央关于坚持和完善中国特色社会主义制度 推进国家治理体系和治理能力现代化若干重大问题的决定》中指出:"坚持和完善共建共治共享的社会治理制度,保持社会稳定、维护国家安全。"要想实现共建共治共享的社会治理局面,必须要高度重视在我国人数不少的弱势群体的生活状况,使得他们

收稿日期:2020—04—10

作者简介:程美东,北京大学马克思主义学院教授,北京市哲学社会科学中国化马克思主义发展研究基地负责人兼首席专家,北京高校中国化马克思主义教学研究会会长,安徽师范大学特聘教授,主要研究方向为马克思主义中国化。

① 习近平,决胜全面建成小康社会 夺取新时代中国特色社会主义伟大胜利——在中国共产党第十九次全国代表大会上的报告,《人民日报》,2017 年 10 月 28 日。

能不断分享社会发展的成果，更好推动社会进步、发展。

一、当前中国弱势群体的存在情况

何为弱势群体？从严格的学术意义上来回答这个问题很难获得既准确又简洁的答案，学者们有着按照各自逻辑体系所认知的定义，“对弱势群体可以有种种不同的界定方法，结构主义、功能主义、系统论和生态学等都可以帮助我们认识社会的弱势群体、界定弱势群体的社会属性”。有人认为弱势群体大体上可以分为两类：一类是结构性弱势群体，另一类是功能性弱势群体。所谓结构性弱势群体，主要是指在社会通过制度、法律、政策等手段将某些社会群体置于一种不利的社会位置，使其逐步丧失了与其他社会群体公平竞争的能力，如中国长期实行的城乡二元结构而导致农民阶层成为弱势群体。所谓功能性弱势群体，主要是指由于社会成员自身的素质较差而导致他们处于弱势，无法正常与其他社会成员进行公平竞争。如残疾人、退休者、文化程度过低和年龄较大的失业者、某些非正规途径的就业者等等(吴鹏森，2003)。

还有人将弱势群体分为生理性弱势群体和社会性弱势群体两大类(王思斌，2002)。广大农村失去劳动能力的孤寡老人、全国8 500多万残疾人就属于生理性弱势群体。城市失业和下岗职工以及农村3 000多万贫困人口毫无疑问属于社会性弱势群体。

还有人从更广泛的意义上提出弱势群体的含义，如政治弱势、经济弱势、文化弱势等，把各行各业人士享有其他社会资源不足的都视为弱势群体。

不管学术界关于弱势群体的具体认识有何差异，从总体来看共识是：经济生活条件比较差、占有社会资源比较少、社会地位较低、在社会竞争中缺乏优势的那些人。

我国政府长期未使用弱势群体这个概念，直到2002年3月5日，时任国务院总理朱镕基在九届全国人大五次会议上所做的政府工作报告中才提出“对弱势群体给予特殊的就业援助”，才在我国政府文本中第一次正式使用“弱势群体”的概念，这也表明党和政府对这一概念的确认和对这一群体的关切。

其实，中国共产党就是靠当时的弱势群体——农民的支持才获得革命的成功，中国共产党也一直在为广大穷人的解放和幸福而奋斗。从理论上来看，中国共产党从来都重视弱势群体利益的维护。但在现实社会治理过程中，由于社会生产力水平的限制，以及各级具体政府部门具体治理手段和方式的差异，使得我们在具体处理弱势群体有关利益时不一定都能到位，这样就会给我们的科学治理社会带来一些障碍。

弱势群体的被关注以及被关注的程度如何，直接反映出社会公平正义实现的程度，反映出社会主义制度优势实现的程度。虽然在实际社会生活中到底哪些人属于弱势群体无法精准地加以界定，但是大家都可以感知到弱势群体的存在，即文化地位、经济地位、社会地位在社会上偏低的那些人——城市里面的农民工、城市失业和半失业者、农村失去劳动能力的老人以及贫困人口、居无定所的流浪者等。虽然，由于我国现实尚处于发展中国家的社会整体发展水平的限制还不能使得我们对他们给予充分的照顾，但必须要按照社会总体发展的速度不断加大对于他们支持和帮扶的力度。这些人的利益如果长期得不到关注，我们整个社会进步就会受到限制；如果涉及这些人的利益得不到合适的处理，那么从短期来看很容易出现各种社会事件，从长期来看就会不断减弱政府的公信力。

二、弱势群体容易引发社会事件

1. 弱势群体强烈的利益诉求与现实困境的矛盾很容易产生冲突。弱势群体由于其直接的生存性困境，其变通的可能性较小，因此其具有强烈的单向度改变现实处境的愿望。但由于他们可以凭借的社会资源非常有限，他们改变命运的愿望往往不易实现。无论是农村孤寡老人、城市里面的农民工，城镇中的流浪人员、乞讨人员、卖淫人员，还是城镇失业、下岗人员，他们都面临生存压力，而他们改变自己命运的方式主要就是依靠市场经济下的出卖简单劳动，以及获得社会的救助。但这几种方式都是不稳定的，常常受到来自制度性、规范性发展趋势的影响和制约。而且，他们用以维持自己持续生存的能力比较脆弱，稍微遇到一点意外事件，比如生病、孩子上学等就容易陷入新的困境。所以，他们想要得到健康良性的发展，必须要得到社会的帮助。

2. 弱势群体的利益诉求容易被疏忽。由于弱势群体总体受教育水平低，因而缺乏用正常方式向社会、政府表达自己利益诉求的机会。同时，也由于他们的数量多，政府和社会也很难通过正常渠道和形式给予这个群体以全面关怀。还有，弱势群体缺乏自觉性的群体意识，也不可能形成现代性的组织，所以他们零零星星的个体性诉求有时很难产生大的社会反响。这些因素就决定了弱势群体的利益诉求很容易被社会所忽视。

3. 弱势群体容易以非正常的方式表达利益诉求。弱势群体的受教育水准低直接决定了他们在遇到利益诉求得不到满足时，或者采取隐忍退让的方式，或者采取极端非制度性的方式。隐忍退让往往是极端方式的前奏，因为任何隐忍退让都是一种希望的寄托。当他们感觉到已经不能通过隐忍退让来获得自己的利益时，就一定会走向非理性的极端方式。

4. 弱势群体利益问题在网络化时代容易被一些人以道德制高点名义加以放大。弱势群体是值得人们同情的。一个文明的常态化社会都会有对于弱势群体公开关切的道德取向。但是社会对于弱势群体的关切与弱势群体本身利益诉求的实现、弱势群体命运的被改变不是简单的道德问题，而是一个切切实实由社会发展水平决定的问题。因此，弱势群体在一个社会的被解体、升级是需要很长的过程的。而在这个升级过程中，弱势群体容易成为一些人关注的焦点，成为一些人表达对于社会进步期望的一个平台。诚然，无论弱势群体本身的利益满足还是社会发展的客观要求，也的确需要这样的公共平台加以关注，但是这个关注需要保持在合适的程度范围之内。由于弱势群体具有公共道德关注的优势，人们对于他们中的集体利益或者个别成员的利益受损情况很容易形成集体的社会审判，这就很容易形成社会事件，尤其在网络化时代更容易成为一种汹涌的社会事件潮。

综合以上几点可以看出，一个政府必须把关注弱势群体放到重要的位置，否则不仅违背现代化的潮流，更容易导致社会混乱。通过分析我国目前社会弱势群体的现状，更可以看出该问题的重要性：

第一，农民工群体。根据国家统计局发布的2015年国民经济和社会发展统计公报的数据显示，2015年中国农民工总量27 747万人，外出农民工16 884万人，本地农民工10 863万人。这些人主要从事的是建筑业、制造业、餐饮、运输等劳动强度大、工作环境差、收入不高等低端产业。他们虽然生活在城镇，但是无法享受与城市居民一样的社会权利，如教育、医疗、住房，但他们给城镇的发展做出了巨大贡献。他们在创造城镇美好生活，却只能旁观着城镇的美好生活，不能舒适地享受这美好生活，这样必然产生巨大的心理落差，长此以往，一定会对社会产生不健康的心理。

第二，城乡贫困人口。截至2016年底，全国有城市低保对象855.3万户、1 480.2万人。全年各级财政共支出城市低保资金687.9亿元。2016年全国城市低保平均标准每人每月494.6元，比上年增长9.6%。全国有农村低保对象2 635.3万户、4 586.5万人。全年各级财政共支出农村低保资金1 014.5亿元。2016年全国农村低保平均标准每人每年3 744元，比上年增长17.8%。全国城乡贫困人口加起来就有6 000多万。而这些贫困人口的标准不是按照高水平确定的，如果稍微提高一下标准，我们的贫困人口肯定会增加几千万。

仅仅上述两项弱势群体人口就高达3亿多(这其中有重叠的部分，主要是农民工和农村低保人口之间。但是广大农民工从社会权利角度看本身就是弱势)。如此庞大的人口数字，我们若不加以关注，势必违背社会主义制度的初衷，对于现实社会的稳定也会带来诸多的隐患。

三、弱势群体引发的社会事件后果严重

改革开放以来中国所发生的社会事件中，有不少与弱势群体的利益受损

直接相关。

1. 征地拆迁事件。改革开放以来，我国的城市化水平突飞猛进，城市化率从 1978 年的 17.92%一直上升到 2017 年的 58.52%，这 40 年间我国城市化水平大大提高，这需要占用多少土地、有多少人需要移民？据有关专家估计，1987 年至 2003 年，全国非农建设占用耕地就达到 3 395 万亩，产生了至少 34 万失地农民。这些失地的农民若得不到政府的妥善安置，很容易成为弱势群体。

除了城市化之外，另一项因大规模征地而产生失地农民的举动就是兴修水电设施。根据相关资料显示，从 1949 年新中国成立到 2011 年前夕，我国因修建铁路、公路、水库、机场、城市建设等工程而产生的移民高达 9 000 多万人。据《第一次全国水利普查公报》数据统计：截至 2011 年底，我国共有水库 98 002 座(其中已建水库 97 246 座、在建水库 756 座)。这些水库在防洪、灌溉、发电、供水、水产养殖以及旅游等方面发挥了巨大效益，为国民经济和社会发展做出了很大的贡献，但同时也造成了高达 2 500 多万的移民(李鹏，2014)。

如此大规模的征地拆迁的确是中国现代化发展的需要，但是对于这些失地人员不给予合适的补偿和安置，尤其是对他们长远的生计不给予积极考虑的话，会产生很多的严重后果，他们也会成为社会事件爆发的潜在力量，严重影响社会稳定发展，甚至会直接导致一些群体性事件的爆发。

2. 弱势群体权益受损事件。不少社会事件的发生与弱势群体的利益受损直接相关。我们不否定社会上有个别一些心理有问题、道德有问题的人在某些时候故意制造事端，但多数人是不会这样做的，所以有个别这样的行为不会影响到正常的社会秩序。多数人不到万不得已，不会走向与社会主体的道德和法律公开对峙的局面。中国的弱势群体，由于缺乏统一的组织，他们能够在某一时机产生集体行动去对抗社会，基本上是由于不约而同维护自身利益的动机而形成的。

2010 年 4 月 13 日在辽宁大连市庄河市发生了一起千人下跪市政府门前的事件。下跪者乃是该县下属的海洋村村民。这个事件可以说是弱势群体利益受损而爆发的群体性事件的一个代表。他们的诉求主要有两个：分配征地补偿款、村务公开。

海洋村是一个创造了“海洋神话”的富裕村庄。2009 年，没有实行第二轮土地延包的海洋村，将属于村集体的山岭出卖，部分土地也被庄河市土地储备中心征用。一些村民从其他村子得知，国家对征收的土地都有土地补偿款，便多次到村委会询问国家是否给海洋村拨付了土地补偿款。一开始无人回答，后来直接说没有土地补偿款。这引起了村民的不满，海洋村 30 多名村民要求村委会公开账目，但并未成功。2010 年 4 月 7 日，有数百名海洋村村民继续到村委会去询问土地补偿款的事，但仍然没有结果。无奈之下，村民又去了市政府，但依然没有结果。由于没有得到明确答复，2010年4月8日，大约1 500名村民步行到庄河市政府门前要求政府给予答复。一位副市长告诉他们，星期三或者星期四会让村里给各位村民一个满意答复，于是众村民各自散去。随后的一天村民没有再来市政府。到了4月9日下午，有村民得知村上已在原养鸡场开过会，定下来的土地补偿款分配方案为每人8 000元，让村民晚上7时以后去领取。但村民们想知道到底国家给拨了多少钱，希望村委会公布账目。4月10日，大家又都聚集到市政府门口去询问土地补偿款的数量。随后接连两天，海洋村约有上千村民来到市政府要求"答复"土地补偿款问题。

4月13日，海洋村村民或坐车或步行，陆续前往约6公里外的庄河市人民政府办公大楼。庄河市副市长金晓黎曾出面劝说村民退去，但村民们要求市长孙明出面答复。在久等市长无果的情况下，忽然有部分海洋村的老年人"扑通"跪在地上，接着妇女们也跟随下跪，继而是小部分男性村民跪在地上。

跪地事件很快被传到网上，并迅速开始发酵。最后，大连市委、市政府采取了措施，村委会主任涉嫌贪腐等问题被停职、接受纪委等相关部门的调查，孙明辞去中共庄河市委副书记、庄河市人民政府市长职务。

这个跪地请愿事件完全可以不发生，其之所以发生，主要是由于各级政府的不作为、懒作为造成的，说穿了就是在日常工作中心里没有关心弱势群体的意识，遇到弱势群体提出利益诉求时只是简单地想躲、拖，这样下去势必让他们失望，只能走上抗争的道路。这些村民采取的是悲情的温和方式，而没有用打砸抢等极端方式。如果他们采用极端方式，后果就会更为严重。

表1　近年来民众集体下跪维权抗争案例概要

时间	地点	参与人数	跪求对象	诉求	结果
2005年7月	陕西西安	10余人	开发商	追讨首付款	不详
2007年5月	安徽蚌埠	不详	中央检查组	治理污染	不详
2008年3月	山西临汾	50～60人	工厂	治理污染	关闭停产
2010年4月	辽宁庄河	1 500人	市政府	土地补偿款	市长撤职
2010年4月	广东化州	50多人	市政府	放人还田	信访局介入
2010年11月	河北肥乡	不详	乡政府	物权(住房)	不详

资料来源：王金红、黄振辉，2012，中国弱势群体的悲情抗争及其理论解释——以农民集体下跪事件为重点的实证分析，《中山大学学报(哲社版)》，第1期，第152—164页。

四、正确处理弱势群体的社会事件

当前中国有某些人仇官仇富心理非常严重，严重到不分大小、不问是非曲直，只要是富人和官员，他们的内心就感觉到愤恨。可以说，中国仇官仇富的心理已经发展到非理性的程度。仇官仇富的心理和行为自然是不正常、不健康的，但是面对这样一个广泛存在的客观事实，我们简单地用道德和科学的逻辑去加以谴责是不能解决问题的，而必须要理性对待，考察其产生的社会根源，采取切切实实的措施加以解决。

仇官仇富心理其实是一种弱势群体面对自己现实和未来前途命运无助时的一种反抗心理的表现。为官者，掌握社会公权力，虽然从制度层面他们这个群体的经济收入有限，但其社会地位较高，可以依靠或调用的资源较为丰富；富人者，虽然没有公共权力，但是在市场经济下，其生活资源丰富，且可以通过经济资源来交换社会资源。而弱势群体，既没有公共权力资源，也没有经济资源，更没有智力知识资源，再加上现实社会体制机制管理上的不完善，无法使得他们获得一个社会统一体的存在感。处于这样的社会地位，他们产生一种仇视的心理也就很正常了。

同情理解仇官仇富心理，不等于任由这种心理存在和蔓延。政府要彻底消除仇官仇富心理，必须要从根源上着手解决。

首先，政府要重视整个社会发展，尤其要大力发展生产力。弱势群体的存在，从根本上说还是整个社会生产力水平有限所造成的。要彻底解决弱势群体问题，就必须要提高整个社会的发展水平，使得社会的物质财富得到极大的提高并能合理分配，使得弱势群体所普遍期盼的衣食住行无忧的生活状况具有可靠的物质基础。在整个社会生产力水平很低的情况下，是不可能从根本上解决弱势群体问题的，这是任何一个执政党和政府都必须要清醒认识的问题。否则，就会抓错方向。

其次，要大力发展社会事业，惠及弱势群体。社会生产力水平的提高，未必就能解决贫富分化问题。如果一个社会没有健康完善的税收、医疗保险、养老保险、失业救济保险，那么即使这个社会生产力再发达，社会也会存在严重的不平等，两极分化严重，社会对立严重。从党的十六大以来，我们在经济发展的同时，不断完善和推行了累进税制度、惠及城乡的医疗保险和低保制度，废除了农业税，加大了扶贫力度，把实现中国梦、让人人有梦想成真的机会作为全体中国人的追求。这些对于减少社会分化、促进社会和谐发展起到了重大的推动作用。

再次，依法保护弱势群体的利益。在共产主义社会实现之前，任何一个社会都会多多少少地存在弱势群体和相关的社会冲突，只不过大小程度有所差异罢了。有问题有冲突不可怕，我们要勇敢面对，绝不能躲躲闪闪、遮遮掩掩，尤其不能以损害弱势群体的利益作为解决问题的手段和目的。而要依法保护弱势群体的利益，使得他们通过这些公平公正的执法而感受到社会的温暖。在日益开放和全球互联网时代，想采取严格管控的方式来处理弱势群体问题是不可能收到好效果的。政府应该认识到，上访是表达诉求的正常渠道，“劫访”只会导致社会冲突激化、政府威望减弱。我们必须善于服务社会特别是弱势群体，必须善于进行引导、疏通和化解，最大限度地把弱势群体拉回来而不是任其被社会甩出去或者在不作为、乱作为中推出去。只有这样，才能逐渐减少弱势群体引起的社会问题，才能使中国特色社会主义事业不断增添活力、凝聚人心、充满朝气。

参考文献

[1]李鹏，2014，《水库移民中弱势群体贫困风险分析》，华北电力大学硕士学位论文，第1页。

[2]王思斌，2002，社会转型中的弱势群体，《中国党政干部论坛》，第3期，第19－22页。

[3]吴鹏森，2013，论弱势群体的“社会报复”，《江苏行政学院学报》，第1期，第58－63页。

The Current Problems of Vulnerable Groups in China from the Perspective of Social Governance

Cheng Meidong

Abstract Although China has achieved overall prosperity and is on the way to become stronger at this stage, due to the unbalanced and inadequate development, there are still a large number of vulnerable groups in China who occupy a low proportion of cultural resources, economic resources, social resources, etc. From the perspective of social governance, vulnerable groups are often the fuse of social instability, because their interests are easy to be ignored, and in the case of poor communication, it is easy to express them irrationally in the way of social events. Therefore, one of the preconditions of social governance is to safeguard the interests of vulnerable groups. To thoroughly solve the social problems that may be caused by the vulnerable groups, first of all, we should take the whole social development as the premise, especially vigorously develop the productivity, and constantly consolidate the material foundation needed to solve the problems of the vulnerable groups; secondly, we should strive to develop social undertakings, so that the medical insurance, pension and other systems can benefit the vulnerable groups more; finally, we should protect the interests of the vulnerable groups according to law.

Key words　Vulnerable Groups　Social Events　Social Governance

海派经济学
第 18 卷第 2 期,2020　Journal of Economics of Shanghai School　No. 18,2,2020

正确评价新中国两个历史阶段与两种经济体制

何玉长　李　波

内容提要　新中国70年经历了前30年的社会主义探索和曲折发展,以及后40年的改革开放和中国特色社会主义创新发展;同时经历了计划经济和市场经济两种经济体制,其间还出现了一个过渡体制——有计划的商品经济体制。评价两个历史阶段和两种经济体制,既要看到前30年社会主义的探索经验和计划经济的历史功绩,也要看到社会主义的挫折和计划经济的历史局限;既要看到后40年改革开放和社会主义市场经济的创新发展,也要看到发展的不充分和不平衡。对新中国70年的评价,需要澄清两阶段"对立论"和"历史虚无主义"的误区。正确评价两个历史阶段和两种经济体制,将有益于深化改革和新时期中国特色社会主义建设。

关键词　新中国70年　两个历史阶段　计划经济体制　市场经济体制
中图分类号　F20

新中国70年,在历史长河中虽然只是一瞬,但作为一个新兴国家,在国际风云变幻中历经挫折而初心不改,几代人接力前行,逐渐由弱到强,这在古今中外也是罕见的。新中国70年经历了社会主义发展的两个历史阶段,也经历了计划经济和市场经济两种经济体制。总结两个历史阶段和两种经济体制的实践,旨在为建设社会主义现代化强国提供经验。

一、问题提起与历史分期

1949年新中国成立,迄今走过70多年历程。新中国70年的重大转折是改革开放起始的1978年,党的十一届三中全会拉开了中国改革开放的序幕,这成为新中国历史的转折点。从新中国成立到1978年为改革前30年;自1978年至今为改革后40年。前30年我国社会主义经济是在计划经济体制下运行,后40年包括体制转型的有计划的商品经济体制和社会主义市场经济体制,各个时期经济体制都是以社会主义经济制度为基础的。要将计

收稿日期:2020—01—10

作者简介:何玉长,上海财经大学经济学院教授,主要研究方向为政治经济学;李波,上海财经大学经济学院博士研究生,主要研究方向为政治经济学。

划经济体制时期和市场经济体制时期截然分界是困难的，因为改革开放也是“摸着石头过河”逐步推进的过程，不可能事前确定一个时间表，改革理念的确立也是经历了一个逐渐清晰的过程，所以，前 30 年和后 40 年只是个大致划分。

评价新中国 70 年两个历史阶段，关键是认识计划经济体制和市场经济体制及其相互关系。认识这一问题应坚持唯物辩证法的思想方法，具体从两个方面理解：一是将新中国 70 年来的不同经济体制选择和经济社会的发展，置于当时国际、国内环境来评判；二是实事求是地辩证思考 70 年各历史阶段和不同经济体制的功过是非。目前学术界对我国改革开放前后两个历史阶段的关系研究，主要集中在以下几方面：

一是认为改革开放前后两个历史时期辩证统一、一脉相承。张启华认为，“前 30 年的探索，特别是 1957 年以后，虽然发生了很多失误，但仍取得经济、政治、文化等各项建设的伟大成就，为中国以后的发展奠定了最初的基础”（张启华，2013）。李捷主张用发展和普遍联系的观点认识和处理两个历史时期的关系，“对改革开放前社会主义的实践探索，要分清主流和支流。……正确认识和处理改革开放前后两个历史时期的关系，核心是正确评价毛泽东同志的历史地位和毛泽东思想的指导作用”（李捷，2013）。方松华、杨起予认为，新中国两个历史阶段“在本质上具有一脉相承的历史内涵，但作为不同的历史阶段，它们之间又存在着显而易见的区别。……与前 30 年的计划经济、自我封闭、阶级斗争和政治运动相比，后 30 年所表现出的活力、开放和创造性无疑与之形成了鲜明的对比”（方松华、杨起予，2014）。梅荣政、李静认为，“新中国的历史发展，具有发展的连续性和发展的阶段性相统一的特点。两个历史时期的客观进程，表明二者之间是继承与发展的关系，其内在联系是本质性的”（梅荣政、李静，2017）。笔者以为，两个历史阶段辩证统一、一脉相承，这种说法符合历史辩证法，二者是相互联系而非对立的关系。但也不能简单等同，毕竟前 30 年发展更为曲折，甚至还有“文革”的倒退；而改革时期的发展充分展现了新中国最好的历史时期。否则，就不能充分说明改革开放的必要性。

二是坚持新中国发展“两个不能否定”，澄清两阶段“对立论”误区。中共中央党史研究室撰文指出：“改革开放前的历史，是党领导全国各族人民进行社会主义革命和建设并取得巨大成就的历史；改革开放后的历史，是党领导全国各族人民成功开创和发展中国特色社会主义的历史。改革开放前社会主义的实践探索为改革开放后社会主义的实践探索提供了重要条件，改革开放后社会主义的实践探索是对改革开放前社会主义实践探索的坚持、改革、发展。”[①]于国辉批评了将两个历史时期彼此对立的错误观点，充分肯定毛泽东时代的重要价值和两个历史时期紧密联系，他指出，“尽管还有相当多的学者坚持西方的价值标准，误将中国的改革开放视作面向西方资本主义的过渡，由此导致他们对毛泽东时代的否定和攻击，但是，越来越多的海外学者已经突破这种自由主义的窠臼，他们试图从中国大历史的视角来认识毛泽东时代的伟大贡献”（于国辉，2017）。李韬、林经纬认为，“改革开放前后两个时期绝不是彼此割裂的，更不能根本对立的，两者本质上都是我们党领导人民进行社会主义建设的实践探索”（李韬、林经纬，2013）。笔者以为，当前应坚持习近平“两个不能否定”的思想方法，肯定新中国70年不同发展阶段的历史联系，肯定改革开放前的历史功绩，又坚持改革后的社会主义性质，排除两个历史阶段“对立论”的干扰，将中国特色社会主义事业推向前进。

三是从经济发展视角剖析改革开放前后两个历史时期的关联。简新华、叶林运用统计数据分析了我国改革开放前后两个历史时期经济发展方式由粗放内向型向集约外向型的转变，并指出，“中国经济发展方式还没有根本转变，还需要进一步转变和优化，形成科学发展方式”（简新华、叶林，2011）。贾国雄从经济发展的视角阐释改革开放前后两个历史阶段的内在联系，认为，“改革开放前三十年重在资源积累的经济发展为改革开放后三十年的经济起飞创造了条件。改革开放前建立的计划经济体制与改革开放后形成的中国特色社会主义市场经济体制本质上都属于国家主导型经济发展模式，二者之间的演进一脉相承”（贾国雄，2014）。陈东林、田伟在研究陈云经济思想时指出，陈云对改革开放前后两个历史时期的评价贯穿着两个闪光思想，“一是肯定两个时期成绩都是主要的，同时要看到缺点和不足，看到历史是发展前进的，积极改革；二是两个时期之间是相互联系的，不能相互否定”（陈东林、田伟，2014）。

四是对两个历史阶段以及相关历史人物不能简单对立。有些媒体尤其是自媒体错误解读新中国70年两个时期的差异，以及传播对历史人物的错误评价。这里的错误一方面是将两者完全对立，完全否定前30年而肯定后40年；另一种是以前30年否定后40年，宣扬“今不如昔”。孙武安分析和批评了国内外学界研究新中国两个历史时期存在的三大问题，“一是割裂历史的问题，认为邓小平及其后中国的发展与毛泽东时期的方向‘完全相反’，背离了毛泽东思想，也背离了社会主义；二是自相矛盾的问题，一方面承认改革开放前毛泽东时期探索中国特色社会主义有一个良好的开端，另一方面又不承

① 参见中共中央党史研究室，《正确看待改革开放前后两个历史时期——学习习近平总书记关于“两个不能否定”的重要论述》，《中共党史研究》，2013年第11期。

认其为中国特色社会主义的历史起点；三是逻辑混乱的问题，一方面承认中国特色社会主义理论体系继承和坚持了改革开放前毛泽东时期关于社会主义建设的正确思想，另一方面又认为中国特色社会主义理论体系不包括改革开放前毛泽东时期关于社会主义建设的正确思想”（孙武安，2015）。本文认为，由于人们对两个历史阶段的对立化理解，出现了对与此相关历史人物评价的两种对立，前者是“非毛化”，后者是“非邓化”，将本是一脉相承的两大领导集体和承前启后的两代领袖对立化，割裂社会主义建设和发展的历史联系，是非常错误的。

本文认为，新中国 70 年呈现明显的历史分期。改革开放前 30 年的 1949—1978 年，包括从新民主主义向社会主义的过渡时期（1949—1956 年）和社会主义建设的计划经济体制时期（1956—1978 年）；改革开放 40 年的 1978—2019 年，包括计划经济体制框架内的有计划的商品经济体制改革时期（1978—1992 年）和社会主义市场经济体制改革时期（1992—2019 年）。由此可概括新中国 70 年经历了前 30 年和后 40 年两个历史阶段，与此相对应的经济体制为计划经济体制、有计划的商品经济体制和市场经济体制。其中有计划的商品经济体制只是一个过渡体制，所以，我们一般只强调计划经济体制和市场经济体制。

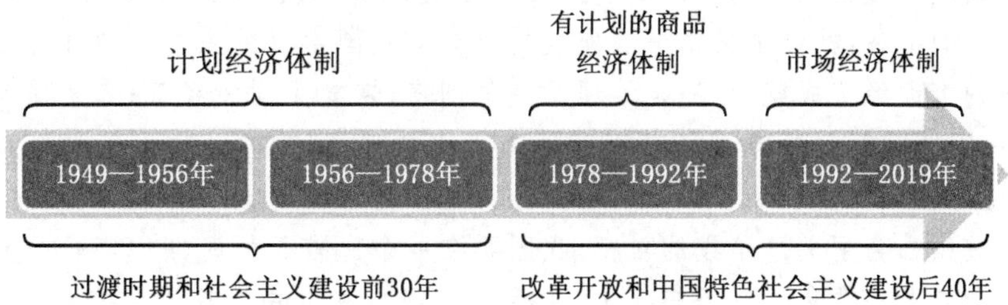

图 1　新中国 70 年的历史分期

新中国两个历史阶段以经济体制转型为分水岭，即对计划经济体制实施改革是新中国历史变迁的关节点。1978 年开启的改革开放，以思想解放为先导，坚持正确的思想路线，坚持实事求是、拨乱反正、彻底否定“文革”、突破“两个凡是”的传统思想禁锢。改革开放起始，以党和国家的战略重心转移为出发点，从以阶级斗争为中心转向以经济建设为中心，致力于社会主义现代化建设。我国历史转变的根本环节是经济体制改革，这场改革从传统的计划经济体制入手，全面推行农村经济体制改革和城市全民所有制企业改革，建设有计划的商品经济体制，进而走向建设社会主义市场经济体制。

二、前30年中国社会主义的探索与计划经济的发展

(一)过渡时期的历史选择和匆忙过渡的历史局限

新中国伊始,初创的新民主主义经济不仅奠定了社会主义经济的基础,也奠定了计划经济体制的基础。在国营经济、合作经济、公私合营经济、个体经济、私人资本主义经济构成的新民主主义经济体系中,国营经济处于领导地位,公有制经济带动其他所有制经济一同走向社会主义。在“一五计划”起步的1953年,我国就开始引进“苏联模式”的计划经济管理体制。具体体现为,在公有经济和公私合营经济中采用计划经济,在个体私营经济中采取市场经济,计划经济和市场经济两种体制并存但呈现此长彼消的趋势,到1956年,社会主义经济制度得以确立,计划经济体制也随之形成。时逢“一五计划”即将完成,社会主义工业体系起步于一大批国有工业企业兴建,这也得益于当时苏联援建156个工业项目。与此同时,我国按照“苏联模式”还构建了集权的经济管理模式,其管理对象主要是十几万个全民所有制的国营企业。1956年中国进入社会主义建设时期,开启了曲折发展的计划经济时代。可以说,计划经济体制建立与新民主主义向社会主义的过渡是同步的。中国新民主主义是社会主义的准备,社会主义是中国发展的方向。我国由新民主主义向社会主义过渡的重大经济成就为:一是治理了战争创伤,恢复了国民经济;二是提前完成“一五”计划,为社会主义经济建设奠定了基础;三是尝试建设计划经济体制。

按照社会主义总路线的目标,我国要在一个比较长的时期内实行国家工业化和农业集体化。毛泽东在1953年6月15日中共中央政治局扩大会议上第一次完整阐述:“党在过渡时期的总路线和总任务,是要在十年到十五年或者更长一些时间内,基本上完成国家工业化和对农业、手工业、资本主义工商业的社会主义改造”(毛泽东,1977a)。不久,毛泽东又强调:“至于完成整个过渡时期,即包括基本上完成国家工业化,基本上完成对农业、对手工业和对资本主义工商业的社会主义改造,则不是三、五年所能办到的,而需要几个五年计划的时间。在这个问题上既要反对遥遥无期的思想,又要反对急躁冒进的思想”(毛泽东,1977b)。

但我国在1953年以后,从上到下激发了极大的社会主义热情,推动中国在较短时间匆忙进入社会主义,力图迅速实行国家工业化和农业集体化。这种匆忙过渡的缺陷主要是:不顾生产力发展的多层次性,刻意追求较短时间内实现社会主义,由此出现“一大二公”穷过渡,过早消灭个体经济和私人经济,以计划手段替代市场机制,使社会主义经济先天不足。尤其20世纪50年代末,在严重自然灾害和国际共运逆流的双重冲击下,我国国民经济的脆弱性

暴露出来，以致出现经济的严重衰退。

（二）前30年社会主义经济发展和计划经济的历史贡献

中国走上社会主义道路是历史必然，但社会主义的本质并非计划经济。社会主义开创了人类历史的新纪元，社会主义是针对资本主义不能解决社会化大生产和生产资料私有制的矛盾而产生的。计划经济是生产资源按社会化大生产要求由社会中心统一配置的经济方式或经济体制。但这只是一种理想的模式，没有高度的发达生产力，在商品货币关系客观存在、开放的市场条件下，固守理想模式必然会脱离现实。有计划按比例分配社会劳动是社会大生产的客观要求，但这不等于社会主义阶段具有了有计划配置社会劳动的内在功能。固守计划经济体制，将计划经济视为社会主义的固有属性是对社会主义的教条化理解。

中国计划经济体制具有"冷战"时代背景，这一体制对国民经济发展有过历史贡献。我国社会主义经济制度的建立与计划经济体制的形成基本同步。新中国伊始，东西方"冷战"格局开始形成，一方是以美国、英国为首的强大的资本主义阵营，另一方是以苏联为首的新兴的社会主义阵营。社会主义中国自然遭到西方世界的全面封锁，中国别无选择地接受和照搬"苏联模式"的计划经济体制。20世纪50年代初期，我国主要采取计划经济手段，尽快恢复了国民经济和完成了"一五计划"。苏联作为社会主义阵营的"领头羊"，指导我国建立了计划经济管理体制，援助我国建设156项现代工业项目，奠定了新中国现代工业体系的基础。前30年我国自力更生发展国民经济并非闭关自守，而是形势所迫。独立自主、自力更生发展国民经济，建立现代工业体系，发展战备经济，是应对"冷战"时期国际阶级斗争的客观需要。前30年人民公社体制下的农村社会主义建设，农业学大寨运动，以农业为国民经济基础，这使农业取得了连年丰收，即使"文革"期间农业经济依然正常发展。

前30年，中国共产党领导人民在有限范围实行了经济改革。1956年，毛泽东在《论十大关系》中正确阐述了国民经济和社会发展的重大问题。针对"苏联模式"的缺陷，调整国民经济关系。毛泽东还尝试在国有企业兴办工业托拉斯。毛泽东关于以农业为基础，以工业为主导，按农轻重的秩序发展国民经济的思想，以及推行"鞍钢宪法"，号召"工业学大庆"等，都显示了社会主义经济建设的实践经验和理论财富。以毛泽东为核心的第一代中共领导集体在前30年带领中国人民建设社会主义，取得的历史功绩是主要的。正如邓小平所说，我国"在三十年间取得了旧中国几百年、几千年所没有取得过的进步"（邓小平，1994a）。

总体来看，前30年国民经济增长是明显的。1952年国内生产总值679.09亿元，到1978年达到3 678.7亿元。但由于政治运动的冲击和计划经济体制的束缚，国民经济波动较大。如图2所示，国民经济恢复后的1953年

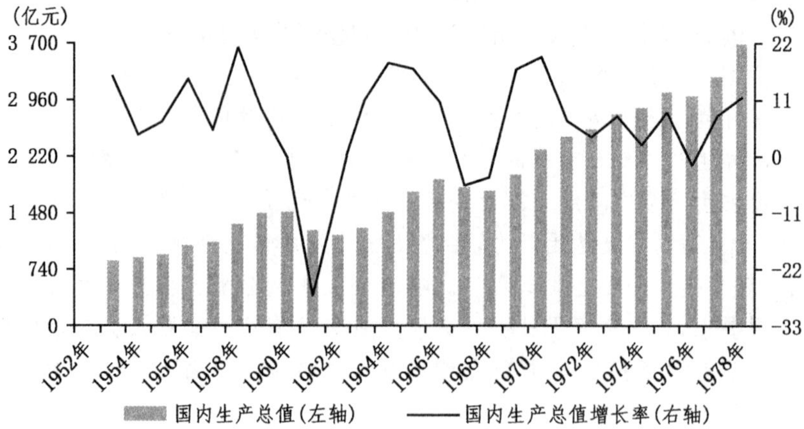

图2 1952—1978年国内生产总值和增长率

数据来源:国家统计局,国家数据,http://data.stats.gov.cn/ks.htmcn。

国内生产总值增长率达15.5%,"一五"计划提前完成的1956年为14.94%;1958年经济增长率高达21.20%,则是"大跃进"运动的畸形增长结果;随后1960—1962年连年衰落,其中1961年为—27.28%,跌入低谷;经国民经济调整后,1964年恢复到18.21%,1965年为17.04%;接着由于"文革"冲击,1967年急剧下滑到—5.67%;1970年再回升到19.37%。国家财政收入从20世纪50年代的30.07亿元上升到1978年的1 132.26亿元,财政增长和波动状况也如经济增长状况类同(见图3)。①

(三)前30年社会主义计划经济的历史教训

新中国前30年,我国社会主义经历了曲折发展。其中社会主义经济建设较为顺利发展时期的是国民经济恢复的1949—1952年、"一五计划"实施的1953—1957年和国民经济调整的1961—1965年。这三个阶段国民经济和社会主义快速发展代表了我国社会主义探索时期的主流,也体现了新的生产关系对生产力的促进作用。正如邓小平所言:"总之,建国后十七年这一段,有曲折,有错误,基本方面还是对的"(邓小平,1994b)。"'文化大革命'前的十年,应当肯定,总的是好的,基本上是在健康的道路上发展的。这中间有过曲折,犯过错误,但成绩是主要的。……所以,尽管遇到困难,还是能够比较顺利地渡过。经济上发生过问题,但总的说还是有发展"(邓小平,1994c)。

新中国前30年计划经济体制下,在局部和一定时期失误的教训也是深刻的。

其一,社会主义建设初期开始,生产资料所有制结构日益单一化。随着社

① 数据来源:国家统计局网站,http://data.stats.gov.cn/ks.htmcn=C01。

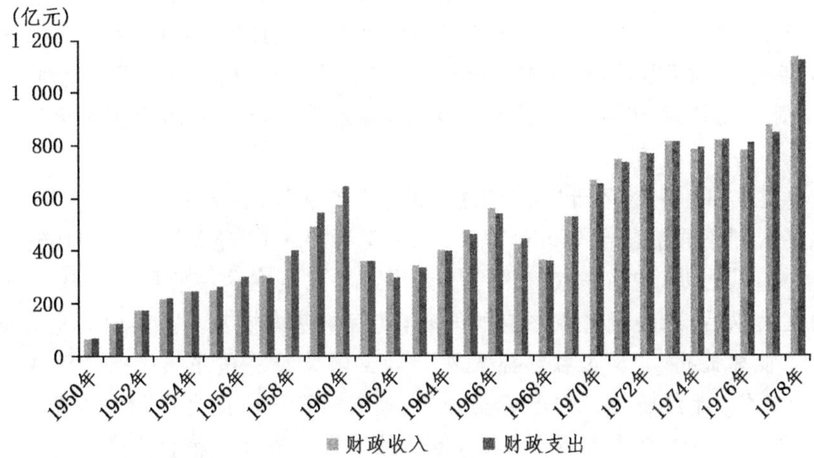

图 3　1950—1978 年财政收入和财政支出

数据来源：国家统计局，国家数据，http://data. stats. gov. cn/ks. htmcn。

会主义改造完成，我国加快了消灭私人资本主义和小生产经济的步伐，城市工业与商业日益全民化，农村经济全面集体化，公有制经济一统天下。在社会化大生产尚未覆盖整个国民经济、生产力多层次的条件下，过早消灭个体经济和私营经济，既不利于公有制经济的竞争，也失去了多层次生产力的应有作用。

其二，"大跃进"和"共产风"脱离经济规律。不可否定"大跃进"对加速国民经济发展的一定历史功绩，但"大跃进"演化成"穷过渡""共产风"就使之走上了歧途。"大跃进"高潮时期，地方政府竞相"放卫星"、大刮浮夸风，再加上当时的自然灾害，导致 1960—1962 年的经济社会发展出现严重停滞和衰退。

其三，计划经济体制下的国有企业实施集权管理。在国民经济运行中以指令性计划配置资源，以行政手段管理国有企业，漠视市场经济规律，将商品货币关系、价值规律等作为限制利用的对象。计划决策在宏观经济管理上时有偏离国民经济比例关系，尤其是"大跃进"时代的"以钢为纲"，片面突出重工业，重积累而轻消费，抑制了职工的积极性和国有企业经济效益。

其四，计划经济体制下的农业经营"以粮为纲"走向绝对化。坚持单一粮食生产经营，将多种经营作为"资本主义的尾巴"，固守传统农业生产方式，靠天吃饭、手工劳作，长期的农业经营低效率，农业增产不增收。工农业产品价格"剪刀差"扭曲了工农业关系，给农民带来重负，前 30 年我国老少边穷农村地区集中了数以亿计的贫困人口。

其五，计划经济体制与政治运动"折腾"结合在一起，经济活动服从于政治运动。前 30 年与其说受到计划经济体制的束缚，还不如说政治运动"折腾"对经济活动的消解。每当经济调整到相对平稳程度，政治运动的冲击就会来临。

脱离经济规律的计划经济曾抑制经济主体的积极性，而政治运动的冲击则是对经济活动的直接打压。从1957年的“反右”到1959年的“反右倾”，再到1964年的“四清”运动，均有扩大化倾向，在一定程度这是“文革”的预演。“文革”更是一场持续10年之久的政治运动，对经济社会造成的损害是无可估量的。

总结前30年，绕不开“文革”这个坎。“文革”从性质上来说是一场内乱，但也要区别不同阶段乱与治的程度。1966年“5·16通知”以后至1969年4月是“文革”前期，造反夺权、破四旧、武斗主要发生在这一阶段。1969年4月党的九大以后，社会经济秩序有所好转，党组织基本恢复。虽然此后也有林彪事件、“批林批孔”、“反击右倾翻案风”等，但国民经济秩序有了很大改观。当然，“文革”十年经济建设并非完全停滞，也有“抓革命、促生产”和“治理整顿”，“我国国民经济虽然遭到巨大损失，但仍然取得了进展。粮食生产保持了比较稳定的增长。工业交通、基本建设和科学技术方面取得了一批重要成就，其中包括一些新铁路和南京长江大桥的建成，一些技术先进的大型企业的投产，氢弹试验和人造卫星发射回收的成功，籼型杂交水稻的育成和推广，等等”。[①] 此外，“文革”时期战备经济和国防科技也取得了历史功绩。全面否定“文革”，并不否定国民经济建设的具体成绩和亿万工人、农民、知识分子的社会主义建设的贡献。

“文革”导致社会主义建设走向歧路，主要是由当时政治路线所决定的，而非计划经济体制所决定。但“文革”时期以阶级斗争为纲，僵化的经济管理体制，使计划经济体制的弊端达到极致。“文革”产生的后果迫使中国社会走向历史的转折，也可以说，不否定“文革”就不能开启改革开放。

三、新中国后40年社会主义改革与市场经济体制建设

（一）有计划的商品经济体制为市场经济体制做好了准备

1978年是划分新中国历史两个发展阶段、两种经济体制的时间节点。改革开放在此时起步，但当时还只是提出党和国家的战略重心转移到社会主义现代化建设上来，放弃“以阶级斗争为纲”，开始“以经济建设为中心”，对计划经济体制并未触动。尽管党的第十一届三中全会《公报》没有用“改革开放”这个词，但其内容实际却是改革的“集结号”。《公报》中著名论述是对经济管理体制问题的表述：“现在我国经济管理体制的一个严重缺点是权力过于集中，应该有领导地大胆下放，让地方和工农业企业在国家统一计划的指导下有更

① 参见《关于建国以来党的若干历史问题的决议注释本（修订）》，北京：人民出版社，1985年，第36页。

多的经营管理自主权。”①随着改革的推进，计划经济体制逐渐被触动，但整个20 世纪 80 年代，改革都是在原有的计划经济体制框架内推行的，国有企业改革集中于经营自主权的领域，经济体制改革目标是建设有计划的商品经济体制。

改革 40 年起步于农村经济体制改革。以家庭联产承包责任制为主要内容的农村经济体制改革极大地解放了农村生产力，促进了农村经济的快速发展，也带来了农村生产关系的重大调整，包括人民公社体制解体和乡村政权兴起，这标志着农村经济率先实现政企分离。40 年来，农村经济体制改革从早期的联产承包到土地经营权 30 年不变，再到新一轮土地经营权确权，保持了稳定发展，并不像城市国有企业改革经历了承包制到现代公司制的转折。

城市全民所有制企业改革是经济体制改革的中心环节。从国有企业经营管理改革，放权让利，两步利改税，到承包经营、租赁经营、资产经营责任制的全面推行，改革初期主要集中在正确处理企业与国家的分配关系，重在搞活企业。改革之初我们从理论上就明确了社会主义初级阶段经济形式依然是商品经济的观点，1984 年党的十二届三中全会确定建设社会主义有计划的商品经济体制，直到 1992 年，我国正式提出建设社会主义市场经济的改革目标。虽然商品经济与市场经济从含义来说并无本质区别，但前者是依然保留计划经济体制的商品经济，后者是在市场经济体制下运行的经济。1992 年是改革开放后又一个历史转折点，邓小平的“南方谈话”和党的十四大的召开，使社会主义市场经济体制改革走上前台。

1978 以来改革开放的 40 年，包含有计划的商品经济体制和市场经济体制两个阶段，市场经济体制只是其中的一个阶段，这以 1992 年分界。从 1978年至 1992 年，我国官方虽然没有明确市场经济体制改革，但已经全面实行了有计划的商品经济体制改革，历经十余年在计划经济体制框架内的改革也有相当成效，尽管国有企业只局限于经营权层面的改革，但已经为市场经济体制改革奠定了基础，并实现了经济的跨越式发展。1992 年以后，以现代企业制度改革为目标的国有企业改革已经是产权层面的改革。因此，宽泛而简单地将 1978 年以后的 40 年为市场经济体制改革和中国特色社会主义发展的历史阶段，也未尝不可。

有计划的商品经济体制建设为市场经济体制改革做好了准备。商品经济与市场经济本质上没有差别，都是以商品货币关系为内容和对象，商品经济主要是从经济运行的具体对象而言，市场经济主要是经济运行的实现途经和资源配置手段而言。但我国有计划的商品经济体制是以承认计划经济体制为前

---

① 参见《中国共产党第十一届中央委员会第三次全体会议公报》(一九七八年十二月二十二日通过)，《三中全会以来重要文献选编》(上)，北京：人民出版社，1982 年，第 6 页。

提的，是在不改变计划经济体制的前提下，采用商品货币关系来实现经济运行的。而市场经济体制是完全不同于计划经济体制，是以市场配置资源的经济形式。从实践来看，我国计划经济经过有计划的商品经济阶段的准备，才转变为市场经济。

(二)社会主义市场经济是经济体制的根本转变

随着改革的推进，有计划的商品经济出现了体制“瓶颈”，不改革计划经济体制，就不可能使国有企业成为独立自主的商品生产者和自主决策的市场主体，也不可能使日益成长的非公经济在国民经济活动中充分竞争，更不可能使我国经济与国际市场接轨并融入全球经济一体化中。因此，突破有计划的商品经济体制，建设社会主义市场经济体制被逐渐提上改革的重要议程。

尽管改革开放已经40年，但从理论和从实践来看，1992年才是中国真正进入市场经济体制改革的时间。1992年春天，改革总设计师邓小平在“南方谈话”中澄清了市场姓“社”姓“资”之争，为市场经济正名，为建设社会主义市场经济体制吹风、定位。正是在邓小平“南方谈话”的基础上，这才有了1992年10月党的十四大会议上正式提出建设社会主义市场经济体制的改革目标。从1992年社会主义市场经济改革开始，到2000年社会主义市场经济体制框架基本建成，再到今天中国特色社会主义市场经济体制深化改革，27年过去了，社会主义市场经济以崭新的面貌展现在世人面前，可以说这是改革40年中最重要的时期，也是新中国70年中最重要的时期。

社会主义市场经济体制改革是逐步深化的过程。1992年党的十四大定位市场为资源配置的基础性手段，2015年党的十八届三中全会提出“发挥市场在资源配置中的决定性作用”。随着市场经济体制改革的推进，我国形成了公有制为主体、多种所有制经济共同发展，按劳分配为主体、多种分配方式共同发展的格局。尤其是国有企业实行现代企业制度改革、国有经济布局和结构调整、企业产权重组等国有经济改革，极大促进了国民经济的发展。

2001年我国正式加入WTO，融入了全球经济一体化，全面对外开放格局形成。中国改革开放经历了1997年的亚洲金融风暴和2008年全球金融危机的考验，并为全球范围的反危机做出了贡献。近年来我国每年对全球经济增长的贡献超过30%。中国正由经济大国走向经济强国，中国崛起必将成为21世纪全球经济增长的亮点。

尽管改革总设计师邓小平去世于1997年，但40年的改革都是在有中国特色社会主义理论指导下进行的，是他领导了1978年以来的改革，包括有计划的商品经济体制改革，以及1992年的“南方谈话”，直接推动了社会主义市场经济体制的改革，延续至今的较为完善的社会主义市场经济体制也是在邓小平改革开放理论指导下取得的实践成果。改革40年来，国民经济保持持续增长的态势，国内生产总值由1978年的3 678亿元上升到2018年的

900 309.48 亿元，财政收入由 1978 年的 1 132.36 亿元上升到 2018 年的 183 351.84 亿元①，国内生产总值年均增长 9.8%，财政收入和居民生活也同步增长。正如毛泽东在新中国前 30 年无人替代的功绩一样，邓小平无愧为 40 年改革开放第一人。

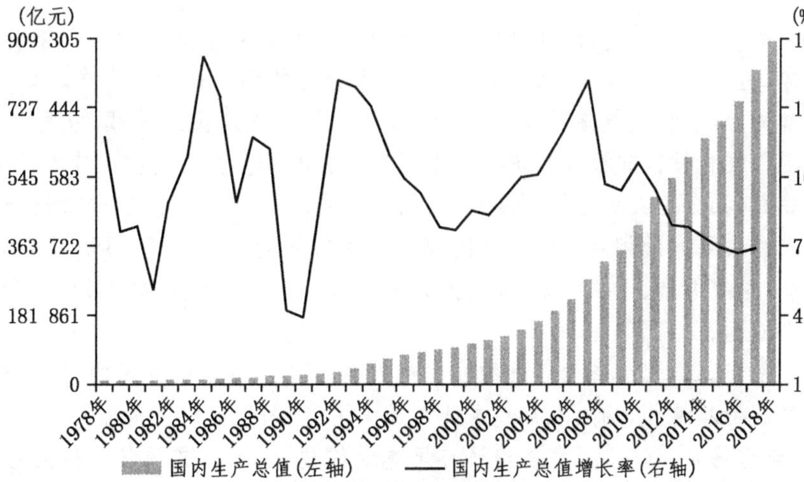

图 4　1978—2018 年国内生产总值和增长率

数据来源：国家统计局，国家数据，http://data.stats.gov.cn/ks.htmcn。

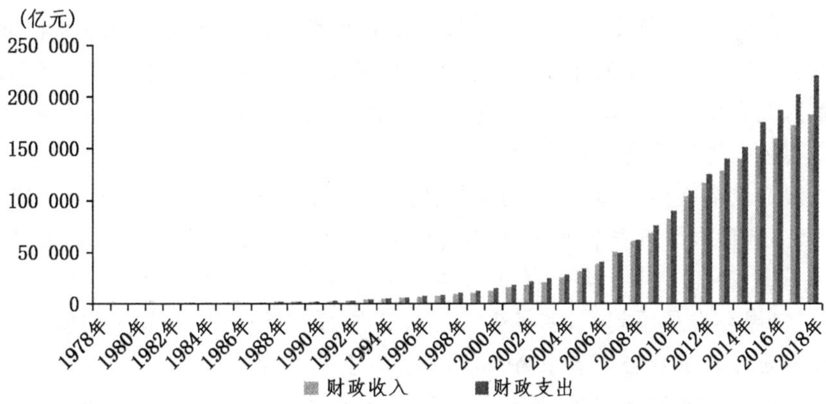

图 5　1978—2018 年财政收入和财政支出

数据来源：国家统计局，国家数据，http://data.stats.gov.cn/ks.htmcn。

① 数据来源：国家统计局，国家数据，http://data.stats.gov.cn/ks.htmcn。

(三)新中国后40年改革进程中非均衡发展

40年经济体制改革,尤其是市场经济体制改革创造了中国奇迹。中国走渐进式改革之路是合乎中国实际状况的;改革过程"摸着石头过河",也是符合实践认识论和历史辩证法的。然而,改革进程中出现发展不均衡、不充分的问题也应高度重视。

一是经济体制与政治体制的非均衡发展。我国经济体制大刀阔斧改革,政治体制虽然也做了多方面改革,但相对于经济体制还是滞后许多。如人民公社解体后,乡村政权建设没有跟上去,尤其是大批农民工进城,农村"空心化"以后,农村社区建设和政策推进难到位。我国社会主义民主及其实现形式有待提高,社会主义民主的制度化、法制化还有相当差距。建设与市场经济发展要求的法制建设相对滞后。公民履行民主监督的功能弱化,造成社会信任的缺失,党群关系、干群关系、警民关系紧张的局面有待改变,依法治国的目标还任重道远。

二是经济增长与道德建设的非均衡发展。在经济持续发展的同时,社会道德建设持续滑坡,物质利益追求逐渐成为主流意识,而社会精神文明逐渐弱化,社会道德日益衰落。经济建设与思想道德建设、物质文明与精神文明"一手硬、一手软"的问题一直没有解决。市场行为渗透到社会公共事务,由此出现社会腐败、权钱交易,甚至一度到了积重难返的程度。

三是经济体制各要素的非均衡发展。在经济体制的一个重要环节,所有制结构中的国有经济与非公经济的关系尚未理顺,国有经济的经营机制有待健全,经济效率有待提高。现代化工业体系和经济高质量发展的环境和条件还不成熟。与经济体制相关的社会保障体系还不完善,还没有实现社会保障体系的城乡统一,基本公共服务建设相对滞后,公共服务水平不高,公共教育和公共医疗受到社会的较多诟病。

四是城乡之间、区域之间的非均衡发展。改革以来,在"效率优先"和鼓励"一部分地区和个人先富起来"的政策导引下,城乡差距和区域差距在20世纪90年代至21世纪头十年呈拉大趋势。近十年来,在科学发展观导引下有所改善,但城乡发展不均衡,乡村落后于城市依然明显;区域发展不均衡,东部、中部和西部经济社会发展东高西低,呈梯度发展趋势。

上述非均衡发展问题,虽然不是改革时代的主流,但却是制约新时代中国特色社会主义建设和发展的重要因素,必须高度重视并加以解决。

四、正确评价两个历史时期和两种经济体制

(一)正确评价新中国70年两个阶段的关系

改革开放以后,随着非公经济的发展,我国对经济制度的表述有所改变。

从社会主义经济制度转变为社会主义基本经济制度。这并非历史倒退，也不是补课，而是社会主义生产关系的自我完善，是对社会主义发展阶段和经济制度的实事求是的定位。新中国 70 年两个历史阶段，社会主义基本性质是根本的，改革开放是社会主义经济制度的自我扬弃。改革不是对生产资料公有制的革命，也不是对计划经济体制细枝末节的改革，而是对计划经济体制的根本改革。让市场配置资源取代计划配置资源，是从历史经验和教训中得出来的理性选择。

新中国 70 年的社会主义本质从没有改变。新中国不同时期分别实行计划经济体制、有计划的商品经济体制、市场经济体制，但无不加有前缀“社会主义”——社会主义计划经济体制、社会主义有计划的商品经济体制、社会主义市场经济体制。这并非“计划”或“市场”本身具有社会性质，而是指中国基本经济制度是社会主义，将经济体制与基本经济制度结合起来，即在基本经济制度下实行有关经济体制。

两个历史阶段总体表现为波浪前进和螺旋发展。笔者曾在 1999 年撰文提出要正确认识社会主义两个历史阶段的关系：既不能因计划经济体制的弊端而全面否定前 30 年的历史功绩，也不能因改革后出现的种种问题而否定改革的功绩（何玉长，1999）。这种认识方法在今天依然有用。改革前 30 年，中国社会主义建设在探索与波折中前进，计划经济体制在一定程度上也发挥了积极作用，开辟了社会主义发展道路，坚持了社会主义发展方向，建立了独立自主的国民经济体系，尤其是现代工业体系，国有经济对国民经济的贡献不可磨灭。前 30 年多数时间国民经济明显增长，1953 年达 15.6%，1958 年达 18.3%，1964 年达 15.5%，1970 年达 16.15%；经济下滑最严重的是 1961 年的 −27.3%，1967 年的 −5.7%（见图 2）。[①] 但前 30 年的政治决策时而偏离经济发展目标，集权模式的计划经济体制时而偏离经济规律的要求，国民经济封闭运行，与国际经济和国际市场不对接，集权模式的计划经济体制僵化，这导致国民经济整体绩效下滑，为改革开放提出了新要求。改革开放 40 年，尽管其间也有探索中的失误，但总体上实现了经济的持续快速增长，促进了政治、社会全面进步，人民生活质量明显提高，综合国力明显增强，中国特色社会主义道路越走越宽。

两个历史阶段不是前后否定而是历史统一的关系。2013 年 1 月 5 日，习近平同志提出改革开放前后“两个不能否定”的思想。两个历史时期，“这是两个相互联系又有重大区别的时期，但本质上都是我们党领导人民进行社会主义建设的实践探索……不能用改革开放后的历史时期否定改革开放前的历史

① 数据来源：国家统计局/国家数据 http://data.stats.gov.cn/ks.htmcn。

时期，也不能用改革开放前的历史时期否定改革开放后的历史时期”[①]。党的十八大报告也指出：“以毛泽东同志为核心的党的第一代中央领导集体带领全党全国各族人民完成了新民主主义革命，进行了社会主义改造，确立了社会主义基本制度，成功实现了中国历史上最深刻最伟大的社会变革，为当代中国一切发展进步奠定了根本政治前提和制度基础。在探索过程中，虽然经历严重曲折，但党在社会主义建设中取得的独创性理论成果和巨大成就，为新的历史时期开创中国特色社会主义提供了宝贵经验、理论准备、物质基础。”[②]总之，新中国70年两个阶段，不是彼此对立，而是相互统一，承前启后，继往开来；同时重点要肯定改革40年中国特色社会主义的创新与发展。

（二）正确评价两种经济体制的关系

我国经济体制改革的性质是社会主义生产关系的自我完善。从计划经济体制到有计划的商品经济体制是阶段性突破，而从有计划的商品经济体制到市场经济体制是经济体制的根本变革，但在社会主义基本经济制度下，体制的变革都是生产关系的自我完善，不是生产关系的根本变革。尽管邓小平曾说，“我们把改革当作一种革命”（邓小平，1994d）。这里的“革命”不是哲学意义的社会性质的根本变革，这只是一种经济体制到另一种经济体制的变革。

计划经济体制有历史的合理性，市场经济体制有现实的合理性。新中国初期，构建了新民主主义向社会主义过渡的经济制度，在这一历史转变过程中，建立了与之相适应的计划经济体制。计划经济体制在新中国成立之初具有历史功绩，尤其是加速了国民经济恢复、“一五”计划提前完成和1961—1965年的国民经济调整。无论是人民公社体制还是国营企业管理体制，都有历史进步性和局限性。改革计划经济体制为市场经济体制，放弃计划经济体制而选择市场经济体制，并不否定计划经济的历史合理性和历史贡献，看不到这点就是犯了历史虚无主义错误。而将市场经济体制看作与社会主义格格不入，也是错误的。在普遍的商品货币关系中、全球经济一体化和开放的条件下，社会主义有必要也有可能与市场经济兼容。

计划经济走向僵化阻碍生产力发展，市场经济优化资源配置有利于生产力发展。社会化大生产需要有计划按比例分配社会劳动。公有制经济也有利于计划分配社会劳动，但计划经济并不是社会主义固有属性。尤其在面向国际大市场的条件下，僵化的计划经济体制难以适应，需要灵活的市场经济体制来配置资源和促进竞争，从而提高社会生产力，改革开放实践成果就是有力的证明。

计划经济体制只是局限于封闭经济，开放的国际经济环境需要市场经济。

---

① 参见《习近平总书记系列重要讲话读本》，北京：学习出版社、人民出版社2014年版，第18—19页。

② 参见《中国共产党第十八次全国代表大会文件汇编》，北京：人民出版社2012年版，第10页。

新中国前30年，我国处在被封锁的环境下，我国无法融入全球经济一体化，计划经济不得已而为之。随着全球经济一体化和国际市场经济的发展，我国经济必然要融入国际市场和全球经济一体化，实行社会主义市场经济体制改革和对外开放就是客观必然的。我国2001年加入WTO以后，全方位对外开放的实践成果也是有力的证明。

现代经济是市场经济，市场经济体制是中国特色社会主义的理性选择。在当前广泛存在商品货币关系的现代经济条件下，在微观经济运行中，市场配置资源优于计划配置资源；在宏观经济运行中，要发挥国家指导性计划的调节作用。但计划手段对宏观经济的调节也要遵循市场经济规律，计划作用要与经济规律同向而行，而不是逆向而行。我国市场经济改革实践证明了社会主义与市场经济的有效兼容，发挥市场在资源配置中的决定性作用，但坚持政府在宏观领域的调节作用。

参考文献

[1]陈东林、田伟，2014，学习陈云思想 正确对待改革开放前后两个历史时期，《毛泽东邓小平理论研究》，第9期，第47—52页。

[2]邓小平，1994a、b、c，《邓小平文选》第2卷，北京：人民出版社，第167、296、302页。

[3]邓小平，1994d，《邓小平文选》第3卷，北京：人民出版社，第81页。

[4]方松华、杨起予，2014，改革开放前后"两个30年"关系研究，《马克思主义研究》，第3期，第43—50页。

[5]何玉长，1999，新中国社会主义经济理论四论，《财经研究》，第11期，第21—28页。

[6]简新华、叶林，2011，改革开放前后中国经济发展方式的转变和优化趋势，《经济学家》，第1期，第5—14页。

[7]贾国雄，2014，论改革开放前后两个三十年中国经济发展的内在联系，《西南民族大学学报(人文社会科学版)》，第8期，第206—210页。

[8]李捷，2013，怎样认识改革开放前后两个历史时期，《求是》，第24期，第45—47页。

[9]李韬、林经纬，2013，正确认识改革开放前后两个历史时期的关系，《红旗文稿》，第8期，第15—18页。

[10]梅荣政、李静，2017，正确把握改革开放前后两个历史时期的性质及相互关系，《红旗文稿》，第13期，第8—11页。

[11]毛泽东，1977a、b，《毛泽东选集》第5卷，北京：人民出版社，第81、100页。

[12]孙武安，2015，关于改革开放前后两个历史时期研究中的三个问题，《毛泽东邓小平理论研究》，第3期，第44—50页。

[13]于国辉，2017，海外学界论中国改革开放前后两个历史时期的关系——兼对错误观点的辩驳，《国外理论动态》，第12期，第101—109页。

[14]张启华，2013，正确看待改革开放前后历史的辩证关系，《当代中国史研究》，第2期，第16—25页。

Properly Evaluating New China's Two Historical Stages and Two Economic Systems

He Yuchang Li Bo

Abstract During the period of 70 years in its history, New China, experienced the exploration and tortuous socialist development in the first 30 years, and the reform and opening up in the next 40 years, which was an innovative development of socialism with Chinese characteristics. In the same period, China experienced two economic systems of the planned economy and the market economy, and a transitional system—the planned commodity economy. To evaluate the two historical stages and the two economic systems, we not only have to review the experience received in the exploration in the socialist development and the historic achievements made in the period of the planned economy in the first 30 years, but also have to understand the setbacks in the development and the historical limitations of the planned economy. We not only have to see the innovative development of the socialist market economy in the 40 years since reform and opening up, but also have to be aware of the inadequacy and imbalance in the development. To evaluate the development in the 70 years of New China, we need to clarify the misunderstandings of the two-stage "opposition theory" and "historical nihilism". Proper evaluation of the two historical stages and the two economic systems will be beneficial to deepening reform and building socialism with Chinese characteristics in the new period.

Key words 70 Years of New China Two Historical Stages Planned Economy System Market Economy System

产能过剩治理与做强做大做优国企关系研究

周志太 姜蒙强

内容提要 运用逻辑与历史相统一的研究方法,以马克思主义经济危机理论与社会主义经济理论为指导思想和基本研究内容,结合由西斯蒙第到马尔萨斯再到凯恩斯关于经济危机的研究成果,立足于我国国情,指出了我国产能过剩的根源在于新自由主义思潮引起的所有制结构失衡,即"国退民进"。当下,扩大内需应作为既定不变的根本目标和主要动力,政府应通过扩大内需创立拉动经济增长的长效机制。从根本上说,确立国企的主体地位是促进全民共同富裕的经济基础和基本前提,而共同富裕又是解决产能过剩的根本路径。因此,只有做强做大做优国有企业,才能在更大范围内实施按劳分配,提高劳动生产率,进而增加劳动收入,扩大有效需求,推动总需求与社会总供给均衡增长,促进共同富裕。这要求国企与非公有企业由相互排斥转向相互参股、相互融合,形成益损与共、共同发展、以分工协作为基础的国有控股龙头企业,生成新的生产力和新的公有制经济实现形式,进而发挥国企对科技进步的驱动作用,增加有效供给,适应和创造需求,做强做大做优国企,促进经济高质量发展。

关键词 产能过剩 国企 按劳分配 混合所有制

中图分类号 F04

一、引 言

2008年全球金融危机爆发以来,世界经济紧缩使得我国的产能过剩问题凸显。截至2016年,我国主要产品的需求峰值已经到来或未来需求的增长空间已极为有限,产能过剩已从阶段性、结构性的问题,演化成为持续性、全面性的严重问题(黄群慧,2016),目前,这种趋势有增无减。而突如其来在世界主

收稿日期:2020-04-08

作者简介:周志太,淮北师范大学经济与管理学院教授,吉林大学国有经济研究中心兼职研究员,主要研究方向为宏观经济与国有经济;姜蒙强,淮北师范大学经济与管理学院硕士研究生,主要研究方向为国有经济。

基金项目:本文系安徽省哲学社会科学基金重点项目"政府与市场协同创新网络研究"(AHSKZ2019D007)、国家社会科学基金重大项目"建设世界科技创新强国的战略比较与实现路径研究"(18VSJ085)、教育部重点研究基地重大项目"开放条件下建设创新型国家的战略和对策研究"(16JJD790017)的阶段性研究成果。

要国家蔓延的新冠病毒，使国际经贸活动受到严重影响，使产能过剩成为世界性危害。这使我国经济发展，尤其是出口面临前所未有的挑战，要替代出口不足造成的需求缺口，就要化“危”为“机”，扩大国内需求和市场。

在经济全球化时代，市场是最重要的战略资源，谁掌握了市场，谁就拥有最有力的竞争地位。截至2019年，我国拥有14亿人口，人均收入10 276美元，国内市场广阔、潜力巨大、比较优势明显，大量产品和服务不可能主要由出口消化，不适应走出口导向型的经济发展道路；应立足于内需导向发展经济，发展动力应从外需驱动转向内需驱动，扩大内需应作为既定不变的根本目标和主要动力；应通过扩大内需、打造经济增长的长效机制。同时，我国已成为世界第二经济体，正处于城市化和工业化快速发展的阶段，资源禀赋多样，供给能力强，满足内需的各种产品与服务早已不再主要依靠进口，而是通过生产与消费之间的良性互动供给。

赵峰、陈宝林、章永辉、季雷等(2018)运用1978—2015年省级面板数据，分析了我国劳动收入占比变动对消费、净出口以及总需求的长期效应及其与经济增长的关系，结果显示：劳动收入占比上升对消费的促进作用明显，对净出口的抑制作用明显。其原因是我国国企进行了“逆周期”投资和非利润导向型投资。

我国经济正处于增长驱动的换挡期，新驱动不足，老驱动乏力，因而尽管“稳增长”的调控力度与日俱增，但经济增速却越调越慢。在对其原因分析中，李杨、张晓晶(2015)和王春超、丁琪芯(2019)的观点最具代表性。他们认为，人口老龄化，使工资水平提高，带来消费率缓慢提高，储蓄率开始下滑。一般认为，工资具有两重功能：既是劳动力成本，具有劳动力消耗的补偿功能；更有调动劳动者积极性、促进劳动生产率提高的激励功能。而本文认为，工资作为消费需求，工资增加，对消费产生的刺激作用称为“需求功能”，即具有总供求调节的功能。其包括两方面作用：劳动收入增加不仅会引致需求结构升级从而拉动产业结构升级，即技术进步替代简单劳动；而且在产能过剩的条件下，工资增加，消费总需求增加，可以缓解乃至解决生产过剩问题。若边际消费倾向不变，增加一个单位的劳动收入，就是增加一个单位的消费需求。并且，不断增加边际消费倾向较高的低收入群体劳动收入，能够改善居民收入预期，边际消费倾向进一步增加，消费规模因而扩大。而廉价劳动力虽有利于外延再生产扩大，尤其是明显增加少数资产者的利益，但难以有效提升普通工人的工资水平和普通居民的购买力，造成“消费不足—产能过剩—就业下降—收入下降—消费不足—失业—消费更不足”的恶性循环，引起产能过剩危机。靠廉价劳动力、低价产品参与国际竞争已难以适应新的发展趋势，必将导致产能过剩更加严重。值得注意的是，在劳动年龄人口逐年下降的2012—2019年，我国的劳动生产率分别提高7.2%、7.2%、6.9%、6.6%、6.7%、6.6%、6.2%。表明劳动力质量正在对数量进行良性替代。尤其是,目前我国存贷款差额已达到 39.6 万亿元[①],储蓄或资本严重过剩。由此可见,储蓄率下降,消费率提高,不是我国经济增长的负能量,而是正能量。

二、我国产能过剩成因的文献综述及简要评述

(一)国内关于产能过剩成因的讨论

产能过剩的成因是什么?基于供给的视角,既有的研究大致可分为"市场推动"和"政府推动"两大派系。前者代表是林毅夫、巫和懋、刑亦青(2010),其用"潮涌"理论来解释产能过剩:发展中国家的企业对下一个有前景的产业产生共识,进而形成投资"潮涌",一哄而上,造成产能过剩。该理论能够部分解释但难以在根本上解释我国产能过剩的问题。因为当某种前景共识及预期利润消失时,其所谓的"潮涌"问题也应消失;而事实恰恰相反,不少已被明确列为产能过剩的行业近年来仍在持续地扩大产能。

江飞涛、耿强、吕大国、李晓萍(2012),杨振(2013),王文甫、明娟、岳超云(2014a),范小敏、徐盈之(2019)等通过研究发现,地方政府投资的补贴竞争才是导致产能过剩最重要的原因。地方政府利用土地产权不清、环境保护体系缺陷和金融机构的软约束等问题,不断刺激企业投资,从而造成产能过剩。但是,随着我国改革不断深入、政府行为不断规范和完善,产能过剩应相应减弱,现实却是产能过剩仍然挥之不去。可见,以上的供给分析,虽有助于理解产能过剩,但仍然难以抓住产能过剩问题的根本症结。

基于需求的视角,刘志彪(2017)提出,随着国内中等收入群体迅速扩大、中高端消费需求显著增加,早先的低端产能就变成了过剩产能。

(二)资产阶级经济危机理论

从古典学派到凯恩斯,资产阶级经济学家都是以需求说明经济危机的成因、以需求不足说明经济危机,理论积淀较为厚重。

西斯蒙第最大的功绩就是最早提出在资本主义制度下生产和消费脱节,存在生产过剩的必然性,他用消费需求不足解释经济危机的根源(周志太,2016a)。在资本主义生产关系运行中,收入与消费形成了日益密切的联系,收入成为人们获得消费品的重要前提。他认为,在资本主义社会,大生产发展,农业剩余劳动力由潜在失业转向显性失业,其收入和购买力大幅度减少。他指出,在资本主义社会,生产为消费服务必须经过两个中间环节,即收入分配和人口数量。收入必须和资本一同增长,人口必须同收入一同增长,消费必须

① 中国人民银行,2020 年 2 月金融统计数据报告, http://www.pbc.gov.cn/diaochatongjisi/116219/index.html。

同人口一同增长,再生产同进行再生产的资本之间以及同消费和人口之间都必须保持相应比例。这些比例关系中,每一个都有可能单独遭到破坏,每当这个或那个比例关系遭到破坏时,社会便陷入浩劫。西斯蒙第(1964)认为,“这种比例关系非常重要”。在西斯蒙第看来,消费需求或最终需求远远跟不上供给,这一比例的失调是经济危机的根本原因。

但是,西斯蒙第不但没有提出资本主义经济危机的深刻根源在于资本主义基本矛盾,而且没有区分有效需求与无效需求。

马尔萨斯最早提出有效需求不足的危机论(周志太,2016b),他以资本积累作为总供给的决定因素,以劳动人民作为总需求的决定因素,通过论证两者的不同增长速度证明普遍经济过剩的必然性。马尔萨斯提出,如果消费者不是用手中的货币购买货物,而是大肆储蓄,会导致供求失衡、产品滞销。他说:“有效需求就是一种能满足商品供给的自然和必要条件的需求……它是需求者在实际情况下为了使所需商品能够不断地获得足够供给而必须支付的代价。”(马尔萨斯,1962)他认为,社会需求由资产阶级、劳动阶级和非生产的地主阶级三种需求构成。资产阶级注重节约,其有效需求由他们的生活需求和将收入用于资本积累来决定,他们不会多余消费。而劳动者虽有消费意愿,但他们的消费受限于工资,受工资下降和失业的限制。因此,社会必须有而且确实存在“很大一批寄生虫,一群专事享乐的雄蜂,他们一部分是老爷,一部分是仆役,他们部分以地租的名义,部分以政治的名义,无偿地从资本家阶级那里攫取一大批财富……而且则被描述为避免生产过剩的唯一办法”。马尔萨斯的理论肯定资本主义生产和消费之间的矛盾,承认资本主义社会存在着生产过剩的危机,并以“有效需求”和“有效需求不足”理论加以解释,这使他成为凯恩斯学说的先驱者而备受赞美(周志太,2016c)。然而,与西斯蒙第不同,马尔萨斯承认资本主义制度并非尽善尽美,但不是要推翻它,而是要证明,对于解决生产过剩来说,寄生性的地主阶级是必不可少的。

凯恩斯继承马尔萨斯的“有效需求”不足的思想,提出系统的“有效需求”理论,公开承认资本主义社会不可避免地发生经济危机和失业。但他用三个基本心理规律来解释资本主义经济危机和失业的原因,没有看到资本主义基本矛盾才是资本主义经济危机的根源,反映了他的阶级局限性。值得肯定的是,凯恩斯的有效需求理论在一定程度上反映了资本主义的现实。他对影响有效需求各种因素的分析,对于人们研究现代社会化生产下商品市场、货币市场和劳动力市场中如何平衡供求关系,实施宏观经济调控,具有一定的指导意义,另外,凯恩斯提出的通过国家干预扩大有效需求、消除生产过剩的主张,也有可取之处。

(三)马克思经济危机理论

基于对资产阶级古典经济学的批判,马克思提出极为深刻的关于生产与消费的理论。其建立在生产关系和生产力矛盾运动的基础之上,这决定了资本主义社会形态的运行和演变过程。

马克思、恩格斯(1974a)指出:“消费创造出生产的动力”、“新的生产的需要”;“没有消费,也没有生产,因为如果没有消费,生产就没有目的”。在《资本论》中,马克思对生产过剩的成因进行了系统、全面的分析(侯为民,2013)。马克思、恩格斯(1974b)认为生产过剩具有普遍性,在“有支付能力的需要能力的需要与供给不匹配的情况下产生”。同时他们又认为,只要存在私有制和商品生产,就存在商品卖不出去、社会再生产遭到破坏、发生经济危机的可能性。“当商品经济发展到一定阶段,资本主义经济制度的根本特征和内在矛盾决定了危机的这种可能性转变为现实性。”(马克思、恩格斯,1975)这是因为:第一,追求剩余价值的生产目的既提高劳动生产率,又使资本积聚和集中不断加剧,使生产无限扩大。第二,资本积累的发展和资本有机构成的提高,使失业人口不断扩大,社会财富分配上两极分化日益严重,使有效需求跟不上生产力的扩大,危机就由可能变为现实。

马克思、恩格斯(1995)提出了资本与其限制间的矛盾关系观点:资本既能“摧毁一切阻碍发展生产力、扩大需要、使生产多样化、利用和交换自然力量和精神力量的限制”。然而,资本不但不能克服和超越这些限制,而且被这些限制所否定。其重要表现是,生产过剩发展到一定程度,引起资本主义经济危机爆发。

马克思主义经典作家是基于生产关系的视角分析资本主义社会生产过剩的成因的。而非均衡学派则是基于经济运行的视角提出,供求中的短边因素决定经济增长,在供给不足的时代,经济增长主要由供给决定。在市场经济时代,需求不足是经济运行的常态,经济增长主要由需求决定。以此观之,当前我国宏观结构失衡,主要表现在我国拉动经济增长的“三驾马车”中,消费需求是短边,投资需求是长边,常规投资、包括交通等基本建设投资的边际收益率正在持续下降。相反,2015—2019 年消费对我国 GDP 的平均贡献率分别达到 64.76%,具体数据如下:2015 年、2016 年、2017、2018 年、2019 年消费对经济增长的贡献率达到 66.4%、64.6%、58.8%、76.2%、57.8%。但是,世界银行统计,2005—2014 年世界平均消费率为 78.9%。可见,消费对于我国经济的驱动作用的潜力仍然很大。

(四)产能过剩的所有制原因

1992 年以来,为更快地发展生产力,国家推动了多种所有制经济共同发展。表 1 表明,资本主义经济因素不断发展壮大(何干强,2016)。同时,随着经济全球化和对外开放的扩大,出口导向型的经济增长战略使我国经济发展与发达资本主义国家的经济发展关系密切,我国经济被逐步卷入发达资本主义国家主导的全球市场经济体系之内,资本主义经济规律对经济的影响越来越大(魏光谱、何干强,2014)。因此,本质上,当前的产能过剩和内需不足同资本主义私有制经济遇到的问题是相似的,即最终需求不足导致产能过剩而难以消化。随着生产资料公有制比重的不断下降和私有化的不断发展,资本主义经济规律的影响作用日益渗透到经济领域的方方面面。因此,产能过剩虽有经济周期的因素,但根本原因还是重大的结构性失衡,主要是所有制结构的失衡。

目前,公有制经济主体地位的削弱,导致劳动收入下降,因而难以扩大内需和改善民生,不利于国民经济的健康协调和可持续发展。这既与我国社会主义国家的性质相悖,更遑论抵御新冠病毒带来的国际经济衰退的冲击。现存的两极分化格局归根到底是由生产资料所有制结构决定的,现存的所有制结构决定分配结构,分配结构不利于扩大消费,应该是产能过剩的重要原因之一。因此,应大力发展公有制经济,包括国企发展混合所有制,加大科技投入,促进科技进步、提高劳动生产率,降低成本、优化供给,做强做大做优国企,进而增加居民实际收入、扩大消费需求,以应对世界性的产能过剩。

表1 **国企、私企和外资企业主要经济指标占比比较** 单位:%

年份	总资产占比			利润总额占比			主营业务占比		
	国企	私企	外资企业	国企	私企	外资企业	国企	私企	外资企业
2005	48.05	12.39	26.27	44.04	14.33	27.97	27.88	18.43	31.61
2006	46.41	13.91	26.48	43.51	16.36	27.60	32.34	20.67	31.55
2007	44.81	15.10	27.30	39.75	18.61	27.72	30.68	22.59	31.40
2008	43.78	17.59	26.00	29.66	27.16	26.97	29.50	26.30	29.32
2009	43.70	18.47	25.21	26.89	28.02	29.26	27.96	28.87	27.70
2010	41.79	19.71	25.06	27.78	28.47	28.31	27.85	29.79	27.05
2011	41.68	18.90	23.97	26.81	29.57	25.24	27.19	24.97	25.69
2012	40.62	19.85	22.43	24.51	32.61	22.56	26.37	30.74	23.88
2013	39.36	21.56	21.67	22.22	34.11	23.11	24.86	32.93	23.39
2014	38.81	22.27	20.71	21.29	34.55	24.32	23.73	33.62	22.82
2015	38.83	22.38	19.67	17.25	36.64	24.03	21.77	34.81	22.14
2016	38.47	22.06	19.59	17.14	35.45	24.47	20.62	35.39	21.60
2017	39.19	21.63	19.25	22.98	30.76	24.58	23.42	33.63	21.85
2018	38.77	21.09	19.78	28.00	25.83	25.28	27.13	29.72	23.30

资料来源:根据《中国统计年鉴》各年数据计算获得。

表1中,2005年到2018年,无论是资产占比还是利润占比,国有控股经济主要经济指标占比逐年下降;而非国有经济的资产、利润占比、主营业务收入均有大幅度上升,包括:(1)资产占比,国企由48.05%下降到38.77%,而国内私企却由12.39%上升到21.09%;(2)利润占比,国企由44.04%下降到

28.00%，国内私企却由 14.33%上升到 25.83%；(3)主营业务收入占比，国企占比由 27.88%下降到 27.13%，虽然不够显著，但国内私企却由 18.43%上升到 29.72%。

1999—2018 年，如图 1 所示，不同所有制单位之间的工资差距随着非公有制经济发展呈现出逐步扩大趋势。特别是 2011 年之后，城镇私营单位就业人员平均工资与国有单位就业人员平均工资之间的差距加速扩大。

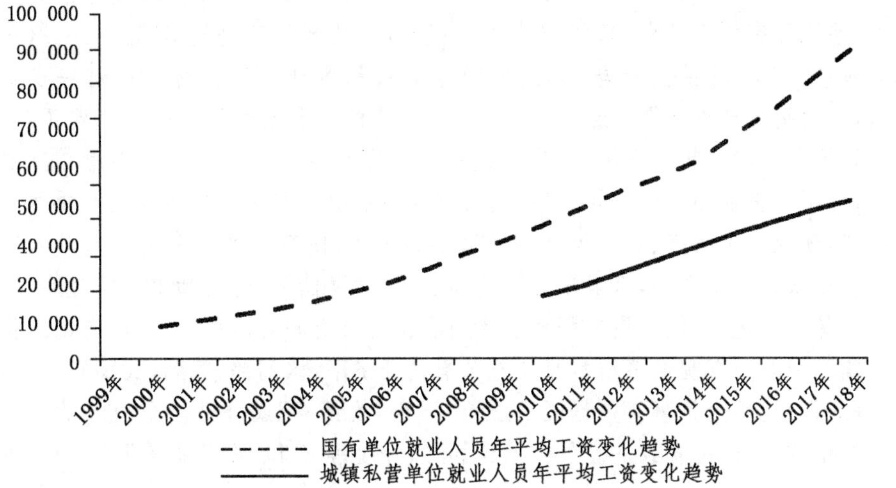

图 1　1999—2018 年国有单位就业人员与城镇私营单位就业人员年平均工资变化趋势比较

资料来源：张杰，2020，当前中国劳资关系的新特征、新问题与重点调整方向，《天津社会科学》，第 2 期，第 88—98 页。

在当代私有制条件下，生产过剩是常态。在社会主义条件下，非公有制经济虽不具备资本对劳动的社会强制，但图 1 表明，在剩余价值规律作用下的资本主义经济(民营经济)，私人企业主仍然能够凭借其所有权不断地获取劳动者创造的巨额利润，利用我国失业队伍庞大而延长劳动时间、压低工资水平，提高剩余价值率长期高达 240%(吴宣恭，2016a)。导致资本和生产无序扩张，资本剥削加强，这必然会不断地加剧资本财富的积累和劳动者相对贫困的积累，贫富两极分化严重，经济结构失衡，当收入更加不平等时，社会平均消费倾向就会更低，消费更加难以启动。因为，国企与民营企业(本文简称为“私企”)的最终目标函数存在差异，国企追求社会福利最大化，而私企追求利润最大化(Lu，Y.，Poddar，S.，2005)。2000 年以来，伴随我国公有制经济占比快速下降，基尼系数相应上升，到 2008 年，这一数值已高达 0.491。之后，我国基尼系数虽已连续七年下降，但 2015 年为 0.462，2016 年又上升到 0.465，较 1997 年高 0.094，表明居民收入差距仍然很大。

收入分配不平等，的确有利于增加我国的投资和物质资本积累，为经济增长提供强有力的支持，但劳动收入水平不高，不利于消费扩大，使劳动者有支付能力的需求呈相对缩小趋势，必然抑制人力资本积累，因而阻碍科技进步。中低收入者边际消费倾向虽高，但购买力有限；中低收入者人数虽多，但消费规模不大。不是低收入者无钱可花，就是中等收入者因为钱少而不敢消费，储蓄率高。而富人购买力虽强大，但边际消费倾向弱、投资意愿自然强，这就导致投资与消费比例失调。因为穷人的边际消费倾向大于富人的边际消费倾向，富人无需扩大消费，只能把钱用于投资，年均积累率高达31%～56%（吴宣恭，2016b），这使生产与消费、供给与需求等各种矛盾在对抗中进一步发展，不断把生产推向严重过剩。当然，这只是相对生产过剩。由于消费不足，经济增长必然依赖投资扩张，但当投资过度增长与消费相对持续下滑相互叠加时，不仅投资的边际收益递减，而且产能过剩更加严重。经济增长严重依赖投资，还使我国医疗、养老等社会保障供给不足，使得居民特别是中低收入阶层对未来缺乏安全感，只能压缩消费而积极、过度储蓄，进而加重产能过剩。

综上所述，产能过剩的根源在于新自由主义思潮泛滥引起的"所有制结构失衡"，即非公有制经济增长过快与公有制经济下滑（刘伟、苏剑，2014）。洪功翔（2016）运用大量事实数据证明，所谓国企"软预算"或补贴国企引起的产能过剩论、"挤压"民营经济发展空间论、不公平竞争论和"增长拖累"论，均非事实。

（五）产能过剩对国民经济运行的不良影响

迄今为止，我国政府制定和实施了一系列政策治理产能过剩，但其"久调未决"，甚至"越调越乱"（李志俊、原鹏飞，2018）。2013年，国务院通知明确指出，产能过剩将"造成行业亏损面扩大、企业职工失业、银行不良资产增加、能源资源瓶颈加剧、生态环境恶化等问题"。

但本文认为，产能过剩的主要危害是加剧我国对于国际市场的依赖。过分依赖出口既引发一系列外贸摩擦，又使贸易条件恶化，还带来巨大贸易顺差、巨额外汇储备，引发巨大外汇贬值的风险。我国资源稀缺，经济却因出口导向而被锁定在靠卖高物耗高能耗、低效益产品的境地。企业无需投资研发也能获得比较满意的利润率，导致我国研发产业需求不足，无法生存，不断被西方技术挤出。发达国家摆脱高物质消耗后，专注于高端产品的研发，通过出口技术获得暴利。我国出口所得外汇即使再多也买不到真正先进的技术，随着出口扩大，只能不断地购买美国国债，甚至购买高风险的金融产品而使美元回流。

过度依赖国际市场，使国内消费市场很长时间不能得到应有的关注，主要原因在于，依靠廉价劳动力所造成的低成本优势使得企业更加重视巨大国际市场（周志太，2015）。在国际市场，生产过剩使生产被压缩，就业机会减少，劳动收入相应相对下降。1990—2014 年，全球劳动收入份额呈普遍下降的趋势，均值和中值分别下降了 0.046、0.045（吴晓怡、邵军、阚哲涵，2020），这表明国际垄断资产阶级对各国劳动人民的剥削加强。

2001 年加入 WTO 后，我国 2002—2007 年以本币贬值等手段拓宽国际市场，出口以年均 21.2%的速度增长，远高于同期 GDP 年均 10.8%的增速，为国内产能过剩打开巨大的国外市场，许多企业以市场结构调整取代产业结构升级，形成国家出口导向型的发展战略及“资本偏向型”和“国外消费者偏向型”的收入分配体制。这显然有悖于我国由高速度增长转变为高质量发展的要求。

加剧金融风险，生成“僵尸企业”。不仅大量信贷被引入产能过剩的行业之中，而且大量短期信贷被迫不断延期而演化为长期贷款，企业利用盈利业务补贴落后产能，造成资金利用率下降和资金滥用，增加银行呆账，极大地损耗社会财富和资源。

“产能过剩”与“重复建设”、“过度投资”、“恶性竞争”或“过度竞争”所指的是同一现象（王文甫、明娟、岳超云，2014b）。使得企业效益下降，甚至大面积倒闭破产、职工失业，最终需求进一步下降，致使经济下行压力加大。这也减少了地方财政收入，形成累积性地方债务风险。

加剧货币超额供给，又吸收大量货币，前者可能引发通货膨胀，后者可能引发通货紧缩，形成双重风险并存的不利格局。

总之，产能过剩危害经济、民生和社会安定诸多方面，成为 20 世纪以来我国经济发展面临的久治不愈的顽症，是当前和今后很长时间面临的主要宏观经济风险，亟待寻找规避产能过剩的出路。

马克思在《哥达纲领批判》中说：“消费资料的任何一种分配，都不过是生产条件本身分配的结果；而生产条件的分配，则表现为生产方式本身的性质。”以此而言，消费不足是问题的解决，最终决定于“生产方式本身的性质”的认知与解决。

三、做大做强做优国企是战胜产能过剩的关键

（一）国企能够促进供给与需求协同推进

社会主义生产关系“最成熟、最彻底的”实现形式是国企（斯大林，1972a）。供给侧结构性改革决定，化解产能过剩的核心在于供给体系优化，其根本在于优化所有制结构，发展公有制经济（景维民、莫龙炯，2018）。其最重要的实现形式是国企。我国国企资产规模举世最大、管理体系最复杂、行业分布最广，拥有价值巨大。

社会主义生产关系的本质是把生产的目的与手段、生产与分配有机统一，

把激发人的活力、创造力与公平分享改革发展的成果相统一,把总需求与总供给相统一,劳动生产率提高和劳动报酬增长同步,经济数量增长和质量效益改善同步,生产与消费协同推进。

社会主义基本经济规律是,加快科技进步,使社会主义生产不断增长和完善,以便最大限度地满足人民要求越来越高的美好生活需要(斯大林,1972)。这一规律及由此派生的其他经济规律,要求破除新自由主义的完全市场崇拜论,所有活动都要以满足人民群众的根本需求为原则,坚持维护广大人民群众的根本利益,坚持把增进人民福祉作为生产目的并朝着共同富裕的方向稳步前进,作为经济发展的出发点和落脚点,使社会主义"生产目的论"上升到更高层次的"发展中心论"。马克思和恩格斯在《共产党宣言》中指出,共产主义将"尽可能快地增加生产力的总量";他们还多次强调,在未来社会"生产将以所有人的富裕为目的","所有人共同享受大家创造出来的福利"。马克思和恩格斯在《共产主义原理》中指出:"在这种社会制度下,一切生活必需品都将生产得很多,使每一个社会成员都能够完全自由地发展和发挥他的全部力量和才能。"恩格斯在《社会主义从空想到科学的发展》中指出:"通过社会生产,不仅可能保证一切社会成员有富足的和一天比一天充裕的物质生活,而且还可能保证他们的体力和智力获得充分的自由的发展和运用。"列宁(1995a)指出:"只有社会主义才可能广泛推行和真正支配根据科学原则进行的产品的社会生产和分配,以便使所有劳动者过最美好的、最幸福的生活。只有社会主义才能实现这一点。""在这种社会制度里,共同劳动所创造的财富将归全体劳动者而不是一小撮富人享用"(列宁,1995b)。这些论述,不但指明了作为社会主义国家发展生产的目的与方向,而且证明社会主义社会的生产与消费具有内在的相互依存、相互促进的关系。

随着生产不断发展,居民的消费水平由初级向中级和高级发展演变,由低级规模市场向中级规模市场发展,最终转向高级规模市场,向更高级的层次与方向稳定地螺旋上升,在这两者互动的不同阶段,消费主导性产品不同;其要素、环境、系统具有不同的演化能级,以此推动生产与消费的互动层级与阶段跃迁与转换,使总供求相互适应,进而提高这两者的协同能力,如此良性循环,逐步产生庞大的市场效应,促使整个市场系统产生原来并不存在的生产与消费的最佳组合和协同效应,促进我国经济由大到强。

列宁(1995c)指出:"只有社会主义才可能广泛推行和真正支配根据科学原则进行的产品的社会生产和分配,以便使所有劳动者过最美好的、最幸福的生活。只有社会主义才能实现这一点。""在这种社会制度里,共同劳动所创造的财富将归全体劳动者而不是一小撮富人享用。"(列宁,1995d)

以人为本,要求增加劳动收入,使居民拥有优质教育和优质生活资料的购买力,使其德智体素质和生产能力提高。只有当生产目的不再服从、服务于剩余价值，而是定位于最大限度地满足人民群众美好生活的需要、不断提升这种需要满足的层次，才能更大限度地扩大内需，才能充分发挥社会主义制度的优越性，实现居民"劳有所得""老有所养""住有所居""病有所医""学有所教"。促进人的全面发展和人的能力提高，不仅使人民的积极性、主动性、创造性得到更充分的激发，而且使人民的生活更加美好幸福、健康长寿，这也为扩大消费需求，进而为经济发展开辟更广阔的空间。发展的目的、手段和主体，发展的最终受益者和评判者，都是人民。

国企保障劳动者体面工作和体面劳动，不断增强其主人翁地位。2008年金融危机期间，央企为保障社会稳定，不仅没有裁员，就业岗位反而比2007年增长7%。因为，国企的全民性质决定了其生产目的不再仅仅是M，而且是V+M；其生产的利润是归国家和全体人民所有的。这样，只有国企，才能在保证盈亏平衡的条件下不裁员，稳定和扩大就业，因而扩大消费需求和投资需求。

国企作为商品生产者，固然要盈利，但国企能够把一定经济利益适当让位给社会的整体利益，使生产具有一定的直接社会性(张宇，2016)。

社会主义国家宏观调控的主要目标不仅是保持短期的总量均衡、为市场机制的正常运行创造宏观条件，而且是从经济社会发展的全局和长远利益出发，统筹兼顾各个重大比例关系，尤其是生产与消费的关系，促进总供求平衡，实现按一定比例分配社会劳动，遵循绝不可能被社会生产的一定形式取消的"自然规律"(马克思，1973)，因而拉动经济社会可持续发展。国企居于国民经济主体地位，通过掌控国民经济命脉，发挥引导和示范作用，履行其宏观调控的本职使命，政府才能依据供求关系而按比例配置资源。这就使得任何一个产业或市场主体难以使其生产脱离需求而无限扩大，并且保证产能达到更充分的利用。

在防范和熨平经济周期性波动中，国企发挥着"自动稳定器"的重要作用。众所周知，我国GDP增长率呈现周期波动性。而国有经济投资的波动性较小，国企具有强大的投资能力。国家依靠国企主导"逆周期"投资和非利润导向型投资，实施逆周期调节，在疫情带来的经济衰退期间，以超过正常规模的逆周期性投资，大大高于非国有经济投资增速，增加国民经济"短板"产业的投资，促进经济转向复苏和高涨，促使我国国民经济由恢复到可持续发展。这不但放大国家政策的发展效应，增强经济自我修复能力，促使我国经济在世界经济衰退过程中快速运行，而且生成巨大的产业结构均衡发展、转型升级的效应，形成巨大的正外部性和外溢性。因此，发挥国企的政策工具作用，实现宏观经济稳定发展的作用(王文成，2011；詹新宇、方福前，2012)。而国有经济投资增加1个单位，将带动GDP增长1.24个单位，这再次印证了国企投资对宏观经济的稳定作用(郭婧、马光荣，2019)。此外，众多的国企各尽所能，提供多样化公共产品，如中粮集团承担粮食供给、调剂余缺、稳定粮价的社会责任。这有利于劳动者实际工资的稳定和增加。

私企在投资上则具有显著的顺周期性，其投资增长率与GDP增长率的变动趋势高度一致。尤其是我国钢铁产能过剩60%以上、水泥90%以上，都是非国企盲目上新项目引起的（宗寒，2010）。2015年，民间资本在社会固定资产投资中占比超过了50%，且制造业固定资产投资额中77.7%源于私企（余东华、邱璞，2016）。房地产企业主要是私企，也存在大量待销售房产。[①]除少量的国有钢铁和煤炭企业，江苏省绝大多数产能过剩的企业都是私企和外资企业（刘志彪，2016）。

目前，应对新冠病毒蔓延带来的世界性经济衰退，国家在推行更积极的财政政策。其效应大小，也取决于财政乘数的大小。这是与国企的效益与效率、国企的规模效应密切相关的。

国企盈利属于全民，其实现盈利，不是“与民争利”，而是“为民争利”。国企盈利是由国家统一支配，体现着全民所有、全民享有的本质和要求，包括向落后地区转移支付、减免小微企业税负而扩大就业，因而提升低收入群体的财富下限，还富于民、惠及全民。以此为前提，消费品分配才能摆脱资本逐利本性的制约，把剥削和收入两极分化控制在社会可承受的范围内，保证社会产品的分配有利于劳动者的整体利益和长远利益，实现生产力发展与基尼系数缩小的良性统一。因此，做大做强做优国企，不仅是推进我国人民获得公平机会、共同利益和共同富裕的物质基础、有效手段和实施载体，而且是扩大内需、解决产能过剩问题的必由之路。

《中国财政》公布，国企应交税费从2009年的19 200亿元增长到2019年的46 096.3亿元，年均增长9.15%，显著高于同期我国GDP的平均增速。我国国企以不到20%的就业人数，纳税总额占全国税收的50%，而外资企业与私企以80%多的就业人数，仅贡献税收50%。尤其是国企的“税负均值为27.3%”，为“私企税负综合均值的5倍多”。[②]这表明国有资本经营产出为全民共有、共享。这些成就，是在已没有任何制度安排给国企提供额外补助条件下取得的。[③]

（二）国企能够促进按劳分配原则的落实

洛克认为，劳动产生劳动产品的所有权。因为，“每个人对他自己的人身享有一种所有权，除他以外任何人都没有这种权力”（洛克，1996）。洛克不仅

---

① 《2016年中国私企500强》，http://www.acfic.org.cn/zzjg_327/nsjg/jjb/ jjbsjgk/201801/t20180125_51040.html。

② 朱隽、刘先云、罗艾桦、余荣华，我国国企的平均税负远高于私企，《人民日报》，2012年5月6日。

③ 国资委主任肖亚庆等答记者，https://baijiahao.baidu.com/s? id=1594539421273308031&wfr=spider&for=pc2019-03-10。

用劳动所有权来说明私有财产，而且还用劳动作为一个人所应该拥有的私有财产尺度。他指出，私有财产积累应该有两种限制：个人劳动的界限和个人消费能力的界限。私有财产的积累超过了这两个界限就是对他的同胞的掠夺或剥削。

社会主义经济中共同富裕的逐步实现，不仅依赖国民收入再分配，更要依靠国企的初次分配，贯彻按劳分配原则，因而预防和缓解两极分化问题，这是与资本主义国家截然不同的。社会主义公有制经济中劳动力的商品形式是作为劳动力所有者的劳动者与社会所有的生产资料相结合的实现形式，是劳动者在共同占有生产资料基础上生成的平等互助的生产关系，任何人都不可能凭借生产资料私有制去占有和剥削他人的劳动，劳动成为支配生产资料和获得社会产品的唯一根据。按劳分配是社会主义公有制的本质要求，是生产资料公有制在分配环节的实现，体现了社会主义公有制的经济关系和社会主义阶段劳动的社会性质。

国企具有增加劳动收入的引领带头作用，其把资本主义因素严格控制在社会主义国家允许的必要范围之内，利用市场经济的优胜劣汰机制和贫富差距机制，鼓励工人通过诚实劳动、积极劳动和良好经营，使国企的经济效益提高，进而使员工逐步富起来。这既扩大消费需求又提高劳动者素质，促进了生产力发展，成为生产力进一步发展和社会进步的条件。这是一个良性循环。发挥国企的优势，控制、缩小贫富差距，逐步实现共同富裕，随着个人财富、国企资本与社会财富的共同增加，劳动人民的购买力会越来越大，与不断增长的供给相适应。

国企在劳动力与资本、管理等生产要素的分配中，能够适当提高劳动报酬占比；在与企业利润的分配中，能够适当提高工资收入占比；实现广大劳动者对价值的共有、共享，实现劳动者分享社会财富的权益，防止和抑制社会财富向极少数人过度集中和暴利行业的长期存在，有效提升劳动收入水平，有效降低高收入群体的财富上限。这一“升”一“降”，居民贫富差距明显减小。增强普通劳动者的购买力，提高居民消费力，特别是提高消费弹性最大的群体即低收入群体的消费力，提高社会边际消费倾向，不断扩大居民购买力和市场，缓解乃至消除产能过剩。

国企坚持按劳分配原则，多劳多得，少劳少得，确保社会公平，促进共同富裕。提高劳动者收入水平，充分调动劳动者的积极性，形成对劳动者的激励机制，为经济增长带来新的活力。因为劳动者按劳分配获得的收入高于按生产要素分配的收入，使个人努力或付出与个人报酬对等，使个人收益率不断接近国家收益率，按劳分配，鼓励人们通过“生产性努力”而不是“分配性努力”来实现自身利益最大化，使人们追求自身利益最大化的行为直接推动经济增长和经济效率提高，促进生产力发展。

社会主义按劳分配制度同市场经济体制存在协同推进关系，能够抑制资本主义私有制和按资分配所造成的经济剥削和两极分化，能够克服效率至上的过度竞争和市场的自发调节所造成的收入分配不公，维护社会分配公平、公正。在市场经济条件下，劳动产品的质量和数量是否符合需求，要通过市场检验，激发价值规律的动力性，促使企业生产适销对路的新产品，引领和创造新的需求，克服产能过剩。按劳分配的"劳"包括劳动时间等流动劳动、劳动成果等凝结劳动、学历等潜在劳动，促进劳动者提高技术水平、提高劳动生产率、降低产品成本，进而降低价格、增加劳动者实际收入、扩大居民购买力、扩大市场和生产。

国企以自身的按劳分配行为和民主管理文化引导社会舆论和企业文化，产生一种善待劳动者、劳资两利的社会文化氛围，提升企业员工的凝聚力和向心力。持按劳分配观的国企员工流动到非公有制企业，成为助推非国企公平分配的内生力量；流动到国企的非公有制企业员工受按劳分配环境的熏染，能较快地形成正确的分配公平观。

国企不但本身具有增加劳动者收入、促进总供求平衡的功能，而且国企奉行的劳动价值观也引领私营企业的分配，其用内嵌劳动价值观的社会主义公有制及公有制经济的阳光普照，引导私营资本的产品分配；其用按劳分配的劳动和谐观同化私营企业的按资分配，引导私营企业主的财富价值观和行为方向，在企业初次分配占比中，按劳分配高于私营企业，引导私营资本从资本至上转向兼顾相关者利益的原则。

（三）国企能够促进共同富裕

国企发展是"以人民为中心"的。其主体地位、共同富裕与经济均衡发展三者间存在环环相扣的协同推进关系：国企的主体地位是促进全民共同富裕的经济基础和基本前提，而共同富裕又是解决产能过剩的根本路径，共同富裕做得越是到位，边际消费倾向就越高，产能过剩的可能性就越小。同时，国企所占的比重越大、劳动者收入水平越高，则出现产能过剩的可能性就越小。在国企中，生产资料是劳动者实现人生价值、创富于已、造福于民、奉献于社会的工具。

1998年以来，我国进行了史无前例、影响深远的国企改革，包括两权分离、建立与完善现代企业制度、国企分类改革、逐步转向产权多元化、从单一的所有权结构转向混合所有制，从管企业到管资本、从广泛分布到逐步合理布局转变，从僵化的经营体制向法人财产权独立化逐步转变，使得国企从行政附属物向市场主体逐步转变，国企的活力大大增强、绩效显著提升。1999年，国企就已整体上实现盈亏平衡。2001年加入WTO之后，在外需拉动下，我国国企利润快速增长，已由过去的普遍亏损转变为普遍盈利，1979—2013年间，国企对经济增长的年均贡献度为0.14个百分点（张铭慎、刘泉红，2017）。在《财富》世界 500 强的席位中，国企由 2012 年的 63 家增加到 2019 年的 87 家。

四、发展混合所有制，做强做大做优国企

目前，我国国企长期积累的结构性矛盾以及体制机制障碍尚未完全排除，尤其是大型国企的股份制改革相对滞后，国企科技水平和管理水平亟待提高，核心竞争力亟待增强(周志太、卢浩，2019)。因此，发展混合所有制切中时弊，意义重大。

(一)发展混合所有制的必然性与必要性

党的十八届三中全会的《决定》关于国企改革的精神有两点至关重要：一是“混合经济”，二是“资本运营”。十九届四中全会提出，发展混合所有制经济，增强国有经济“五力”，宏观上保证基本经济制度的根基不动摇，中观上根据社会主义经济发展的国情设计相适应的经济管理体制，微观上将公有制经济与非公有制经济的优势互补互动与共享、有机结合。

交易成本经济学、网络能力理论和波特的竞争力理论，有力地解释国企发展混合所有制的动因。面对复杂性越来越强的经济活动，要求降低交易成本、规避风险，企业对外部资源的需求与依赖与日俱增，利用外部资源和力量增强国企的竞争力。

马克思没有明确提出“混合所有制”的概念，但提出了股份公司的范畴与其效用。利用股份制，深化混合所有制改革，助推供给侧结构性改革，实现国有资产实物形态与价值形态的相互转换、合理流动、有序进退和优化配置，国企由单纯的生产经营转向以生产经营为基础的资本经营，通过组织、指导和监督国有资本运营平台开展资本运作，扩大国有资本投资领域和范围，加速国有资本积累、集聚和集中，积极引入拥有先进科技和管理经验的民营资本，外资资本，引入更多的战略投资者，实现投资主体和产权多元化。

国企拥有特定的人才优势、规模优势、技术优势，擅长活动于长远利益、社会整体利益较大而风险也较大的领域中；其以政府信誉为担保，拥有信用风险较小、贷款利率水平较低、融资渠道较广、可不必支付股息等融资优势。但是，为更好地应对市场等经济活动复杂性、创新的不确定性和自身资源的有限性，通过公有资本与市场经济融合以及基于市场原则的分工与合作，国有资本与非公有资本有着统一的经济发展目标，以各个资源要素特定属性间的协同或匹配性协调为基本特征，有机整合公有制经济与非公有制经济各自的优势，凭借资本市场，凭借和发挥国企诸多优势，以双方或多方的共同利益为基础，坚持公开性、竞争性，利用好股权投资基金，允许和吸引非国有资本以实物、知识产权、专有技术、土地使用权等多种方式出资入股、收购股权，积极探索特许经营权、预期收益权、债权等权益市场交易，通过并购重组、拆分重组、认购可转

债、融资租赁、产品证券化、信托、专业化整合等多种路径,依法参与国企的改制重组,国企与非公有资本从相互对立、相互替代转变为交叉持股,互补互动、取长补短、互利共赢、共荣共存,相互制衡、相互学习与促进,知识和资本融合、技术和人才融合,做强做大做优国企。国企通过混合所有制,使外部资源内部化,获得互补性资源,将外部优势资源更加有效地转化为自身能力,完善整合国企的动力机制、治理机制和学习机制,促进经营机制转换,补足自身"短板",强化自身弱项,打造自身强项。这成为基本经济制度的重要实现形式,有利于国有资本功能放大、保值增值①,优化资源配置,激发创新活力,实现关键领域的技术突破,扩大国际市场,壮大民族经济,提高国际竞争力。

所有制结构的开放性,是指所有者各自拥有的那部分企业产权,可通过交换部分或全部转移,甚至企业产权总体也可以转移,企业产权处在流动变化的开放状态之中,促进资金、技术、人才、土地、商誉、信贷合理流动,促进各个企业间的技术扩散和资源共享,优化资源配置,促进国企要素整合放大和功效倍增。

通过混合所有制,坚持作为国家调控的物质手段不动摇,加快推动国有资本从劣势低端低效环节转向高附加值、高效率、中高端产业链环节,转向产业绿色、资源节约、环境友好和创新驱动的可持续发展模式;各种资源从分散向具有国际竞争力优势的国企集中,向关系国家安全和国民经济命脉的重要行业、支柱产业、高科技行业集中,向经济社会发展的瓶颈领域和产业集中,确保国企对于包括金融等产业在内的关系国民经济命脉、国家安全的重要行业和关键领域的绝对控制格局,更好地服务于国家战略目标,更大幅度地提升国有资本的运营效率和投资回报率,提供更优质的产品,扩大有效供给。

混合所有制能够盘活国有资产存量,将大量闲置资本转化到创造价值的经济活动中,运用少量的国有资本控制大量的社会资本,集聚社会资本和民间优势,扩大国有经济规模,发挥资源的规模经济和集约优势,大大增强国有经济的控制力,激发国企的活力和创造力,带动国有经济整体做强做大做优。促进国企改善管理,化本(成本)为薪,增加国企职工收入,扩大消费需求;增加利税,财政通过教育、卫生等公共支出增加居民的间接收入,扩大消费需求。同时,对小微企业减税让利,促进小微企业发展,扩大小微企业就业容量,进而扩大消费需求。

通过国有资本比例的增减,进退自如地调整国有经济布局。促进政企分开,在国有经济内部,引入其他所有制形式的所有权,使传统国企的投资主体多元化,不同经济利益主体之间相互制衡,在企业的发展问题上相互协商。政府作为股权持有人之一,就不可能再像国有独资企业那样任意支配和左右企

① 中共中央关于全面深化改革若干重大问题的决定,《人民日报》,2013年11月16日。

业的投资、生产、经营和分配决策,这样国企既可以摆脱政府的行政干预,又不能再像以往那样处处依赖政府,政企自然分开。

(二)发展混合所有制,做强做大做优国企

在混合所有制发展中,充满摩擦和冲突,要完善国有公司治理结构,整合原有各个企业各个管理层与各个机构间的利益关系,提高管理效率,进而增加有效供给。国企发展混合所有制,绝不是"国退民进",而是通过如下"四个坚持"做强做大做优国企:

第一,坚持生产力标准,确保"混改"有利于提高国企效率、做大做强国企。对任何领域的优质国有资产都应坚持只做加法、不做减法,杜绝国有资产存量特别是优质存量大拍卖,杜绝国有股权大规模减持,防止非公资本的单向参股或控股关键部门,遏制重要行业中的外国资本垄断趋势,进而有效遏制劳动收入占比下降的趋势(程恩富、方兴起,2012)。如特定国企亟须资源优化配置,也要在整个国有经济内部整合,或者收购私企和外资企业,聚集整合资源,提高产业集中度和核心竞争力。

坚持发挥国企在优势产业上的主导作用以及在管理运作上的规范优势和规模优势,在同质竞争对手、业务合作对象、上下游供应链等经营关联方面寻求战略合作伙伴,坚持优化、重组一批战略性国企。吸引私营企业融入以大型国企为龙头的产业链,可超越民营资本家族关系的禁锢,对资本主义经济进行私有化改造,更多地向非公有企业投资,更多地控股非公有企业,运用少量国有资本控制大量社会资本,并将其发展纳入社会主义市场经济的正确轨道,将大量闲置资本、沉淀资金资本转化到创造价值的活动中,集聚社会资本和民间优势,促进所有制混合与产业和资源整合,实现各类资本有机融合和协同运作,把各方面的优势很好地结合起来,通过国有经济的影响和引导实现私营企业的转型升级,打造益损与共、共同发展、以分工协作为基础的新型国有龙头企业。通过公司治理结构的正式制度安排,将国企成熟有效的按劳分配原则、民主管理理念等规章制度和人本管理的精神渗透到合资企业中,生成新的生产力和新的公有制经济实现形式,提高资本边际产出效率和资本动态配置效率,成为国民经济运行的主导者。其通过协同创新,促进科技进步,创造需求,与社会化大生产的发展要求相匹配、相适应,增强国有经济活力,促进经济高质量发展。萨伊提出,供给创造需求。这不够准确,准确而言,是那些性价比高的科技产品才能创造新的需求。

坚持"宜独则独、宜控则控"为主、"宜参则参"为辅,确保公有制经济的主体地位。坚持优质国企独资经营,杜绝"靓女先嫁""一混了之"等削弱国有经济的现象出现。国企,在竞争性领域存在和发展,是竞争性行业的全面发展和生产力发展的要求,为何退出?国企早已成为与私企一样的自主经营、自负盈亏的市场主体。一些优秀国企,如神华,1985年成立之初仅有400余亿元资本,2017年,创造711亿元的利润,累计创造10 143亿元的国有资产价值,即使在煤炭全行业亏损的2015年,神华仍然盈利318亿元。不仅国企的直接效率高,而且从2004年至今,认为国企"间接效率高"的文献比例逐渐上升(姚东旻、李军林,2016)。

第二,坚持市场化原则,做大做强国企。健全多主体、多层次、多形态、多品种的资本市场体系,统一产权管理,营造公开公平公正竞争的市场环境,打造透明、统一、开放、规范、高效的国资流动平台和产权交易市场,严格执行产权交易进入市场的制度,加强产权交易以及混合所有制企业的国有资产监管,确保做到混合前公平评估、混合中阳光操作、混合后规范运营(周志太、段学慧、周玉梅、鲍步云,2016a)。充分尊重市场规律,依据市场机制来"混合",依据企业发展战略科学安排混合模式,合理选择投资者、强强联合,充分尊重各个国企的意见,促进国企转换机制,提高国企竞争力。

放宽市场准入,放宽民资、外资的市场准入领域,放开行业限制,允许民资进入原有的垄断行业,使各种所有制企业享受同等的国民待遇,降低进入门槛,消除项目审批和市场准入等各种歧视性因素,使私企直接与国企进行有效和充分的竞争,打破利益集团的垄断,为非国有资本参与国企改组和改造,从而为健康发展混合所有制经济扫清障碍。还要坚决打破国内与国外的市场分割,使国资与外资、国资与民营资本有机融合、共同发展;打破中央与地方的等级界限,使央企与地方国企有机融合;打破现有国资委系统内外的界限,使实业与金融业、交通通信运输业有机融合。

第三,坚持顶层设计,做大做强国企。要做好整体规划,积极推进制度创新,优化国企发展的政策和法制环境,并确保法制与政策协同推进,改革程序公正、规范,改革方案依法依规、股权转让公开公允、内部分配公正透明(周志太、段学慧、周玉梅、鲍步云,2016b)。国企发展混合所有制,是一个系统性、整体性和协同性工程,要统筹兼顾中央和地方、试点和规范、渐进和突破三方面的关系,坚持"上下结合、试点先行、协同推进"的改革路径和方法论。当务之急要大力加强服务型政府建设,转变政府职能,清理废除各种不利于混合所有制经济发展的不合理规定,清除各种隐性壁垒,最大限度地减少审批。

坚持统一政策标准与因企制宜协同推进,既使混合所有制改革在一些重要事项均有规可循,又使每个国企的混合所有制改革方案都要经过科学论证、因业施策、因地施策、因企施策、审慎实施,绝不能由主管部门搞"拉郎配",不宜简单通过政府行政命令推动。

坚持政企分开、政资分开,"以管资本为主"替代"管人、管事、管资产"的传统体制,协同推进公司治理、产权和资产交易、资本管理、人事和分配等各方面的制度建设,逐步建立以"管资本"为主的国有经济管理体制。"管资本"有两个根本性要求:既要确保资产收益性,又要确保必要的资产流动性。使国企从一系列政府监管活动中解放出来，成为更加适应市场经济、竞争力更强的市场主体。

第四，坚持公益化下的国企垄断，做大做强国企。垄断行业要由国企经营，能够贯彻国家发展战略，公共福利最大，符合人民群众的利益。垄断企业获得的高额利润是属于全民所有的财政收入，只能增加，决不能减少。并且，熊彼特提出、其后的熊彼特主义者始终坚持，垄断企业拥有促进科技进步的得天独厚优势，既具有研发能力，更可以使用研发成果、享有研发带来的超额利润，带动生产力水平提高。但是，要坚决打破危害社会利益的任何经济垄断和任何行政垄断。

最后，通过员工持股，建立现代企业分配制度，促使劳资双方共享企业剩余，使职工实现按劳分配的权利，还可获得资本增值所带来的利益，使职工以其拥有的劳动力按贡献分享企业利润、市场价值和管理权，有效减少私营企业压低工资的现象，实现劳动薪酬稳定增长；尤其是使那些在科技研发、管理方面贡献突出的科技人员与管理人员参与企业的利润分割。这是基于对资本作为生产要素作用贡献的市场评价和股权工具的运用，进一步促成劳动者能力和资本能力之间的协同关系，促成企业家与科学家的协同关系，把国企控股企业打造成为资本所有者和劳动所有者的利益共同体。

参考文献

[1]Lu, Y., Poddar, S., 2005, Mixed oligopoly and the choice of capacity. *Research in Economics*, 59(4): 365—374.

[2][瑞士]西斯蒙第，1964，《政治经济学新原理》，北京：商务印书馆，第10—11页。

[3][英]马尔萨斯，1962，《政治经济学原理》，北京：商务印书馆，第116页。

[4]程恩富、方兴起，2012，深化经济改革的首要任务绝不是国有企业私有化，《求是》，第7期，第63—64页。

[5]范小敏、徐盈之，2019，引资竞争、居住用地价格与房价，《财经研究》，第7期，第140—153页。

[6]郭婧、马光荣，2019，宏观经济稳定与国有经济投资作用机理与实证检验，《管理世界》，第9期，第49—64页。

[7]何干强，2016，振兴公有制经济刻不容缓，《河北经贸大学学报》，第1期，第1—8页。

[8]洪功翔，2016，国有经济与民营经济之间关系研究：进展、论争与评述，《政治经济学评论》，第6期，第42—60页。

[9]侯为民，2013，双重过剩、债务泡沫与资本主义危机——当代西方学者对马克思经济危机理论的多维解读及其启示，《海派经济学》，第4期，第180—189页。

[10]黄群慧，2016，论中国工业的供给侧结构性改革，《中国工业经济》，第9期，第5—23页。

[11]江飞涛、耿强、吕大国、李晓萍，2012，地区竞争、体制扭曲与产能过剩的形成机

理,《中国工业经济》,第6期,第44—56页。

[12]景维民、莫龙炯,2018,转型时期混合所有制的经济增长效应,《经济学动态》,第11期,第46—58页。

[13]李扬、张晓晶,2015,"新常态":经济发展的逻辑与前景,《经济研究》,第5期,第4—19页。

[14]李志俊、原鹏飞,2018,产业供给侧结构性改革的影响及效果研究——基于产业结构变动的视角,《经济经纬》,第1期,第86—92页。

[15]列宁,1995a、c,《列宁全集》第3卷,北京:人民出版社,第546页。

[16]列宁,1995d、e,《列宁全集》第3卷,北京:人民出版社,第193页。

[17]林毅夫、巫和懋、刑亦青,2010,"潮涌现象"与产能过剩的形成机制,《经济研究》,第10期,第4—19页。

[18]刘伟、苏剑,2014,"新常态"下的中国宏观调控,《经济科学》,第4期,第5—13页。

[19]刘志彪,2016,中国语境下如何推进供给侧结构改革,《探索与争鸣》,第6期,第70—74页。

[20]刘志彪,2017,政府的制度供给和创新:供给侧结构性改革的关键,《学习与探索》,第2期,第83—87页。

[21]洛克,1996,《政府论》(下篇),叶启芳等译,北京:商务印书馆。

[22]马克思,1975,《资本论》第1卷,北京:人民出版社,第132—133页。

[23]马克思、恩格斯,1973,《马克思恩格斯全集》北京:人民出版社,第213页。

[24]马克思、恩格斯,1974a,《马克思恩格斯全集》第26卷Ⅱ,北京:人民出版社,第9页。

[25]马克思、恩格斯,1974b,《马克思恩格斯全集》第26卷Ⅱ,北京:人民出版社,第578页。

[26]马克思、恩格斯,1995a,《马克思恩格斯选集》第2卷,北京:人民出版社,第390页。

[27]马克思、恩格斯,1995b,《马克思恩格斯全集》,第30卷,北京:人民出版社。

[28]斯大林,1972a,《苏联社会主义经济问题》,北京:人民出版社,第428页。

[29]斯大林,1972b,《苏联社会主义经济问题》,北京:人民出版社,第31页。

[30]王春超、丁琪芯,2019,智能机器人与劳动力市场研究新进展,《经济社会体制比较》,第2期,第178—188页。

[31]王文成,2011,不同所有制形式对经济增长的影响,《中国软科学》,第6期,第178—185页。

[32]王文甫、明娟、岳超云,2014a、b,企业规模、地方政府干预与产能过剩,《管理世界》,第10期,第17—36、46页。

[33]魏光谱、何干强,2014,我国内需不足成因的马克思主义经济学分析 ,《马克思主义研究》,第12期,第87—94页。

[34]吴晓怡、邵军、阚哲涵,2020,"一带一路"沿线国家贸易开放与劳动收入份额,《国际商务(对外经济贸易大学学报)》,第2期,第32—47页。

[35]吴宣恭,2016 a、b,五大发展理念是社会主义基本经济规律内涵的深化拓宽和高

度概括,《马克思主义研究》,第8期,第63—71页。

[36]杨振,2013,激励扭曲视角下的产能过剩形成机制及其治理研究,《经济学家》,第10期,第48—54页。

[37]姚东旻、李军林,2016,国企多元功能与运行效率:1999—2016年,《改革》,第3期,第37—48页。

[38]余东华、邱璞,2016,产能过剩、进入壁垒与私企行为波及,《改革》,第10期,第54—64页。

[39]詹新宇、方福前,2012,国有经济改革与中国经济波动的平稳化,《管理世界》,第3期,第11—22、187页。

[40]张铭慎、刘泉红,2017,国有企业改革的增长红利——释放机理与"十三五"效应预测,《经济与管理研究》,第6期,第26—34页。

[41]张宇,2016,论公有制与市场经济的有机结合,《经济研究》,第6期,第4—16页。

[42]赵峰、陈宝林、章永辉、季雷,2018,收入分配、需求体制与经济增长——基于"马克思—凯恩斯—卡莱茨基"理论的经验研究,《经济理论与经济管理》,第10期,第21—29页。

[43]周志太,2015,协同论视角下的薪酬收入增加机制,《海派经济学》,第3期,第100—109页。

[44]周志太,2016a,《外国经济学说史》修订版,合肥:中国科技大学出版社,第132—134页。

[45]周志太,2016b、c,《外国经济学説史》修订版,合肥:中国科技大学出版社,第138—139页。

[46]周志太、段学慧、周玉梅、鲍步云,2016a、b,《社会主义市场经济概论》,北京:清华大学出版社。

[47]周志太、卢浩,2019,"国退民进"的实情及其破解,《海派经济学》,第3期,第61—84页。

[48]宗寒,2010,我国经济发展中的产能过剩及其防治,《毛泽东邓小平理论研究》第1期,第30—38页。

Study on the Relationship between the Management of Overcapacity and the Strengthening of Large State-owned Enterprises

Zhou Zhitai　Jiang Mengqiang

Abstract　Using the research method that integrates logic and history, taking Marxist economic crisis theory and socialist economic theory as the guiding ideology and basic research content, combining the research results of economic crisis from Sismondi to Malthus to Keynes, based on the inevitable national conditions, pointed out that the root of coal overcapacity lies in the imbalance of the ownership structure caused by neoliberalism, that is, "the country retreats and the people advance". Only stronger, better and bigger state-owned enterprises (hereinafter referred to as "state-owned enterprises") can implement distribution according to work in a larger scope, improve labor productivity, increase labor income, expand effective consumption demand, effectively deal with overcapacity, and then promote the balanced growth of aggregate demand and social aggregate supply, and promote common prosperity. This requires state-owned enterprises and private enterprises from the mutex to mutual participation and mutual fusion, cooperative development, in the process of develop the mixed ownership, through open innovation, give play to the role of state-owned enterprises of scientific and technological progress driven, increase effective supply, adapt and create demand, driving the development of non-public economy, enlarge, large state-owned enterprises, achieve high quality and economic development, in response to the global excess capacity.

Key words Overproduction State-owned Enterprises Distribution According to Work Mixed Ownership

军事公有资本与关键核心技术创新的资本支持体系研究

陈硕颖　徐　宁　杨　扬

内容提要　中美贸易战和新冠疫情正在倒逼中国基于国防科技创新，加快构建关键核心技术攻关的新型举国体制。衔接各个创新环节，形成资本支持闭环的关键核心技术创新资本支持体系，是这一新型举国体制的重要方面。军事公有资本兼具公有、资本、军事、科技四种属性，是构建关键核心技术创新资本支持体系的主体。军事公有资本将与关键核心技术创新活动在军方界面、军民融合界面、市场界面相互耦合，为不同界面的关键核心技术创新活动匹配不同类型的军事公有资本实现形式。军事公有资本在这三个界面所需耦合的资本分类维度组合分别是“国防＋公有资本”、“非国防＋公有资本”、“非公有资本”。

关键词　关键核心技术攻关　原始自主型创新　资本支持体系　军事公有资本

中图分类号　F837

2020 年 4 月 27 日中央全面深化改革委员会第十三次会议指出，要从体制机制上增强科技创新和应急应变能力，加快构建关键核心技术攻关的新型举国体制。关键核心技术攻关的本质是原始自主型创新，而非模仿跟随式创新。原始自主型创新是一个由直觉突破式创新、解释规划型创新、逻辑推理式创新、推广扩散式创新四个创新阶段循环往复构成的动态流程（方竹兰，2019a）。原始自主型创新四个不同创新阶段由不同的知识类型驱动，需要不同的资本业态支持，所以支持原始自主型创新的金融系统与基于线性创新观的传统金融系统存在较大差别。线性创新观把创新活动视为从基础研究到应用开发研究的线性过程，金融对创新的支持表现为资本对某个创新环节的支持，这些资本相互之间缺乏衔接，没有形成资本支持的闭环，从而无法推动呈现为螺旋式上升特征的原始自主型创新。支持原始自主型创新的金融系统必然是一种在不同创新阶段匹配不同资本业态，同时这些不同资本业态之间存

收稿日期：2020－04－08

作者简介：陈硕颖，中国社会科学院马克思主义研究院副研究员，主要研究方向为马克思主义政治经济学；徐宁，南京理工大学材料科学与工程学院副院长，主要研究方向为军民融合及高等教育管理；杨扬，苏州赛迪公司数字经济研究中心副总经理，主要研究方向为军民融合及数字经济。

在相互衔接机制的资本体系。

事实上，由于国外的技术封锁，军用研发体系在国民经济亟待突破的关键核心技术领域一直坚持自主研发，具有持续的技术积累，国防科技创新理应作为关键核心技术攻关的引导力量。然而，在线性创新观的影响下，国防科技创新还未能发挥这一引领作用，具体表现为：应用基础研究缺失割断科研创新链条的问题在当前的科研资助框架中难以解决；单一的国防科技金融资源配置方式和封闭的军工研发体系导致国家财政之外的金融力量缺乏与国防科研生产体系对接的接口；现存各类基金只支持关键核心技术创新流程中的某个环节。加快构建关键核心技术攻关新型举国体制，亟需基于国防科技创新，探索一种能够衔接关键核心技术创新流程各个环节，形成资本支持闭环的新型公有资本载体。本文提出的军事公有资本就是这样一种新型公有资本载体。2020年3月成立的新央企——中国融通集团是军事公有资本在现实中的实现形式。融通集团是在此轮军改后将所有有偿军产统一归口管理而成立的资产管理公司，引领关键核心技术的攻关是融通集团的重大历史使命。

一、中国加快建设关键核心技术攻关新型举国体制的背景

（一）中美贸易战凸显中国面对的产业安全风险

2018年3月22日美国白宫发布了《关于第301条调查报告》。报告系统而全面地梳理了中国在科技发展、技术引进、产业升级等方面的相关政策，暴露了美国发动贸易战的真实意图在于遏制中国的产业升级和科技创新。随后，美国禁止中兴通讯和华为向美国企业购买敏感产品。

在中兴、华为制裁事件之前，以巴黎统筹委员会和《瓦森纳协定》为载体的西方国家对中国的技术压制体制已经运行多年。在《国家中长期科学和技术发展规划纲要(2006—2020)》中，11个重点领域的68项优先主题中，有9个重点领域的34项优先主题的相关研发重点，受到《瓦森纳协定》军民两用产品限制清单的出口限制；27项前沿技术的相关研发重点，有15项在《瓦森纳协定》清单的出口限制范围之内；民用领域13个重大专项的相关研发重点，有9项受到《瓦森纳协定》清单的出口限制(许晔、孟弘，2012)。美国对中兴和华为的制裁表明，美国对中国的技术封锁已经从巴黎统筹委员会和《瓦森纳协议》下对军用领域的出口限制，扩展至民用领域对华为、中兴等整机企业的断供威胁，颠覆了一般的商业逻辑。中兴、华为制裁事件对商业逻辑的颠覆凸显中国在中美竞争常态化之后面对的产业安全风险。

（二）新冠疫情凸显关键核心技术攻关的战略紧迫性

中美贸易战正酣时，2020年初又爆发了席卷全球的新冠病毒疫情。截至2020年5月，疫情已经导致全球约300万人感染。由于疫情震中在全球范围

内不断移动，所以不同于 SARS，新冠病毒很可能会反复冲击人类社会。因此，虽然中国在短期内通过强有力的隔离措施控制住了疫情，但是从长期防控的角度看，开发出新冠疫苗和治疗新冠肺炎相关药物才是根本举措。目前，中国和西方主要发达国家都在加紧新冠疫苗的研发。此次新冠疫情凸显出生物安全对于国家整体安全的重要性。作为确保国家生物安全的科研子系统，病毒研究和病毒疫苗研发具有重大的全局意义和战略意义，不适合由常规的政府资金和社会资本作为支持此类科研活动的资本主体。中国亟需能够站在国家整体安全战略高度的新型公有资本载体，来引领病毒研究以及范围更广的医药领域研发活动。①

中美贸易战凸显关键核心技术对中国产业安全的威胁。新冠疫情在凸显生物安全重要性的同时，加剧了中国产业安全面对的逆全球化风险。新冠疫情严重破坏了国际供应链，倒逼中国加快突破关键核心技术瓶颈，建立以本土企业为开发平台的供应网络。事实上，除了高端通用芯片、数控机床、生物医药等领域之外，改革开放四十多年来，中国通过从低端市场获取利润来积累人才和技术逐渐向高端市场攀升的常规赶超路径②，已经在绝大多数工业领域实现了突破。中国之所以在关键核心技术领域迟迟难以形成突破，与这些领域独特的技术经济特点及其导致的倒金字塔型市场销售结构有关。倒金字塔型市场销售结构指的是高端产品的性价比优于低端产品，高端产品不仅利润率高，而且占据的市场份额也最大，利润总额远远高于低端产品。这样的市场销售结构给关键核心技术产业后来者的赶超造成了巨大的困难，因为后来者无法从产品的低端市场获得利润，也就难以积累人才和技术来逐步向高端产品攀升。③ 关键核心技术领域的倒金字塔型市场销售结构与寡占式产业竞争格局导致常规赶超路径难以奏效，企业仅凭一己之力无法在这些领域实现赶超。

（三）国防科技创新体系是关键核心技术攻关新型举国体制的基石

由上述可知，中国关键核心技术攻关面对的局面是：第一，关键核心技术领域已经迈入那些自然属性超过一个企业或者一地政府支持能力，需要整合各方力量才有可能实现攻关。第二，由于国外的技术封锁，军用研发体系在亟

---

① 军队研发力量已经走在了新冠疫苗研发的前沿。2020 年 3 月 16 日，由军事科学院军事医学研究院陈薇院士团队研制的新冠疫苗通过了临床研究注册审评，获批进入临床试验。

② 大多数产业的市场销售结构都是一个正立的金字塔：低端产品虽然利润率低，但是由于性价比高，所以占据的市场份额大，利润总额高；高端产品虽然利润率高，但是市场份额低，利润总额低。对于大多数市场销售结构为正立金字塔的产业而言，中国都可以通过以下方式实现赶超：在技术水平不高的时候，利用低成本的优势占领低端市场，在位企业无法对抗中国的成本优势，只能放弃低端市场，退守高端市场。由于低端市场的利润总额并不低，所以中国企业可以通过从低端市场获取的利润积累人才和技术，逐渐地向上爬升，最终攻占高端市场。

③ 袁岚峰，从芯片到星辰大海——袁岚峰 2018 年 6 月 20 日在上海音乐厅的演讲，“风云之声”微信公众号，2018 年 6 月 22 日。

待攻关的关键核心技术领域一直坚持自主研发,具有持续的技术积累。第三,涉及关键核心技术领域的经济活动不仅受商业逻辑的支配,而且将越来越多地受到战争规律(技术战争、生物战争)的制约。因此,国防科技创新体系是关键核心技术攻关新型举国体制的基石,当务之急就是要通过合适的路径衔接军民研发体系,将国防领域的技术积累产业化、商业化。

从创新链与价值链融合的角度看,衔接军民研发体系的障碍在于:应用基础研究缺失割断科研创新链条的问题,在当前的科研资助框架中难以解决。单一的国防科技金融资源配置方式和封闭的军工研发体系导致国家财政之外的金融力量缺乏与国防科研生产体系对接的接口;现存各类基金只支持关键核心技术创新流程中的某个环节。加快构建关键核心技术攻关新型举国体制,亟需基于国防科技创新,探索一种能够衔接关键核心技术创新流程各个环节,形成资本支持闭环的新型公有资本载体。本文提出的军事公有资本就是这样一种新型公有资本类型。

二、军事公有资本是构建关键核心技术创新资本支持体系的主体

关键核心技术创新资本支持体系的主体是统领军事、科技、资本三大要素的军事公有资本。从军事公有资本的多重属性出发,军事公有资本可以被定义为一个三角锥体模型(见图1),锥尖是公有属性,凸显军事公有资本的重大历史使命。底部三个角分别是:军事属性,明确军事公有资本的资源接口;科技属性,抓住军事公有资本的运作主线;资本属性,夯实军事公有资本的动力体系。军事公有资本这一范畴,是笔者在中国人民大学杨志教授关于公有资本研究成果《论资本的二重性——兼论公有资本的本质》(杨志,2014a)的基础上提出来的理论创新。

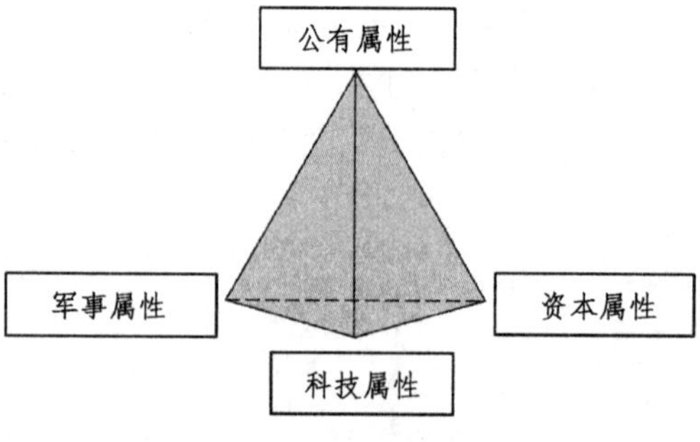

图1 军事公有资本三角锥体模型

(一)公有属性和资本属性是军事公有资本统领关键核心技术攻关的理论依据

公有资本兼具公有属性和资本属性这两个方面的属性,这是公有资本能够作为社会主义市场经济运行主体的理论依据。一方面,公有资本具有与其他性质资本相互融通的一般性——资本的增值要求以及满足这个要求所需要的一系列技术载体和制度保障。这个一般性,也即马克思所说的资本一般,具体包括:首先,资本是一种能够增值的价值;其次,资本是一种只有在运动中才能增值的价值;再次,资本还表现为一种按照等量资本获取等量利润原则实现增值的社会权利(杨志,2014b)。另一方面,公有资本具有区别于其他性质资本的特殊性:第一,作为集合的、社会的生产力的载体,公有资本具有比私人资本更高的经济效能;第二,作为社会主义生产关系的载体,公有资本实现的是公有制经济的目的(杨志,2014c)。

公有资本的二重属性是军事公有资本统领关键核心技术创新资本支持体系的理论依据。

一方面,公有资本的一般性意味着具有不同性质的经济细胞——公有资本、私人资本,在市场运作层面上的形态一样,它们都追求增值、崇尚效率和效益。这是军事公有资本在军方界面、军民融合界面、市场界面与各类资本进行耦合的学理基础。公有制经济向外发展、向外扩张的过程用生物科技的比喻来说,就是通过从公有制经济细胞上提取出基因并把它放置到市场经济环境中与非公有制经济细胞基因联结的方式,创造出一种具有公有制遗传类型的新型资本。军事公有资本所统领的资本支持体系就是这类有公有制遗传类型的新型资本在国防科技领域的实现形式。

另一方面,公有资本的特殊性意味着,公有资本在向外扩张的过程中能够通过攻关短期内没有利润的战略技术、为各种社会发展基金注资、为农村建设基础设施等方式,提高整体的经济效能,实现社会主义的战略发展目标。军事公有资本所承载的公有资本的特殊性主要体现在通过带动形成资本支持闭环,来实现以原始自主型创新为本质特征的关键核心技术创新。根据前述,由于支撑中国国民经济未来高质量发展的产业前沿已经迈入那些自然属性超过一个企业或者一地政府支持能力及领域和环节,所以过去的产业赶超经验和地方政府竞争经验无法引领中国在产业价值链上的进一步升级。中国亟需经济效能更高的公有资本类型来引领关键核心技术攻关举国体制的建设。

(二)科技属性是军事公有资本引领关键核心技术攻关的生产力基础

在中国迈入工业化中高级阶段、中美竞争常态化的背景下,公有制经济在混合经济形态中的主导作用日益体现为公有制经济在建设国家创新体系方面的支撑和引领。军事公有资本具有引领关键核心技术创新的潜能,其原因在于:

第一，作为军事公有资本技术基础的军用研发体系可以为关键核心技术创新提供技术储备，这些技术储备是军事公有资本引领关键核心技术创新的生产力基础。目前中国的军用研发体系包括军队研发机构、军队国防院校和军工研发机构。过去三十年里，在这些研发机构的不懈努力下，中国的国防科技实力的世界排名从2010年的第十名之外上升至2015年的第七名。自2012年以来，中国武器贸易由逆差转为顺差（胡鞍钢、王洪川、谢宜泽，2017）。

第二，鉴于芯片、材料、生物医药等关键核心技术所在产业的高固定成本技术经济特点和寡占式产业结构，在这些产业实现突破所需资金量特别巨大。军事公有资本由军事公有资产转化而来，军事公有资产包括但不限于以下有形资产：土地、存量物业、重点实验室（设备耗材）等，以及无形资产（国防科研人才、国防知识产权等）。因此，与其他类型的公有资本相比，军事公有资本的资本注入方式更加灵活和多元，除了常见的现金[①]注资之外，还可以由上述军事公有资产转化而来。灵活多元的注资方式能够使军事公有资本获得更多的融资渠道，从而为关键核心技术攻关提供相对充足的资金来源。

（三）军事属性有助于确保不同性质资本融合之后的新型资本具有公有制遗传类型

党对军队的绝对领导有利于保证军事公有资本与非公有资本进行基因联结之后，创造出来的是具有公有制遗传类型的新型资本，而不是具有非公有制遗传类型的资本。代表党和国家行使军事公有资本职能的是军方机构，而党对军队的绝对领导是中国人民解放军建军的根本原则，党的十九大将坚持党对人民军队的绝对领导作为新时代坚持和发展中国特色社会主义基本方略之一。这些因素决定了，相较于行使其他类型公有资本职能的政治行为主体，军方机构在党的绝对领导下，能够更加有力地确保军事公有资本作为社会主义生产关系的载体，实现公有制经济的目的。特别在中美贸易战和新冠疫情背景下，保障国家的生物安全和产业安全成为公有制经济的迫切任务。军事公有资本的军事属性使军事公有资本更加胜任这一任务。

军事公有资本的军事属性还决定了军事公有资产转化为军事公有资本的特殊性。国防经济受到战争规律和经济规律的双重制约，这导致国防项目的投融资以及国防科技成果的评价和转化不仅受到资本一般性和公有资本特殊性的支配，还受到国防工业特殊性的支配。目前，国内关于国防金融的研究，基本上还没有涉及军事公有资本的范畴，由军事公有资本引领关键核心技术

① 这里的现金主要指军费等财政性质拨款、国有金融机构配套资金支持。

攻关的实践缺少基础理论的指导(刘鹏、李聪,2019)。[①] 军事公有资产转化为军事公有资本的特殊性意味着,国家首先需要在国防部门设立负责统筹管理和实际运行军事公有资本的专门组织载体。其次,汇集社会各方资源,在这些专门组织的指导下探索军事公有资本在科技创新领域的多种实现形式。本文对军事公有资本范畴的初步研究,能够为设立统筹管理军事公有资本的组织载体提供一定的理论指导和依据。

三、支持关键核心技术创新的资本循环全过程

关键核心技术攻关的本质是原始自主型创新,而非模仿跟随式创新。原始自主型创新是一个由直觉突破式创新、解释规划型创新、逻辑推理式创新、推广扩散式创新这四个创新阶段循环往复构成的动态流程。在这一动态流程中,不同创新阶段由不同类型的知识驱动,对应于不同的制度生态,从而适用于不同业态的资本。因此,如果每个创新阶段都能够得到相匹配的资本业态的支持,那么知识的循环和积累就可以加速发展。根据原始自主型创新循环往复的特点,基于军事公有资本的关键核心技术创新资本支持体系需要依据每个创新阶段的特点,为不同的创新阶段匹配不同的军事公有资本实现形式,形成资本支持关键核心技术创新全过程的闭环。

图 2 显示了基于军事公有资本的支持关键核心技术创新的资本循环全过程。在关键核心技术创新链与价值链融合的过程中,军事公有资本与关键核心技术创新活动在不同的界面发生耦合,这三个界面大致可以分为军方界面、军民融合界面、市场界面。

资本Ⅰ、资本Ⅱ、资本Ⅲ和资本Ⅳ是军事公有资本在关键核心技术创新过程中各个不同阶段上的实现形式。这四类资本的资助方向和策略可以归纳为:

(一)资本Ⅰ支持军方界面宏观战略前瞻科研规划与基础研究

在把资本转化为科研成果的基础研究阶段,科研人员通过超常型默示知识的个性化萌发,产生直觉突破式创新成果。这个阶段需要能够激励想象力的自由、鼓励试错探索、保护创意灵感的制度生态(方竹兰,2019b)。作为由党和国家信用支撑的资本形态,军事公有资本与由财政资助的国防专项支持

① 国防大学国防经济研究中心原主任刘晋豫在 2018 年指出,他在国防大学的图书馆,包括数字图书馆,没有检索到与国防金融有关的资料。严格来讲,国防金融属于还没有开垦出来的处女地。详见"大国策智库"微信公众号 2018 年 4 月 7 日刊发文章《刘晋豫:国防金融研究的现状与挑战》。2019 年 4 月,在国防大学姜鲁鸣教授的指导下,刘鹏、李聪才出版了国内第一本国防金融的专著《国防金融论》。

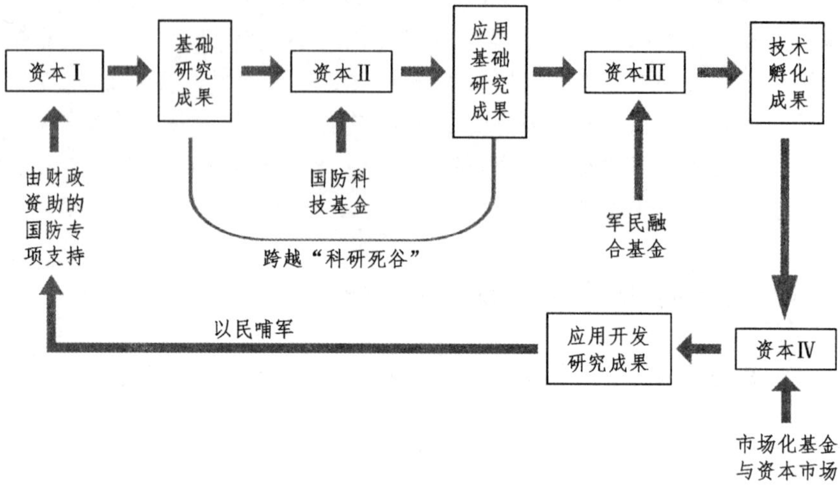

图2　基于军事公有资本的支持关键核心技术创新的资本循环全过程①

并列,都是支持基础研究的资金主力(资本Ⅰ)。在实践中,国家财政对基础研究阶段的支持力度并不弱,但中国目前缺乏鼓励直觉突破式创新的制度生态,导致中国在基础研究方面的成果以验证国外直觉突破式创新结果为主。因此,军事公有资本投资于基础研究项目时,目标不仅仅在于提供资金支持,而是强调通过更加专业的管理来营造鼓励直觉突破式创新的制度生态。资本Ⅰ的运行重点包括两个方面:第一,优化传统财政拨款支撑下的国防科研项目的管理流程,最大限度激发科研人员创新活力,促进项目成果的生成;第二,借助区块链在现代人力资源管理领域中的应用,通过高效链接,形成更广阔的底层创新智力网络。具体而言,就是借助区块链的技术支持,向各行各业从业者中的爱国军迷那里征集课题,由军事公有资本运作机构负责初步筛选,形成颠覆性课题储备。

(二)资本Ⅱ支持军方界面应用基础研究的科研申报活动

直觉突破式创新成果产生之后,下一步进入应用基础研究阶段——把这些科研成果转化为技术,也即把个体的超常型默示知识转化为群体超常型默示知识,探讨基础研究的原理性成果在实际运用中的可能性。此时需要鼓励自由宽松的多元交流、不同创意表达、协商对话的制度生态(方竹兰,2019c)。虽然应用基础研究是科研成果转化为技术的关键中介环节,但是由于这个阶段的直接影响力低、社会轰动效应低,所以目前中国从事应用基础研究的激励严重不足。因此,资本Ⅱ应该把应用基础研究领域作为投资重点,在原各部委

---

① 注:国防科技基金是军事公有资本的主要实现形式,需要在军事公有资产向军事公有资本转变过程中配套具体设计策略。限于篇幅,国防科技基金的设计策略笔者将另行撰文叙述。

研究所的应用基础研究成果基础上，探索深化这些研究成果的机制体制。第一步工作是"摸清家底"，也即借助国防科技创新信息交互平台，收集梳理原各部委研究所的应用基础研究成果，形成应用基础研究成果数据库。第二步，吸纳专业项目管理人员，借鉴美国国防部先进研究计划局DARPA的项目管理制，以项目管理的方式重新组织应用基础研究活动，填补原部委研究所转制导致应用基础研究弱化之后留下的职能空白。同时，借鉴日本国家产业技术综合研究所通过技术转化率之类能够更加体现应用基础研究绩效的指标来评价项目成果。第三，通过军事公有资本的运行深化改革科研管理体制，提供更符合科研规律的资助方式，促使科研人员内生驱动力的生成。

(三)资本Ⅲ支持军民融合界面军民两用技术重点实验室的建设

应用基础研究在实验阶段上研制出新产品、新品种、新技术、新工艺之后，这些科研成果需要被进一步孵化，研究这些成果应该如何被应用于量化生产。由于此时创新活动已经接近市场，所以孵化的应用基础研究成果应该侧重于军民两用技术为主。国内目前承担军民两用技术转移转化的科技中介服务机构存在军方与非军方两套独立运行的重点实验室体系，相互之间的融合借鉴不足。因此，资本Ⅲ的一个重要功能就是调动军方和市场各自界面的实验室资源支持新型实验室的建设，扶持更多承担军民两用技术转移转化的优秀科技中介服务机构。新型实验室也为军民融合界面的科技创新提供了重要的组织形式(既可以是新建实验室，也可以是与已有的实验室开展合作)，以此为纽带，带动科技中介服务体系的建设，最终形成既各自独立又协调统一的国家公共实验室创新体系。

(四)资本Ⅳ支持市场界面具备国家战略价值科技创新成果的高效转化

应用基础研究成果完成孵化之后，创新循环就将进入应用开发研究对应的逻辑推理式创新阶段和推广扩散式创新阶段。逻辑推理式创新阶段的工作目标是创新产品或服务的操作标准化和专业化，需要专业化分工与合作的生产制度生态。推广扩散式创新阶段的工作目标是有效推广创新的产品和服务，需要公平竞争与社会制衡的市场制度生态(方竹兰，2019d)。创新循环进入这两个阶段之后，市场化基金与资本市场(资本Ⅳ)就可以介入支持了。应用开发研究成果产出之后，再通过以民哺军的方式反哺国防科技创新体系的基础研究阶段，从市场需求端入手去引导科研方向，并将市场成熟的技术再转移转化到军方界面需要的应用中去，如此形成资本支持创新的循环。

四、不同界面的资本分类维度与创新的组织依托

(一)在各个界面与军事公有资本发生耦合的不同类型资本的分类维度

从资本支持关键核心技术创新的过程出发，军事公有资本在实际运作中

按照军方界面、军民融合界面和市场界面的推进顺序，将依次与按如下资本分类维度构成的不同类型资本发生耦合：

(1)国防资本/非国防资本：从资本军政归属上看，国防资本/非国防资本的分类维度牵涉军政关系，也即军方与政府的关系。2020年3月新成立的军队资产管理公司——融通集团就是这一关系的集中体现。

(2)公有资本/非公有资本：非国防资本从所有制属性上划分，又可以区分为公有资本与非公有资本。央企、国企是公有资本的运行载体。

(3)军工资本/非军工资本：无论公有资本还是非公有资本，根据资本运作行业的不同，又可以区分为军工资本(军工行业直接参与者)与非军工资本(军工行业间接参与者)。

(4)职能资本/非职能资本：具体到军工资本，从资本运作的特点看，又可以区分为职能资本与信用资本。例如，武汉高德红外股份有限公司(简称"武汉高德")就是军工职能资本的代表，丰年永泰(北京)投资管理有限公司(简称"丰年资本")就是军工信用资本的代表。

军方界面所需耦合的是"国防＋公有资本"，其现实对应形态是由军事公有资产转化而来的军事公有资本实现形式，例如2020年3月新成立的军队资产管理公司——融通集团。将国防领域的技术积累产业化、商业化的第一步工作是由军事公有资本统筹管理部门牵头，会同军事科学院、国防科技创新研究院、中国国防金融研究会等军方科技部门，整合军队体系内部的科技资源。

军民融合界面所需耦合的是"非国防＋公有资本"，即军方之外的公有资本。军民融合界面的主要功能是借助政府主管部门的职能整合资源，一方面承接军方界面的战略部署，另一方面由近及远整合市场界面的相关资本，首先是军工行业公有资本，具体又包括作为职能资本的军工行业的央企和国企，与作为信用资本的军民融合基金(如财政部和科工局联合发起的国家军民融合产业投资基金)。其次是非军工行业的公有资本，具体又包括作为职能资本的非军工行业的央企和国企，与作为信用资本的由非军工行业公有资本发起的政府引导基金(例如科技部、财政部、工信部主管的各类基金和交易平台)。

市场界面所需耦合的是"非公有资本"，具体又包括军工行业的非公有资本(如作为职能资本的武汉高德与作为信用资本的丰年资本)，以及非军工行业的非公有资本(如作为职能资本的华为与作为信用资本的非军工行业市场化基金)。市场界面的职能是借助市场的作用，将非公有资本整合到支持关键核心技术创新的资本循环系统。

(二)不同类型资本组合支持不同界面创新的组织依托

中央军委于2016年1月1日颁布《中央军委关于深化国防和军队改革的意见》，成为此轮军改的指导性纲领文件。本文依此提出，融通集团从设立伊始，就肩负着引领关键核心技术创新的重大历史使命。从创新链与价值链融合的角度看,融通集团引领关键核心技术创新的途径在于由其代表军事公有资本带动不同层次、不同类型的资本,形成贯通军方界面、军民融合界面、市场界面的,支持关键核心技术创新全过程的资本体系。

第一,支持军方界面创新活动的资本体系,由此轮军改后成立的中央军委科学技术委员会(以下简称"军委科技委")以及对标美国国防部先进研究计划局DARPA成立的中央军委军事科学研究指导委员会(以下简称"军委科指委")统筹指导。融通集团在与军委科技委和军委科指委对接的过程中,侧重从跟踪全球国防科技创新前沿动态入手,以军队工作条例尤其是装备科研工作条例的修订为契机,通过资本Ⅱ的某种实现形式(如发起国防科技基金)为资本Ⅰ(国防专项支持)提供军事科研优化的资助空间。

第二,支持军民融合界面创新活动的资本体系,由中央与地方设立的两级军民融合发展委员会办公室(以下简称"融办")协调构建。融通集团在与"融办"对接的过程中,侧重从推进军民融通工作标准化入手,以中央"融办"已经发布的《统筹推进标准化军民融合工作总体方案》为依托,会同各地"融办",通过资本Ⅱ的某种实现形式(如发起国防科技基金)为资本Ⅲ(军民融合基金)提供军民科研载体优化的融通空间。

第三,支持市场界面创新活动的资本体系,由中国上市公司协会国防军工行业委员会推进落实。融通集团在与其对接的过程中,侧重从证券市场等市场化金融创新工具入手,以鼓励军工集团并购重组与资产证券化为方向,通过资本Ⅱ的某种实现形式(如发起国防科技基金)为资本Ⅳ(市场化基金与资本市场)提供中长期稳定投资的配置空间。

五、结　语

中美贸易战和新冠疫情标志着世界进入百年不遇之大变局。继2014年4月15日中央国家安全委员会第一次会议提出总体国家安全观之后,2020年2月14日全面深化改革委员会第十二次会议把生物安全纳入国家安全体系。中美贸易战和新冠疫情正在倒逼中国以国家总体安全为核心,加快构建关键核心技术攻关新型举国体制。中美贸易战与新冠疫情中的疫苗研发竞赛表明,关键核心技术领域的经济活动不仅受商业逻辑的支配,而且将越来越多地受到战争规律(技术战争、生物战争)的制约。在此背景下,国防科技创新体系日益成为国家构建关键核心技术攻关新型举国体制的基石。当务之急就是要通过合适的路径衔接军民研发体系,将国防领域的技术积累产业化、商业化。

金融是现代经济的血液,探索一种能够衔接关键核心技术创新流程各个环节,形成资本支持闭环的新型公有资本载体,是构建关键核心技术攻关新型举国体制的重要方面。本文提出的军事公有资本就是这样一种新型公有资本载体。基于军事公有资本来建设贯穿关键核心技术创新全过程的资本支持体系,就是为不同阶段的关键核心技术创新活动匹配不同类型的军事公有资本实现形式,推进军事公有资本与关键核心技术创新活动在军方界面、军民融合界面、市场界面的耦合。

关键核心技术攻关新型举国体制的构建过程,同时也是国民自主精神成长的历程。技术领先的欧美国家只有创新的概念,自主创新是一个与技术落后状态有关的概念,同时也是一个与奋起自强有关的概念。这个概念只能产生于从落后状态中奋起赶超的国家,所以也反映了一种精神状态(路风,2019)。在新中国成立之后的前三十年里,自主创新精神曾鼓舞中国科学技术人员在一穷二白的基础上建立了重工业基础。改革开放后,"用技术换市场"和"造不如买、买不如租"等思潮一度成为主流,合资引进成为技术创新的主要形式。然而,改革开放四十多年来的实践表明,合资引进技术如果不经过具有自主创新精神的企业的消化吸收再创造,那么中国的技术能力就无法提升,中国就不可能实现关键核心技术的突破。自主创新是关键核心技术创新的形式,这一形式背后所蕴藏的自主创新精神也是后续关键核心技术攻关新型举国体制研究中的重要内容。

参考文献

[1]方竹兰,2019a,《中国原始自主型创新与超常型知识的治理体制改革》,北京:科学出版社,第15页。

[2]方竹兰,2019b、c、d,《中国原始自主型创新与超常型知识的治理体制改革》,北京:科学出版社,第42页。

[3]胡鞍钢、王洪川、谢宜泽,2017,强国强军的战略逻辑,《清华大学学报(哲学与社会科学版)》,第5期,第141—150、198页。

[4]路风,2019,《走向自主创新:寻求中国力量的源泉》,北京:中国人民大学出版社,第5页。

[5]刘鹏、李聪,2019,《国防金融论》,北京:中国财政经济出版社。

[6]许晔、孟弘,2012,《瓦内森协议》对我国高技术的出口限制,《科技管理研究》,第24期,第25—28页。

[7]杨志,2014a、b、c,《论资本的二重性——兼论公有资本的本质》,北京:中国人民大学出版社,第99、405页。

Analysis of Military Public Capital and Capital System Supporting Core Technologies Innovation

Chen Shuoying　Xu Ning　Yang Yang

Abstract The trade war between China and the United States and the COVID-19 epidemic are forcing China to speed up the construction of a new national system for developing core technologies based on national defense technological innovation. A closed-loop capital support system connecting all innovation links of core technologies is an important aspect of this new national system. Military public capital, which has four attributes, namely public, capital, military and science and technology, is the main body of the construction of the capital support system. Military public capital will be coupled with core technology innovation activities in different interfaces—military interface, military civilian integration interface and market interface. At each interface, military public capital will match core technology innovation activities at different stage with different types of realization forms. The combination of capital classification dimensions that military public capital needs to be coupled with at these three interfaces is "national defense capital +public capital", "non-national defense capital+public capital" and "non-public capital".

Key words Core Technology Development　Original Independent Innovation　Capital Support System　Military Public Capital

当代共享经济发展趋向的政治经济学分析

魏丽萍　常　春

内容提要　共享经济会革资本主义的命还是会全面崩盘?这是人们对于当代共享经济发展趋向的普遍困惑。从马克思主义经济学的视角来看:首先,共享经济契合了当今社会人们解决资源短缺和消费短缺的需求,而这两大短缺都是由资本主义生产体系导致并具有不可克服的弊端;其次,共享经济商业模式把传统企业的规模经济转向了平台的规模匹配,从加速资本周转速度和节省不变资本两个路径为企业提供了获得超额利润的可能性;再次,生物进化的复制动态博弈论模型可以证明,一旦人类开始了共享的经济模式,其最终的演化结果一定是经济社会全面的共享,这会加剧资本主义基本矛盾而加速其灭亡的进程。据此,我们应该高度重视互联网技术对共享经济的支撑作用、扩大生产性共享平台规模、警惕数字剥削、发展壮大公有制共享平台等。

关键词　共享经济　发展趋向　超额利润　平台经济　博弈论

中图分类号　F045.6

一、问题的提出

2008 年以后,以 Airbnb、Uber、Dropbox、Weword、维基百科、开源社区等为代表的共享经济在全球范围内发展迅速,从发达国家不断向发展中国家扩张,其影响力渗透到了上百个国家并相继进入多国政府的政策议题。对于共享经济的快速崛起,人们频繁地运用“颠覆”这一词语来形容其对经济社会的巨大影响,有人甚至将共享经济看作一种革命,如美国著名未来预测家杰里米·里夫金说:“拥有超过百年历史的资本主义体制已经力不从心……21 世纪下半叶,它能否在经济体制中保持主导地位是极不确定的……到 2050 年,协同共享很可能在全球大范围内成为主导性的经济体制……这也就意味着,资本主义体制将丧失在经济中的主导地位”(里夫金,2014)。在里夫金看来:

收稿日期:2020—01—15

作者简介:魏丽萍,山东科技大学马克思主义学院副教授,主要研究方向为当代马克思主义经济理论;常春,山东科技大学马克思主义学院副教授,主要研究方向为马克思主义中国化。

基金项目:本文为 2018 年教育部人文社会科学基金项目“社会主要矛盾变化与我国基本国情研究”(18JD710066)的阶段性研究成果。

共享经济以网络作为交易平台和载体，由于网络的技术特性，商品交易的边际成本几乎为零，即会出现免费商品或服务，这对以追求利润和超额利润为唯一目的的资本主义生产方式来讲显然是一种颠覆，因此，共享经济是对资本主义生产方式的一种革命。然而，2018年下半年开始，所谓"共享经济全面崩盘"的阴影又笼罩了这一领域，因安全、信用、法律等引发的共享风波此起彼伏，大量共享型企业倒闭或破产，有人甚至用"死走逃亡伤"来形容共享经济目前的主基调。那么，共享经济真的会革资本主义的命吗？它会以何种方式来革资本主义的命？抑或共享经济真的已经面临"死亡威胁"了吗？它将走向何方？本文将运用马克思主义的基本观点，尝试对这些问题进行政治经济学视角的深入探讨。

二、资本主义生产体系催生了共享经济

从共享经济的含义来看，美国著名的共享经济实践者 Robin Chase (2015)将其定义为：共享资源、共享平台和人人参与，即利用网络平台实现闲置资源在不同主体之间的共享。当代共享经济自诞生以来，无论其商业模式如何变化，理解它的视角似乎只有三个：交易成本理论、协同消费理论和多边平台理论。从交易成本来看，共享经济的价值在于某种资源的供给者和需求者之间可以以更低的交易成本来实现某一时间内的精确匹配；从协同消费来看，共享经济的价值在于它可以跨越价值链在供给者和需求者之间实现财富的重新分配；而从多边平台来看，共享经济的价值不仅在于不同消费群体之间的直接交易，更在于它可以促进未被充分利用的资源更有效使用和消费者更多的选择。从更深层次来分析，共享经济的这三个视角可以归结为两大功能：资源节约的功能和消费支出节约的功能，因为共享经济产生的初衷就是使闲置资源得到最充分的利用，最大限度节约资源或者提高资源的利用效率，而且由于人们可以从社区平台中获得免费资源或者从共享平台中获得低价消费，就可以大大节省一笔费用，又或者人们可以通过提供共享资源获得一笔额外收入，这些都可以直接或者间接达到节约消费支出的目的。共享经济的这两大功能正契合了当代社会普遍面临的资源短缺和消费不足的两大弊端，而这两大弊端正是由资本主义生产体系导致的并具有不可克服的理论逻辑。

（一）资本主义生产体系导致了全球资源短缺的弊端

前资本主义社会最突出的经济特征是自然经济形态，即自给自足的生产方式，人们生产的目的主要为了满足自身消费的需要，因而对资源的需求量只能是量力而行。而资本主义社会的生产具有全然不同于以往任何社会的特征和目的：资本主义生产以机器大工业生产为主要特征，机器的广泛使用使得"生产的工艺过程和劳动组织完全改观了；自然力代替了人力；对科学技术有

意识地运用代替了凭借经验办事的常规;机器本身的协作代替了工人之间的协作,而且有的机器本身也由电子计算机来控制……这一切,都能够使劳动生产率迅速地提高”(徐禾,2011)。这种劳动生产率提高的首要结果就是纳入生产范围的自然资源数量大大增加了,生产力以前所未有的速度和规模发展起来了,正如马克思所指出的“资产阶级在它的不到一百年的阶级统治中所创造的生产力,比过去一切时代创造的全部生产力还要多、还要大”(马克思、恩格斯,2009a)。同时,资本主义生产的目的不再是满足自身生存需要,而是为了交换,为了出售,为了得到越来越多的剩余价值,“生产剩余价值或赚钱,是这个生产方式的绝对规律”(马克思、恩格斯,2009b)。为了在竞争中取胜获得超额利润或者不被挤垮,资本家们总是倾向于扩大生产规模,以规模优势来获取利润,而根本不会考虑自然和消费的承受能力。也是为了这个目的,资本会冲出国界,在全球范围内进行资源的掠夺,把整个世界纳入资本主义生产体系,甚至不惜牺牲发展中国家人民的生存,如古巴前领导人菲德尔·卡斯特罗指出:“任何情况也阻止不了美国和欧洲资本投入生产生物燃料,他们甚至可以给巴西和拉丁美洲无偿提供基金,美国欧洲和其他工业化国家可以每年节省下 1 400 亿美元,却全然不顾气候变化造成的影响和第三世界国家人民将首当其冲面临饥荒”(菲德尔·卡斯特罗,2008)。这种通过投入大量生产资料和能源以及通过机器代替人类从而不断缩短必要劳动时间加快生产力流程来获取利润的生产方式,必然会导致自然资源被快速消耗以及向环境倾倒更多的废料,全球资源短缺的趋势不可逆转。

(二)资本主义生产体系导致了消费短缺的弊端

马克思指出,在资本主义生产过程中工人进行着两种不同的消费:一种叫生产性消费,就是工人在生产过程中消耗生产资料和自己的劳动力来为资本家生产出包含着剩余价值的商品;另一种叫生活消费,即在生产过程之外工人用工资购买生活资料以满足自己的生存需要。这两种消费其实都是由资本家所控制的,因为生产性消费中工人已经把自己的劳动力以工资的方式出售给了资本家,因此劳动力消费即工作的内容、时间和方式都由资本家说了算,资本家为了榨取尽可能多的剩余价值,总是倾向于最大限度地消费这种劳动力商品。而工人的生活消费会把在生产中已经消耗掉的劳动力重新生产出来,以保证资本家能够重新购买到这种特殊的商品来进行再生产,因此,工人的个人消费也是资本主义再生产必不可少的一个要素。但是工人的这种生活消费对资本家来说跟机器加油、牛马吃草等没有什么区别,而且他们要确保把这种消费限制在最低限度内,即能够恢复和维持劳动能力就可以了,否则不但是一种“浪费”,而且会面临劳动力不足的危险,因为劳动者一旦成为有产者,就有不再出卖自己劳动力的可能性,资本家是绝对不允许这种情况出现的。这样,在资本主义饥饿纪律下,工人只有不断地把自己的劳动力出卖给这个或者那个资本家，才能够继续生存下去，因此，马克思说“罗马的奴隶是由锁链，雇佣工人则由看不见的线系在自己的所有者手里”（马克思、恩格斯，2009b）。总而言之，资本主义工资规律会把劳动者有支付能力的需求限制在一个极其狭小的范围内，在社会生产四大环节中起点生产和终点消费之间形成了不可协调的尖锐矛盾，当这种矛盾使得社会再生产无法进行时，即当若干重要的商品由于群众无力购买而找不到销路的时候，危机就爆发了。“一切危机最根本的原因，总不外乎群众的贫困和他们的有限的消费，资本主义生产却不顾这种情况而力图发展生产力，好像只有社会的绝对的消费能力才是生产力发展的界限”（马克思、恩格斯，2009c）。

可见，资本主义生产体系所导致的资源短缺和消费短缺成为共享经济快速崛起的原动力，因此，可以说是资本主义生产体系催生了共享经济。

三、共享经济提供了企业追逐超额利润的新路径

（一）超额利润是资本主义生产的原动力

对超额利润的追求是资本主义生产的不竭动力，无论是在同一部门内部还是不同部门之间概莫能外。从部门内部来看，超额利润来源于商品的个别价值与社会价值的差额，所谓社会价值就是由生产商品的社会必要劳动时间决定的价值，“社会必要劳动时间是在现有的社会正常的生产条件下，在社会平均的劳动熟练程度和劳动强度下制造某种使用价值所需要的时间”（马克思、恩格斯，2009b）。由此，劳动生产率高的、个别产品劳动耗费较少从而商品的个别价值较低的生产者，能够按照社会必要劳动时间所决定的社会价值来出售商品，便可以获得超额利润，即超出正常利润的那一部分利润，这些先进的生产者甚至可以在社会价值以下来出售商品，以更有效地打击竞争对手。因此，对超额利润的追求和保持在竞争中的优势地位使得生产者总是趋向于技术和管理的创新以提高本部门的劳动生产率和降低商品生产的劳动耗费。从部门之间来看，各部门资本有机构成不同，其利润率也是不一样的，等量资本获得等量利润的要求引导着资本在不同部门之间的调整，由利润率低的部门流向利润率高的部门，这一过程也是在对超额利润的追逐中实现的，即各个资本家并不会由于利润率平均化的趋势而放弃追求超额利润的竞争。传统企业追逐超额利润过程中往往遵循着供给侧规模经济的发展路径，即以区域小市场的产供销通过扩大再生产进行滚动式横向拓展，从而以低成本、高质量和高效率来实现利润的最大化。

（二）平台经济的形成和实质

资本主义生产体系催生了共享经济，这一新生事物的诞生具有划时代的意义，因为它为企业提供了一种追逐超额利润的新路径，即平台经济。平台经

济源于互联网技术广泛而深刻的应用，互联网具有非常明显的非排他性和非竞争性的特征，这种特征一方面使得搜索成本、金融支付成本、信息获得成本等大大降低甚而达到免费的程度，另一方面又使得算法（软件工程师）、计算能力（服务器）、数据和流量（用户）等关键生产要素共用而产生范围经济，从而促成了跨界竞争。正是网络的这两个特征催生了平台经济，即“依托实体交易场所或虚拟交易空间，吸引产业链上下游相关因素加入，并以促成双方或多方之间进行交易或信息交换为目的的商业模式”（陈禹等，2018a）。从平台经济的含义来看，当它仅仅作为平台而言，是一种非生产性服务，本身并不创造价值，但是它能够帮助价值快捷高效地实现，所以它可以参与剩余价值的分配，按照马克思的观点，这就是一种商业资本。马克思指出：“因为商人资本本身不生产剩余价值，所以很清楚，以平均利润的形式归商人资本所有的剩余价值，只是总生产资本所生产的剩余价值的一部分”（马克思、恩格斯，2009c）。也就是说，商业资本不创造价值，所以它参与商品价值循环和剩余价值的分配，降低平均利润率，但是客观上它又是有利于产业资本的，因为如果没有商业资本家，产业资本家就必须为实现商品而投放更多的人力、物力和财力，会大大增加商品流通的时间，这就会使他的利润率更加降低，所以马克思说“只要商人资本限制在必要的限度以内，差别就只是在于：由于资本职能的这种划分，专门用在流通过程上的时间减少了，为流通过程预付的追加资本减少了，而且总利润中以商业利润的形式表现出来的损失也比在没有这种划分的情况下减少了”（马克思、恩格斯，2009c）。

（三）以平台为载体的共享经济超额利润实现路径

平台经济虽然不创造价值，但是它最大的特点是把传统企业的规模经济转向了平台的规模匹配，这种大规模实时匹配可以从两个视角为企业提供获得超额利润的可能性：

一是从加速资本周转速度的视角，即平台经济把以往以产定销的供应方式变为反向资源配置的敏捷供应，企业根据用户的个性化需求来进行弹性生产，最终实现无距离、无边界、自成长的巨量交易。这种大规模的供需交易匹配通过减少不必要的中间环节，改变了传统工业经济下从生产到消费的高摩擦和高耗散的状态，而且“因为其连接一切的特性及其虚拟空间打破时间限制与物理空间距离，使得企业超越区域小市场，面向全国或全球大市场，从针对存量的‘头部’发展到拓展增量的‘长尾’，从人工操作处理为主发展到工具的技术替代”（陈禹等，2018b），节省了流通的时间和费用，大大加快了资本周转的速度，等量资本会带来更多的剩余价值，因而就产生了超额利润。但是这种超额利润并不会由产业资本独吞，而更多的是由作为商业资本的平台企业所获得，因为正是由于平台把数据、知识用于决策，用算法才能使“蛋糕”实现节约，因而在“蛋糕”的分配中平台企业的话语权越来越大，对甚至取得了对产品定价的控制权,如平台在各种购物节搞活动时大多数企业会被动或者主动配合来降价促销,如果实体企业不符合平台标准也有被封售或者边缘化销售的风险等。而且随着平台经济向实体经济的渗透,平台基于自己的算法甚至可以承担工业企业研发的功能,可以参与产品的价值形成,此时它要求分得的"蛋糕"就更大了,因此平台企业中的"独角兽"崛起并不为怪,如美国的亚马逊、中国的阿里巴巴和京东等。

二是从降低企业生产成本的视角,即企业可以通过共享降低不变资本和可变资本的费用来提高利润率。因为根据马克思的劳动价值论,从商品的价值构成可以推出利润(包括超额利润)的来源:

$$w=c+v+m \tag{1}$$

$$\downarrow$$

$$m=w-(c+v) \tag{2}$$

$$\downarrow$$

$$p=w-k \tag{3}$$

其中,w 表示商品的价值,c 为不变资本,v 为可变资本,p 为利润,k 为生产成本。传统资本主义社会资本家要获得超额利润,必须降低成本 k,这就要求或者通过技术进步和节约的方式来降低 c,或者通过增加剥削的方式来降低 v,但是随着共享范畴由消费领域向生产领域的扩展,生产资料和劳动力的共享成为现实,k 的降低通过共享转瞬之间就实现了,如大型生产设备的共享、场地的共享、研发设计的共享、培训资源的共享、管理制度的共享,甚至是人才的共享等,特别是现代物仓储和金融支付的标准化共享,以新规模经济的方式降低了 c,使 k 的节约更加明显了。传统的企业生产组织形式基于单个经济主体内部,企业的生产函数是自身投入要素诸变量的因变量,而共享经济中单个生产的经济主体由平台连接变为多个经济主体的联合,相应的生产函数发生了根本性变化,生产要素在更宽的多个经济主体视野下实现了要素使用效率的最大化,从而既定数量的生产资料能够获得更多的产品产出,也即单位商品的生产成本降低了,超额利润产生了。

由此可见,共享经济通过平台经济其本质不但体现在通过大规模匹配改变了价值规律对资源配置的效率,契合了资源和支出节约的时代需求,而且通过开辟一种企业追逐超额利润的新途径而为企业生产提供了新动力,因而共享经济不但不会"死亡",反而具有顽强的生命力。

四、共享经济发展趋向的复制动态进化博弈论模型

上述共享经济的生命力会有多强？共享经济会革资本主义的命吗？我们可以用生物进化的复制动态博弈论模型来探讨共享经济未来的发展趋向。

(一)模型的建立

通常来说,我们认为人类区别于动物的根本区别是人有分析和学习的能力,特别是人有预见的能力。但实际上,人类的理性远没有我们想象和希望的那么好,特别是在集体决策等问题上所表现出的理性根本和生物种群的选择能力差不了多少。在共享经济发展过程中,社会上企业数量是较大的,企业决策的理性是有限的,共享参与的进程是缓慢的,不同部门接受共享理念的进度不一,不是所有企业会同时参与共享,且企业在共享变革中有一定的分析能力和对不同分享效果的事后判断能力,但没有足够的事先预见和预测能力,在企业共享与非共享的重复博弈中,具备有限理性的特征。同时,有限理性博弈中具有真正稳定性和较强预测能力的均衡必须是能通过博弈方模仿、学习的调整后,即使受到错误偏离的干扰也能"恢复"常态的稳健均衡,因此这种均衡是一种重复博弈,是群体内成员长期内的反复博弈过程,而且这种博弈分析的目标是群体成员的策略调整过程、趋势和稳定性,即全体成员采用特定策略的比例不变,而非单个成员的策略不变。从共享经济参与主体较低的理性程度及共享过程的复杂性及集体决策的特征出发,我们可以用生物进化的"复制动态"机制来模拟共享经济的发展态势。

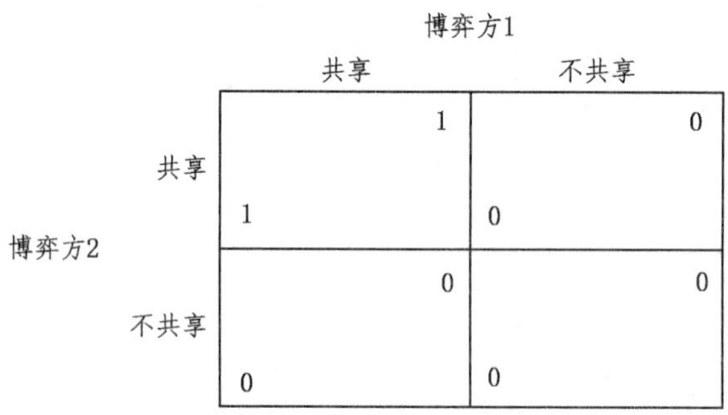

图1 博弈的矩阵图

我们把随机抽取的两个企业分别叫作博弈方1和博弈方2,根据上述对共享经济本质的分析,当两个博弈方同时参与共享时,效率最高,双方所获得益也最大,我们用1表示双方得益;当一方想共享而另一方不想共享时,共享失败,因此所获得益为0。若果双方都没有参与共享,则各自的得益也为0,双方都没能享受到共享带来效率的提高。

(二)模型的分析

假设在人类社会发展的某个时刻,社会上企业总数为1,而"共享"类型企业在总数中所占的比例为$x(0\leqslant x\leqslant 1)$,那么没有参与"共享"的企业就是$1-x$的比例,不难算出"共享"和"非共享"两种类型企业各自的期望得益u_y和

u_n，以及全体部门的平均得益 u_a：

$$u_y = x \cdot 1 + (1-x) \cdot 0 = x$$

$$u_n = x \cdot 0 + (1-x) \cdot 0 = 0$$

$$u_a = x \cdot u_y + (1-x) \cdot u_n = x^2$$

上述公式表明，由于 $x>0>x^2$，“共享”型博弈方的得益会分别高于“不共享”型和两种类型的平均得益，于是，只要参与的博弈方有一定的理性，能看到共享带来的好处，他就会自觉改变策略，开始学习和模仿“共享”类型的博弈方。在学习和模仿的过程中，社会上“共享”型和“不共享”型企业的比例 x 和 $1-x$ 随之发生了变化，其变化的速度成为时间的函数：$x(t)$ 和 $(1-x)(t)$，可以用生物进化中描述特定性状个体频数变化自然选择过程的“复制动态”方程来描述：

$$\begin{aligned} dx/dt &= x(u_y - u) \\ &= x(x - x^2) \\ &= x^2(1-x) \end{aligned}$$

这个方程有三层含义：第一，当 $x=0$ 时，$dx/dt=0$，这意味着如果初始没有共享型企业出现，那么这个社会的共享体系不会自动出现，也就不会成为其他部门模仿的对象；第二，当 $x>0$ 时，dx/dt 与 x 成正比，即初始状态的共享型企业越多，共享演化的速度就越快；第三，dx/dt 与 (u_y-u) 成正比，这表示共享类型企业的实际得益越大于预期得益，共享演化的速度就越快。上述动态微分方程的相位图如图 2 所示。

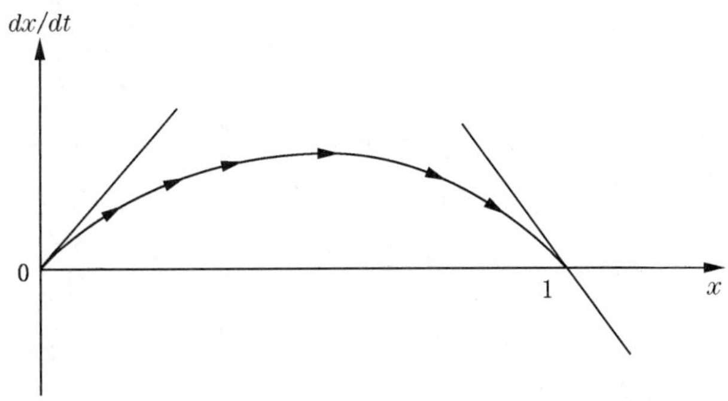

图 2　相位图 1

上述方程的解应该有两个：$x=0$ 和 $x=1$，对应的相位图中 x 与横轴的交点有两个。根据微分方程的“稳定性定理”，只有 dx/dt 导数为负值时的状态才是稳定的解，而进化稳定策略又要求稳定状态的 x 值必须是稳健的，从相位图中很容易观察，$x=0$ 处切线斜率为正，故而不是共享经济进化的稳定策略，而 $x=1$ 处切线的斜率为负，故而是共享经济进化的稳定策略，这意味着只要人类社会发展过程中出现了一定比例的共享经济，哪怕这个比例最初会非常小，但是随着时间的推移和全体成员策略的不断调整，$x=1$ 一定是最终的稳定状态，即人类社会一定最终会走向全面的共享。

(三)模型的启示

由上述模型我们可以得到这样的启示，即人类社会一旦开始了共享经济发展模式，其进化趋势是最终达到全社会共享。这种共享会革资本主义的命吗？马克思认为资本主义灭亡的根本原因在于资本主义基本矛盾的不可克服性，这个基本矛盾即生产的社会化和生产资料资本主义私人占有制之间的矛盾。这一矛盾在共享经济时代有了更深刻的表现，因为共享时代生产的社会化更加明显了：首先是生产资料越来越社会化了，如机器、厂房、仓储、物流、研发设计等，在追求超额利润的驱动下由单个企业分散使用不得不让步于多个企业或集体分享使用，否则“正如马克思在那里所证明的，资产阶级要是不把这些有限的生产资料从个人的生产资料变为社会化的，即只能由一批人共同使用的生产资料，就不能把它们变成强大的生产力”(马克思、恩格斯，2009d)。而且，网络经济最重要的生产要素知识、信息和数据等主要是靠教育和公共环境所获得，这也是生产资料社会化的重要体现。其次是生产过程越来越社会化了，生产过程不再是一系列个人或单个企业的分散化行动了，而成为基于分工的程序化社会行动，跨界融合随处可见，“平台企业通过连接多边群体，整合多方资源，设立规则与机制，满足多边群体的需求，充当连接、整合的角色。传统企业也可以利用连接、整合的思维去创造更大的价值”(费方域、闫自信等，2018)。最后是产品越来越社会化了，即由于生产资料社会化和劳动社会化的发展，劳动产品成为许多人共同生产的结果，如通过众包协作方式产生的产品等。不仅如此，共享时代生产的社会化还会因为其技术特性而不断得到加强，因为网络经济具有“双边”或“多边”外部性特征，加入平台的买家越多，卖家的潜在收益就越高；反之，加入平台的卖家越多，买家的潜在收益就越高。这种正反馈过程决定了共享经济的规模必然越来越大，行业内垄断的形成不可避免，且不同于传统反垄断的正当性，这种垄断几乎是不可逆的。可见，共享经济时代生产的社会化程度越来越高了，平台成为调动参与数字经济流通的基础设施，整个社会在平台的积极引导、制作和编程下，逐步达到一种数字经济的循环，即“通过平台对元数据进行编码、部署算法处理数据点之间的关系、使用脚本交互协议、配置可视特征和默认值的接口，实现数据、软件和硬件之间的无形链接”(陈禹等，2018c)。共享经济时代的这种高度社会化生产必然要求整个社会共同拥有生产资料并通过计划手段进行生产组织和资源配置，而且这种要求会随着共享广度和深度的增加越来越强烈，用马克思的话说就是“生产资料的集中和劳动的社会化，达到了同它们的资本主义外壳不能相容的地步。这个外壳就要炸毁了”(马克思、恩格斯，2009b)。

可见，共享经济的最终发展存在着会革资本主义命的可能性，但这种革命绝不是杰里米·里夫金所论述的通过提供免费商品和服务来实现的，而是通过资本主义制度自身的否定之否定来实现的。

五、结论与建议

综合以上论述，从人类命运共同体的角度来看，共享经济正从供给和需求两个角度缓解着当今人类面临的共同困境，即：共享经济一方面通过提高现有资源的使用效率、节约自然资源和增加新产能等途径缓解了人类资源枯竭的趋势，另一方面又可以带来物价水平的下行和实际购买力的提升，缓解了资本主义生产体系下有效购买力不足的问题；同时，它还可以通过消费的多元化、定制化以及提高劳动者对个人生活的掌控度和自由度等方面缓解了资本主义生产条件下人的“异化”带来的种种社会问题；更为重要的是，它为企业提供了一种追逐超额利润的新路径，从而成为企业竞争和生产的新动力，增加了市场的活力。因此，共享经济的发展具有强大的生命力和光明的前景。“中国特色社会主义生产方式，既具有一般社会主义特征，又有较明显的跨越式发展和实现的特点”（孙立冰，2019）。正因为共享经济的这一历史使命，我国在发展共享经济过程中必须注意以下问题：

第一，必须把互联网技术的发展逐步上升至国家战略的高度。共享经济的崛起和全面发展不可阻挡，顺应这一发展趋势就会占领这一产业制高点，互联网技术则是共享经济运行的基础环境和市场竞争的关键节点。工业时代我国由于技术原始积累缺乏、关键技术落后，不但长期受制于人，而且在改革开放过程中采取的“以市场换技术”寻求国外技术溢出的创新方式也远未达到预期效果，我国企业长期难以在国际高端产业领域拓展业务。而信息时代数字经济的后发优势已经给我们创造了“弯道超车”的机会，目前以美国和中国为核心的全球数字经济发展态势已基本形成，如何发挥政策优势，实现互联网与实体经济的全面融合，进一步增强自主创新能力，开拓国际市场，为我国共享型企业寻求更多国外发展的空间，是我国未来经济战略调整面临的重要挑战。

第二，应该控制商业性共享平台的发展规模，鼓励生产性平台建设。商业性平台作为一种纯粹流通费用，不但不参与价值创造，而且会消耗掉生产过程中创造出来的剩余价值，正如马克思所言“投在这种费用上的资本（包括它所支配的劳动）属于资本主义生产上的非生产费用。这种费用必须从剩余产品中得到补偿，对这个资本家阶级来说，是使用价值或剩余产品的一种扣除，就像对个人来说，购买生活资料所需要的时间是损失掉的时间一样”（马克思、恩格斯，2009e）。商业平台的这种性质决定了其资本占用太多必然会导致对实体工业资本的挤占，我国共享经济兴起之处大量小型平台的涌现及其目前大量的破产，不但造成经济秩序的混乱，而且造成大量的资源浪费，所以对商业平台的门槛必须加以控制。生产性平台在商业平台的基础上发展起来，由于它可以通过数据采集、挖掘、清洗、分析、建模、存储、运输和应用研发等环节，为产品提供价值增值，所以成为企业超额利润的一种驱动力，应该成为我们今后产业政策引导的一个重要方向。

第三，应该警惕共享经济中的数字剥削。从提高利润率的路径来看：$m=w-c-v$，共享经济可以在降低 c 的基础上获得超额利润，也可以通过压低 v 的方式来获得超额利润，而由于共享经济中的劳动更多是以数字劳动的形式存在，即"互联网使用者利用数字技术在互联网及其周边领域内开展的劳动"（朱阳、黄再胜，2019），因而劳动剥削具有更大的隐蔽性，如计算机信息行业普遍存在的"996.ICU"现象，数字劳动者们从每天上午9点工作到晚上9点，每周工作6天，严重损害身体健康，而企业以高工资为诱饵，赋予文化、道德的色彩，直接把加班转换为对员工的正常工作时间要求，以绝对剩余价值生产的方式增加了对劳动力的剥削。此外，数字劳动还呈现出"资本化"倾向，如具有公共属性的数据和信息或者个人属性的隐私信息都可能被资本强占，互联网用户创造的情感表达、社会关系、信息分享等劳动成果也可能被互联网平台作为商品兜售，大数据技术下数字劳动者的免费劳动生成的成果也往往被平台企业通过爬虫持续收集汇总进而牟利等等。因此，国家除了出台严格的政策法律文件确保数字行业劳动者权益外，还应该大力发展区块链技术，利用区块链技术不可篡改和不可伪造性特征实现劳动产品的追溯，使劳动者价值得到补偿和体现。

第四，应该大力发展公有制共享平台。随着共享经济的纵深发展和生产社会化程度的日益加深，人们的共享意识逐渐增强，共享文化逐渐形成，大量的数字劳动是建立在劳动者自觉自愿无偿付出的基础上，理应为全社会所共有和共享；以公共基础设施方式出现的互联网经济环境是共享经济赖以存在的技术基础，由互联网的开放性而形成的商业信息其价值应该归全社会共享，而不应成为建立在生产资料私有制基础上的经济平台所独享，也即私有制平台获得的经济收益与其所应承担的社会责任越来越不能匹配；大数据时代，政府及其管理部门累积了海量数据，蕴含着无穷的使用价值，这些数据的形成来源于普通民众，数据开发的价值财富也应由民众所共享，此外，出于安全的需要、信用管理的需要、外部性需要等，都对公有制共享平台建设提出了呼吁。因此，大力发展公有制共享平台，必将为共享经济生态建设带来活力。

参考文献

[1]陈文通，2013，劳动价值论不宜拓宽，《经济纵横》，第1期，第8—20页。

[2]陈禹、杨培芳、姜奇平等，2018a、b、c，互联网时代的经济学革命，《财经问题研究》，

第 5 期,第 3—20 页。

[3]菲德尔·卡斯特罗,2008,《总司令的思考》,北京:社会科学文献出版社,第 28 页。

[4]费方域、闫自信、陈永伟等,2018,数字经济时代数据性质、产权和竞争,《财经问题研究》,第 2 期,第 3—21 页。

[5]杰里米·里夫金,2014,《零边际成本社会:一个物联网、合作共赢的新经济时代》,北京:中信出版社,第 1 页。

[6]马克思、恩格斯,2009a,《马克思恩格斯全集》第 2 卷,北京:人民出版社,第 36 页。

[7]马克思、恩格斯,2009b、c、e、i,《马克思恩格斯全集》第 5 卷,北京:人民出版社,第 714、662、52、874 页。

[8]马克思、恩格斯,2009d、f、g,《马克思恩格斯全集》第 7 卷,北京:人民出版社,第 548、314、324 页。

[9]马克思、恩格斯,2009h,《马克思恩格斯全集》第 9 卷,北京:人民出版社,第 285 页。

[10]马克思、恩格斯,2009j,《马克思恩格斯全集》第 45 卷,北京:人民出版社,第 167 页。

[11]孙立冰,2019,论中国特色社会主义政治经济学的研究对象,《社会科学战线》,第 7 期。

[12]徐禾,2011,《政治经济学概论》,北京:中国人民大学出版社,第 63 页。

[13]朱阳、黄再胜,2019,数字劳动异化分析与对策研究,《中共福建省委党校学报》,第 1 期,第 152—160 页。

The Political Economy Analysis of the Development Trend of Contemporary Sharing Economic

Wei Liping　Chang Chun

Abstract　There is a general confusion for many people about if the sharing economic can bring a revolution of capitalism or be total collapse. From the perspective of Marxist economics: First, the rise of the sharing economy meets the needs of the shortage of resources and consumption in today's society, which are caused by the capitalist production system logically. Second, the sharing economy business model turns the traditional scale of economy to the scale of matching by platform. This real-time large-scale matching provides enterprises with a new path to obtain excess profits through accelerating capital turnover speed and saving constant capital. Third, it can be found that once humans begins the sharing economic model, it would be the comprehensive sharing of the economy and society finally through the analysis of biological evolution's replication dynamic game theory mode, which would exacerbate the basic contradictions of capitalist society and speed up the process of its demise. Therefore, while we attach great importance to the development of internet technology, we should expand the scale of productive sharing platforms, guard against digital exploitation, and develop public sharing platforms as more as possible.

Key words The Development of Sharing Economy Development Trend Excess Profit Platform Economy Game Theory

海派经济学
第 18 卷第 2 期,2020　Journal of Economics of Shanghai School　No. 18,2,2020

中国城市空间生产研究现状
——一个文献计量学的综述

曾　鹏　侯岚芬

内容提要　本文基于中国社会科学引文索引数据库,对中国城市空间生产研究进行共被引分析和关键词共现分析,运用信息可视化软件 CiteSpace 绘制知识网络图谱,梳理了相关研究的知识基础和四个主要问题。最后从研究范式、研究方法、价值判断和政策建议四个方面述评了中国城市空间生产研究现状,认为要积极将城市空间生产理论与中国特色社会主义理论体系相结合,立足于中国国情构建"人民逻辑+资本逻辑"、"使用价值+交换价值"、"政府主导+市场手段"、"公有经济+私有经济"相统一的中国特色社会主义城市空间生产的理论体系。

关键词　城市空间生产　中国问题域　文献计量分析

中图分类号　F20

随着我国实行城市改革,城市的空间结构和形态发生了巨大变化,城市化的迅猛推进也带来了很多城市发展问题。从 20 世纪 70 年代开始,空间问题成为社会学的核心问题。亨利·列斐伏尔、大卫·哈维、曼纽尔·卡斯特尔等人将马克思的生产实践理论与资本积累原理结合起来引入城市地理空间的研究中(元晋秋,2016),提出了著名的"空间生产"的概念。作为历史地理唯物主义的核心理论,"空间"视角及"空间生产"有关理论因其本身对城市问题具有强解释力,受到国内学者的广泛关注与应用。然而,这也产生了一个文献学问题:海量文献纷繁复杂,难以找出重点文献和梳理研究趋势。本文通过收集中国社会科学引文索引数据库自开发以来所有有关城市空间生产的文献数据,借助 CiteSpace 以及 Excel 两款软件,初步考察有关研究的发文趋势、学科分布、案例分析主要集中地区;分析有关文献被引情况,梳理中国城市空间生产的知识基础,以期能将中国城市空间生产研究现状可视化,为研究者厘清研究

收稿日期:2020—02—24

作者简介:曾鹏,广西民族大学研究生院院长、民族学与社会学学院教授,主要研究方向为城市群与区域经济可持续发展;侯岚芬,广西民族大学东南亚语言文化学院硕士研究生,主要研究方向为区域经济可持续发展。

基金项目:本文系广西哲学社会科学规划课题马克思主义理论研究和建设工程基地项目"中国城市空间生产的社会主义道路研究"(19ZZ02)的阶段性研究成果。

脉络和探寻新的研究切入点提供参考。

一、中国城市空间生产文献初步计量分析

根据主题构建检索式：所有字段＝空间生产，时间跨度选择 1998 年至 2019 年，初步搜索得到 384 条相关文献，剔除与城市空间生产无关的文献，获得文献 307 篇及 5 905 条施引文献。将文章导入 CiteSpace 中对数据进行除重和格式转换预处理，最终获得文献 307 篇以及 5 897 条去自引文献作为最终研究对象。将经过预处理的文献数据导出，按照发文年份以及发文数量提取信息，导入 Excel 中绘制发文数量趋势图，如图 1 所示。

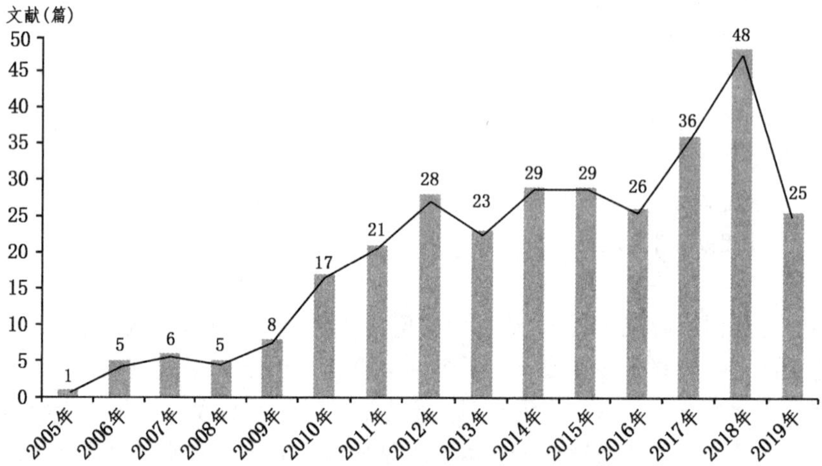

图 1　发文数量趋势图

资料来源：中文社会科学引文索引数据库中 1998—2019 年相关文献。

可见，在观察期内（1998—2019 年），国内有关城市空间生产的文献整体呈上升趋势，这表明该期间城市空间生产的热度和受重视度在不断上升，自 21 世纪起，中国学者陆续运用和介绍“空间生产”理论，2005 年开始有第一篇被中国社会科学索引数据库记载的有关文献。《学习与探索》期刊在 2010 年展开“空间生产与空间批判”哲学问题探索的专题研讨，发表了系列相关文章。这反映了学界开始重视空间生产理论，同时又为后来研究者应用空间生产理论打下了基础。2010 年是空间生产研究热度的爆发点，相关研究的文献数量增长了 112%。在此之后，城市空间生产研究不断增加。当列斐伏尔、哈维、卡斯特等学者将马克思主义引入地理学和城市学研究，综合社会、空间和政治经济分析并构建理论时，就赋予了空间生产理论跨学科融合的特点。城市问题作为空间生产理论的聚焦点，一直是空间生产理论的重点研究对象，通过统

计发现，现有研究主要集中与从经济学(32.68%)、哲学(23.35%)、社会学(19.07%)出发。这反映了当前我国城市空间生产研究主要从经济学视角出发进行宏观层面的研究，如较多关注人、资本两大要素对空间的作用(王丰龙，刘云刚，2011)。

表 1　　研究文献的学科分类

学科类别	文献比例
经济学	32.68%
哲学	23.35%
社会学	19.07%
人文、地理经济	7.78%
其他	17.12%

资料来源：中文社会科学引文索引数据库中 1998—2019 年相关文献。

在研究对象上，研究者的选择通常偏好于发展速度较快、政策实践较早的地区，如广东、江苏、上海、北京等，或是旅游资源丰富的地区，如四川、云南。这些地区在高速发展中积累了许多有益经验，也产生了一些城市问题。值得注意的时，对于广东地区的研究主要集中在广州市，而江苏地区的研究集中在南京和苏州两地。这也和南京多所高校如南京大学、东南大学、中山大学有深厚的城市空间生产研究基础有关。

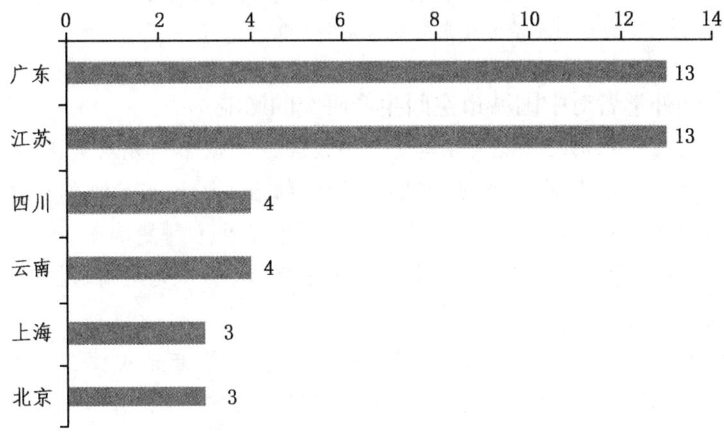

图 2　案例分析中排名前三的地区

资料来源：中文社会科学引文索引数据库中 1998—2019 年相关文献。

二、中国城市空间生产研究的知识基础

学者在论文中会引证前人的成果，以参考文献的形式列在研究中，这些被

引文献是现有研究的知识基础。随着城市空间生产研究的推进、成果的不断产出，论文在引用前人成果时又不断再被应用，引文网络由此形成。将收集到的 5 897 条去自引文献导入 CiteSpace 中，分别选择“Cited Author”、“Cited Journal”，选择 g—index 算法，再使用寻径网络算法进行剪裁，降低网络密度，以提高知识图谱的可读性，最后生成共被引知识网络图谱。本文将从国内和国外两个角度对中国城市空间生产研究的知识基础进行梳理。

图 3 城市空间生产研究的作者共被引网络

资料来源：中文社会科学引文索引数据库中 1998—2019 年相关文献。

(一)国外学者对中国城市空间生产研究的影响

在生成的知识网络图谱中，节点大小代表了其被引的频次的高低，而有黑色外圈的节点是具有高中介中心性的节点，结合 CiteSpace 计算出数据和生成的网络知识图谱。我们可以发现国外学者中亨利·列斐伏尔、大卫·哈维、爱德华·索亚、曼纽尔·卡斯特、米歇尔·福柯、尼尔·史密斯、尼尔·布伦纳对中国城市空间生产的研究影响深远。

亨利·列斐伏尔是空间的生产理论的发起人，他首先对什么是空间这一哲学问题进行了解答，批判了重视时间而忽略空间的传统观点，并指出“(社会的)空间上是(社会的产物)”。在此基础上，将空间生产与城市空间、都市革命结合起来，开启了后现代城市空间批判(孙全胜，2014)，构建起“时间—空间—社会”三元辩证法并对日常实践进行分析。他不仅构建了空间生产相关的理论，同时还积极分析城市实践，批判了法国新城和周边地区空间生产过程中社区感和认同性缺乏的问题，以及其他城市空间实践的现象。

曼纽尔·卡斯特则从阿尔都塞的结构马克思主义理论立场出发，将城市空间看作是由生产、消费、交换、城市政治制度组织和城市象征符号组成的城市社会结构的具体物质表现,认为消费决定着城市空间的特殊属性,构建起了"集体消费—社会运动—政府干预"的系统性的新马克思主义城市研究框架(牛俊伟,2013)。

大卫·哈维不仅较早地引用和传播列斐伏尔的著作,还运用马克思主义理论阐发了社会正义与城市之间的关系,他以巴尔的摩为实证研究对象,探讨资本主义城市化过程中的空间正义是如何在不同阶层的主张中变化的,还提出了空间修复理论(叶超、柴彦威、张小林,2011a)。他的研究通过创建历史—地理唯物主义理论,即以分析全球化、城市化带来的困境,解释资本主义的基本矛盾为抓手,通过对历史唯物主义的方法、基本原则、实现途径的考量,将过程辩证法、"社会—空间"的研究范式、时空修复手段应用于历史唯物主义(王雨辰、高晓溪,2016)。

米歇尔·福柯则将空间和个体关系作为讨论的中心,从政治的角度来分析权力是如何通过空间达到锻炼人、规训人和统治人的作用,更关注权力运作、知识谱系与空间之间隐性的关联(汪民安,2006)。爱德华·索亚将列斐伏尔三元辩证法的空间概念与福柯所构建的"异形地质学"融合,在此基础上构建了第三空间的理论,试图激活马克思主义对现代性的批判,更新后现代地理学的理论。他以洛杉矶和阿姆斯特丹为实证兑现进行了对比研究,分析政治权力与意识形态在空间生产中对空间结构的改造(陆扬,2005)。

以亨利·列斐伏尔、曼纽尔·卡斯特和大卫·哈维为代表的马克思主义城市社会学派,主张在将城市问题放置在资本生产的理论框架下考察,着重分析资本主义城市空间生产和集体消费,揭示城市发展的脉络以及其城市问题内在的基本矛盾。因此对国内城市空间生产研究影响最大,也是目前空间生产理论的主流方向(王丰龙、刘云刚,2011a)。而福柯和索亚为代表的后现代主义学派,更强调结构和行动与文化的力量,不同于以城市为核心研究的马克思主义城市社会学派,其研究对象更为广泛分散,对文学和政治学都有影响。

(二)中国学者关于城市空间生产的研究

包亚明主编的《都市与文化》系列译丛围绕不同主题将都市问题与文化问题置于西方都市研究的背景下讨论,每一个主题以大师级人物为重点译介他们的论文及相关文献。其中以《后现代性与地理学的政治》为题,介绍了福柯空间与权力关系的相关理论;以《现代性与空间生产》为题,介绍了列斐伏尔及其空间的生产理论;以《后大都市与文化研究》为题介绍了索亚及其第三空间理论等。在新千年之际,译介外国都市研究、对空间理论进行深刻探讨的大师作品的系列丛书,在普及国外经典空间生产及相关理论上无疑起到了巨大的推动作用。

张京祥运用空间生产有关理论,主要以南京为研究对象,针对地域营销大事件、城中村、近现代历史风貌区等特定空间生产行文进行了分析和批判。他以奥体新城为实证对象，分析了在全球化带来激烈竞争的背景下，政府为实现经济增长会与利益集团合作采取的地域营销，而如果两者间结成的增长联盟如果快速形成又快速接替，会使得联盟各方行为具有高趋利性和高投机性，这值得转型时期的城市政府对自己的角色定位进行进一步思考，以构建“发展性政府为目标”来寻求城市治理的方向(张京祥、殷洁、罗震东，2007)。以南京江东村为例，将空间生产作为元理论，从社会生产关系的再生产角度出发，分析城中村的改造和演变过程，深刻解释了城中村的改造不仅是空间的再塑造，更是新的生产关系和社会结构建立的(张京祥、胡毅、孙东琪，2014)。除此之外，张京祥还在其著作《西方城市规划思想史纲》中系统地阐述和总结了古希腊时期至20世纪90年代以来的西方城市规划思想史，在其《中国城乡规划思潮》中梳理了1949年以来中国在城乡规划中面临的问题和不同时期规划思潮的变迁。这两本著作清晰地梳理了城市规划思想的演变，为城市规划研究奠定了扎实的基础。

庄友刚从哲学层面在现代性反思和批判的宏观历史背景下，梳理了空间生产发展的三条主要线索，即对空间有关问题的反思、都市社会学研究以及人文地理学的研究。总结西方空间生产理论研究主要从马克思主义立场和一般社会学立场来进行。他批判了西方空间生产理论中存在极端注重空间向度而忽略了过程性分析，在论证空间生产问题的根源时无法摆脱主观色彩，未能指明空间问题的历史出路等问题(庄友刚，2011)。同时，为纠正国内部分研究者倾向将空间生产等同于资本权力后果来加以批判的现象(庄友刚，2010)，从物理性质和社会关系两个角度阐释了空间的内涵及其所对应的空间中的生产与空间本身的生产两个层面的具体含义，从而指出空间生产历史逻辑与人的发展生产历史逻辑是相联系的，前者是后者的外在特定表现形式。而空间生产是在资本主义生产方式发展全球化不断加快后才开始得到显著的发展，这很容易将空间生产的发展逻辑和资本发展的逻辑相等同，实际两者是既有联系又有区别的。资本逻辑顺应了空间生产的发展逻辑，但因其自身以获取最大限度的增值为根本指向而僭越了人的发展的历史逻辑，指向了物的发展趋向和其他的历史趋势。以此提出要将空间生产及其产生的城市问题放置在人类历史的总体发展进程中分析和审视。

王丰龙和叶超都对空间生产理论研究进行了梳理，叶超侧重梳理空间生产理论产生的背景、代表人物及其主张的思想，并和中国有关研究做了比较分析，指出城市空间生产尚待形成一个牢固的研究范式，提倡中国地理学界把握契机，将马克思主义和城市问题相结合来进一步丰富地理学理论(叶超、柴彦威、张小林，2011b)。王丰龙侧重根据宏观、微观、一般研究这三个研究对象进行理论归纳，并且构建了包含在地化和去地化两大核心过程的空间生产理论分析框架，是分析范式上的重大突破(王丰龙、刘云刚，2011b)。他还和刘玉刚等学者合作以广州 m 垃圾猪场、瑞宝村(吴廷烨、刘云刚、王丰龙,2013)为研究对象来探讨由弱势群体推动的“弱”空间生产所产生的“非正规”空间即“黑色集群”的形成原因,倡导在关注“强”空间生产的同时也要深化对“弱”空间生产的研究,以应对区域管制应对的挑战(刘云刚、王丰龙,2011a)。同时,他还系统地梳理了 20 世纪 80 年代以来西方地理学尺度概念的演化过程,并对中国尺度政治的研究进行了展望(刘云刚、王丰龙,2011b) 。这为城市空间生产研究者使用“尺度”这一有力工具来解释我国社会空间现象和建构中国特色的理论体系,明晰了理论,夯实了开展研究的基础。

郭文则采用空间生产理论的视角,以周庄古镇、惠山古镇等地为研究对象,采用问卷调查法、深度访谈和参与观察等方法,对研究对象的多维空间生产进行了分析,得出结论在政府极化主导下的空间生产带来了极大的空间效应,但同时也导致社会效能的缺失(郭文、王丽、黄震方,2012a)。现阶段旅游场域形成后的空间更倾向“社会属性”,与此同时,乡土社会受到多元的社会分工的强烈冲击,倡导学界关注空间生产理论,不仅要探讨“空间中要素的生产”,更要关注“空间本身的生产”(郭文、黄震方,2013),以期更深刻地理解旅游空间的形成、生产和包容性发展的机制。

三、中国城市空间生产研究的主要问题

经过学者认真选择在文献中标引的关键词往往能反映文章的内容,通过提取 307 篇有关中国城市空间生产论文的关键词列表,构建关键词—文献隶属矩阵,通过运算得到关键词和关键词的共现矩阵,对一组词两两统计它们在同一组文献中出现的次数(陈悦、陈超美、刘则渊,2015)进行共词分析,通过 CiteSpace 可视化展示,生成的关键词共现网络知识图谱如图 4 所示。

从共现网络知识图谱中可以看到,目前中国城市空间生产研究的主流方向是运用以列斐伏尔和大卫·哈维为代表的马克思主义城市社会学派观点和范式,即突出表现为城市化过程中资本的对空间产生的影响以及结构的力量。他们主要聚焦在“资本累积”和“资本逻辑”下空间是否被过度资本化、历史地理唯物主义指导下的空间生产该如何批判和革新以解决中国城市问题、怎么使得空间生产有益于社会整合等问题上。具体而言,又主要集中在城市之间的区域发展不平衡问题、城市发展规模边界无限扩大化问题、城市承载力与发展速度不匹配问题、城市发展过程中的空间正义的问题等内容。

第一,城市之间的区域发展不平衡问题。在中国城市空间生产的问题域中,城市之间的区域发展不平衡问题尤为突出和明显。孙东琪等学者运用空间生产理论视角,从区域空间生产中主体间相向型与背离型两者不同战略互动方式出发,以环上海与环北京地区为对象总结现阶段我国的区域发展中即

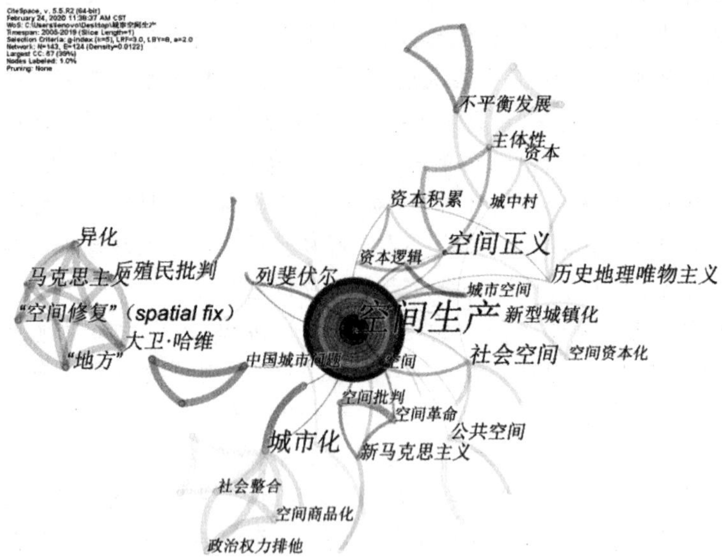

图 4 关键词共现网络知识图谱

资料来源：中文社会科学引文索引数据库中 1998—2019 年相关文献。

存在着区域内部发展相互协同度高的案例，但中心城市孤立发展，无序竞争导致外围产生大面积的发展阴影区的现象也非常突出(孙东琪等，2017)。政策规划下的区域发展不平衡主要是面临着缺乏城市群制度文化、管理文化和政策而导致无法突破行政区划以城市群为单位进行统合发展；首位城市缺乏制度性认同；城市群内部的各城市定位趋同而缺乏整体规划和全盘的思考等挑战(张鸿雁，2007)。冯玉延则以中原城市群为研究对象，分析了其经济重心与产业重心演变的特征(冯云延、张永芳，2018)。周涛则基于半变异函数模型，对长三角城市群界限实测，最后通过 ARCGIS 可视化了长三角城市群产业和空间之间的协调程度，并指出在区域空间一体化发展中柔化性、层次性、多样性和多核化得以体现才能解决城市群"空间—产业"错配而导致的区域发展不平衡等城市问题(周韬，2017)。

第二，城市发展规模边界无限扩大化问题。资本为了进一步获取作为生产资料的空间，常常会先打破因行政区划而造成的界限障碍，然后再给自己设立以不同资本属性为标准的空间界限，让原属于不同行政边界和不同资本划分的界限变得模糊(胡毅、张京祥、孙东琪、付清松，2015)。随着不断向外寻求生产资料的空间生产的推进，城市空间结构呈现出双核式、连片带状、多级触角式形态，在开拓新空间及其空间生产相对成熟的过程中，城市整体会呈现空间破碎、基础设施缺乏、空间尺度失调和城市精神丧失。

在破碎的城市空间中，城市中的"非正规空间生产行为"大量产生，小产权房、城中村、流动摊贩、“违建”商铺是其突出表现形式。薛德升、黄耿志等学者以广州下渡村为代表对城市中大量外来农民工聚集的非正式移民聚居区进行了分析(薛德升、黄耿志,2008)。张嘉欣以广州里仁洞为例探究了位于城市边缘区的混乱复杂聚居区的社会关系结构(张嘉欣等,2016)。叶丹等学者从表征的空间视角以宁波市孔浦街为代表对在城市空间不断扩张下的城市正规空间的飞地进行了分析(叶丹、张京祥,2015)。这些都是城市边界无限蔓延过程中在城市景观上的体现。

第三,城市承载力与发展速度不匹配问题。与城市边界无限化扩张相伴而生的,是城市的综合承载力与发展速度不匹配的问题。多数学者均认为城市的综合承载力既包括物质层面的自然环境承载力,同样也包括非物质层面的城市功能承载力(傅鸿源、胡焱,2009)。

在城市化快速推行过程中资源能源和生态环境作为空间中重要的生产资料被快速挖掘和开发,导致雾霾频现、水域污染等环境污染问题凸现,这就极大地降低了城市的自然环境承载力。存在着不能根据地区资源环境承载能力来确定区域范围内城市的数量、规模和空间集聚形态进行空间生产的问题(陈明星等,2019)。武廷海等学者也积极使用新马克思主义理论来寻求答案,他从空间的使用价值和交换价值、乡村关系与城市关系、空间与资本这三个角度分析了 1840 年至 2013 年间中国城镇化的历史发展脉络,从而指出在社会主义建设全局中面对生态承载力接近极限的问题时,不能在空间生产过程中各自为政,而应该寻求平衡互补(武廷海,2013)。王振坡等学者还构建了生态宜居小镇相关指标体系,为解决治理自然环境承载力与城市承载力不足的问题提供了解决思路(王振坡、张安琪、王丽艳,2019)。

郭文采用结构性问卷调查方法,以江南水乡为例对旅游空间生产过程中居民的体验感受进行研究,指出在旅游空间生产推进时居民会在社区的就业结构、整合程度、空间等方面出现“融入欠缺”(郭文、王丽、黄震方,2012b),王建新在以空间生产理论为指导探求如何构建江苏高铁交通圈达到“三苏同城”时,指出江苏在快速推进空间生产的过程中存在着“抛开苏北”的域内空间生产倾向,苏北并没有被合理辐射带动发展,在空间生产上面临着难以“共享”江苏经济发展的挑战。王德起以远郊工业区为研究对象,探究如何克服该类园区空间内部功能单一难以适应快速城镇化发展的需要而导致的生命周期逐步衰落的困境(王德起、钟顺昌,2016)。这些都分别是城市功能承载力中包容力、辐射力、带动力无法与空间生产的速度协调发展的具体突出表现。

第四,城市发展过程中的空间正义的问题。以卡斯特和哈维为代表的后现代取向研究者,在戈登首先提出的“空间正义”的基础上,对正义的空间性与空间性的正义展开探讨。空间正义从概念层次上升至理论层次并走向现实,对世界的政治实践产生了巨大影响。“空间正义”在对西方资本主义城市空间非正义问题的讨论中发展起来，成为解释城市及其他相关议题的独特视角且富有解释力，同样受到国内学者的关注和运用。

曹现强等学者对空间正义的具体内涵进行了探讨，认为“空间正义”包括社会价值资源要实现在空间的合理分配、空间政治组织要将对弱势群体的剥削降到最多等七个方面的具体内涵，并且提出在面对城乡关系问题、实现可持续发展的城市建设、解决城市贫困、社会排斥和城市治理等问题是可以从“空间正义”的价值和原则中思考，获取现实意义（曹现强、张福磊，2011）。任平认为在政府责任、政策引导和生产力的发展与解放这三方面贯彻“空间正义”的原则，中国就可以构建起符合人民需求的和谐可持续发展的城市（任平，2006）。

宋伟轩、朱喜钢等学者以南京的滨水空间为例，对城市公共空间、稀缺资源在城市空间生产中出现了不断被私有化而导致经济效益、社会公平和空间正义三者难以平衡共赢的问题进行了探讨，他们以玄武湖、秦淮河、月牙湖和百家湖为代表实证了公共空间保存度逐一递减的四种程度的空间现状，并结合美国芝加哥、密尔沃基、查尔斯顿等地滨水空间生产所提供的经验与启示，提出在进行滨水空间生产过程中建立城市规划“白线”制度、树立奖惩措施、开展专项规划与研究、培养市民参与和监督热情才能使城市空间生产中经济效益与社会效益相统一，实现城市空间资源配置的公平与正义（宋伟轩、朱喜钢、吴启焰，2009）。还有对居民心理（张文彬、华崇言、张跃胜，2018）、新生代农民工的身份认同（淦未宇，2018）以及城市企业工作者知识共享（杜鹏程、韦祎，2018）等问题进行微观的城市空间正义的研究。

四、研究述评

目前国内外对城市空间生产、空间布局研究、空间发展规划、空间系统发展等相关问题开展了大量研究并取得了多方面研究成果，为开展城市空间生产研究奠定了一定的理论基础。但是，从国内外现有的研究成果来看，关于中国城市空间生产的理论和实践，特别是构建中国城市空间生产的理论体系研究的成果还不是很多，对城市空间生产理论分析问题并指导实践的研究成果不多且分散。

从“中国城市空间生产”理论研究来看，国外对城市空间生产关系、历史—地理唯物主义城市空间理论的研究较为丰富，原创性强。国内大多引进国外理论进行分析，以介绍、评述性成果为主，并以此理论为指导，进一步分析了中国城市空间生产的问题和对策，国内关于空间生产的研究大多以西方经济学相关理论为基础，对于中国城市空间生产的实践进行了研究和探索，但是目前的研究大多是对城市发展规律、空间结构形态、城镇化进程进行研究，缺少基于马克思主义思想与中国特色社会主义理论体系下的城市空间生产的研究，对中国具体场景下应用的经验总结和城市空间生产关系理论中国化的尝试不足，缺少原创性的新理论，更缺乏系统的具有社会主义的城市空间生产的理论体系指导。

从研究范式来看，目前关于城市空间生产的研究还没有符合中国实际的体系化的分析框架。关于中国城市空间生产理论的研究，应该以中国城市空间生产的内涵、特征、维度和划分依据等角度来分析和阐释中国城市空间城市的理论内涵。因此，应该构建一套以中国城市空间生产问题为导向的、以中国城市空间生产独特性为核心的、以解决中国城市空间生产问题为目标的理论体系，并以此为范式开展相关研究。

从研究方法来看，目前关于中国城市空间生产的研究中还没有使用理论模型构建和实证模型测算的方法来研究城市空间生产问题的，相关研究还缺乏立足中国国情实际、符合中国特色特征的空间生产实践理论构建和实践检验。理论模型构建是中国城市空间生产理论的核心方法，指导中国城市空间生产实践或分析中国城市空间生产问题，而实证模型测算是为了对理论模型进行科学性分析和实用性检验，并进一步证实理论的可行性和准确度。因此，需要通过使用理论模型构建和实证模型测算的方法来对中国城市空间生产问题进行研究。

从价值判断来看，目前已有研究对中国城市空间生产的问题进行了分析，批判了中国城市空间生产过度追求快速发展，以资本逻辑为导向等价值导向，并尝试对中国城市空间生产的路径进行探索和建议。但是问题和路径之间缺乏统一的价值体系和相对应的逻辑体系对其进行问题分析和发展指导，因此，应该通过“理论批判”和“价值回归”的方法对中国城市空间生产中的问题进行理论批判，并相应地从“价值回归”的角度明确发展方向和价值导向，以此来完成整体的中国城市空间生产价值判断。

从政策建议来看，当前已有研究对中国城市空间生产的发展提供了建议和对策，但是政策建议往往与中国城市空间生产问题、特征、维度等是相剥离的，比较片面的。缺乏一套既兼顾中国城市空间生产问题和独特特征，又具有中国社会主义发展价值维度的全面的政策方案。因此，需要构建一套前后呼应、逻辑统一、针对性强的政策方案，立足中国城市空间生产个性特征，围绕中国城市空间生产问题，发挥中国城市空间生产价值，从而可以更好地推动中国城市空间生产向前发展。

因此，研究的理论基础是马克思主义思想与中国特色社会主义理论体系的结合，并进一步结合了新马克思主义、西方经济学等相关理论，能独立运用于中国特色社会主义市场经济体制下的城市发展实际情况，建立形成理论与实践相统一的中国特色社会主义城市空间生产的理论体系化研究，构建“人民逻辑＋资本逻辑”、“使用价值＋交换价值”、“政府主导＋市场手段”、“公有经济＋私有经济”相统一的城市空间生产。

参考文献

[1]曹现强、张福磊，2011，空间正义：形成、内涵及意义，《城市发展研究》，第4期，第125—129页。

[2]陈明星、叶超、陆大道、隋昱文、郭莎莎，2019，中国特色新型城镇化理论内涵的认知与建构，《地理学报》，第4期，第633—647页。

[3]陈悦、陈超美、刘则渊，2015，CiteSpace知识图谱的方法论功能，《科学学研究》，第2期，第242—253页。

[4]杜鹏程、韦祎，2018，基于社会交互作用的冲突管理方式与离职意向——知识共享的中介效应，《管理学刊》，第2期，第50—62页。

[5]冯云廷、张永芳，2018，中原城市群经济重心与产业重心演变特征分析，《管理学刊》，第6期，第10—20页。

[6]傅鸿源、胡焱，2009，城市综合承载力研究综述，《城市问题》，第5期，第27—31页。

[7]淦未宇，2018，身份认同、情感承诺与新生代农民工离职意愿——基于组织支持视角的实证研究，《管理学刊》，第2期，第36—49页。

[8]郭文、黄震方，2013，基于场域理论的文化遗产旅游地多维空间生产研究——以江南水乡周庄古镇为例，《人文地理》，第2期，第117—124页。

[9]郭文、王丽、黄震方，2012a、b，旅游空间生产及社区居民体验研究——江南水乡周庄古镇案例，《旅游学刊》，第4期，第28—38页。

[10]胡毅、张京祥、孙东琪、付清松，2014，资本的空间不平衡发展：城中村的空间生产，《城市发展研究》，第5期，第38—44页。

[11]刘云刚、王丰龙，2011a，城乡结合部的空间生产与黑色集群——广州m垃圾猪场的案例研究，《地理科学》，第5期，第54—60页。

[12]刘云刚、王丰龙，2011b，尺度的人文地理内涵与尺度政治——基于20世纪80年代以来英语圈人文地理学的尺度研究，《人文地理》，第3期，第7—12页。

[13]陆扬，2005，析索亚“第三空间”理论，《天津社会科学》，第2期，第32—37页。

[14]任平，2006，空间的正义——当代中国可持续城市化的基本走向，《城市发展研究》，第5期，第7—10页。

[15]宋伟轩、朱喜钢、吴启焰，2009，城市滨水空间生产的效益与公平——以南京为例，《国际城市规划》，第6期，第66—71页。

[16]孙东琪、陆大道、张京祥、胡毅、陈浩，2017，主体间战略互动视角下的区域空间生产解析——基于环上海与环北京地区的比较研究，《地理科学》，第7期，第4—12页。

[17]孙全胜，2014，城市空间生产：性质、逻辑和意义，《城市发展研究》，第5期，第39—48页。

[18]汪民安，2006，空间生产的政治经济学，《国外理论动态》，第1期，第48—54页。

[19]王德起、钟顺昌，2016，城市发展新空间及其现实驱动：观察远郊工业区，《改革》，第9期，第33—47页。

[20]王丰龙、刘云刚，2011a、b，空间的生产研究综述与展望，《人文地理》，第13—19页。

[21]王雨辰、高晓溪，2016，空间批判与国外马克思主义解放政治的逻辑，《哲学研究》，第11期，第11—17页。

[22]王振坡、张安琪、王丽艳，2019，生态宜居特色小镇：概念、内涵与评价体系，《管理学刊》，第2期，第45—53页。

[23]吴廷烨、刘云刚、王丰龙，2013，城乡结合部流动人口聚居区的空间生产——以广州市瑞宝村为例，《人文地理》，第6期，第86—91页。

[24]武廷海，2013，建立新型城乡关系，走新型城镇化道路——新马克思主义视野中的中国城镇化，《城市规划》，第11期，第10—20页。

[25]薛德升、黄耿志，2008，管制之外的"管制"：城中村非正规部门的空间集聚与生存状态——以广州市下渡村为例，《地理研究》，第6期，第168—176页。

[26]叶超、柴彦威、张小林，2011 a、b，"空间的生产"理论、研究进展及其对中国城市研究的启示，《经济地理》，第3期，第59—63页。

[27]叶丹、张京祥，2015，日常生活实践视角下的非正规空间生产研究——以宁波市孔浦街区为例，《人文地理》，第5期，第63—70页。

[28]元晋秋，2016，《资本论》与中国化马克思主义政治经济学的生成逻辑，《学术论坛》，第10期，第7—12页。

[29]张鸿雁，2007，"大上海国际化都市圈"的整合与建构——中国长三角城市群差序化格局创新研究，《社会科学》，第5期，第5—14页。

[30]张嘉欣、千庆兰、陈颖彪、姜炎峰，2016，空间生产视角下广州里仁洞"淘宝村"的空间变迁，《经济地理》，第1期，第122—128页。

[31]张京祥、胡毅、孙东琪，2014，空间生产视角下的城中村物质空间与社会变迁——南京市江东村的实证研究，《人文地理》，第2期，第1—6页。

[32]张京祥、殷洁、罗震东，2007，地域大事件营销效应的城市增长机器分析——以南京奥体新城为例，《经济地理》，第3期，第452—457页。

[33]张文彬、华崇言、张跃胜，2018，生态补偿、居民心理与生态保护——基于秦巴生态功能区调研数据研究，《管理学刊》，第2期，第24—35页。

[34]周韬，2017，空间异质性、城市群分工与区域经济一体化——来自长三角城市群的证据，《城市发展研究》，第9期，第63—69页。

[35]庄友刚，2010，空间生产与资本逻辑，《学习与探索》，第1期，第14—18页。

[36]庄友刚，2011，西方空间生产理论研究的逻辑、问题与趋势，《马克思主义与现实》，第6期，第122—128页。

Research Status of Urban Space Production in China
—Based on Bibliometric Analysis

Zeng Peng Hou Lanfen

Abstract This article is based on the Chinese Social Science Citation Index Database. It conducts co-citation analysis and keyword co-occurrence analysis of China's urban space production research. It uses the information visualization software CiteSpace to draw a knowledge network map. It sorts out the knowledge base of the related research and the four main Problem domain. Finally, it reviews the research status of China's urban space production from four aspects: research paradigm, research methods, value judgments and policy recommendations. It is believed that it is necessary to actively combine the theory of urban space production with the theoretical system of socialism with Chinese characteristics, and build "people based on China's national conditions", "Logic＋capital logic", "use value＋exchange value", "government-led＋market means", "public economy＋private economy" are the theoretical systems of socialist urban space production with national characteristics.

Key words Urban Space Production China's Problem Domain Bibliometric Analysis

海派经济学
第 18 卷第 2 期,2020　Journal of Economics of Shanghai School　No. 18,2,2020

乡村振兴视角下的脱贫攻坚战略选择

戴媛媛

内容提要　全面建成小康社会,最短的短板在农村,最艰巨的任务是脱贫。精准扶贫是乡村振兴的前提,而乡村振兴将为扶贫、脱贫提供持续动力。农业农村优先发展的“乡村振兴”战略是党中央在新形势下基于城乡关系演变提出的农村发展战略。它的核心是城乡融合,这一战略统领下的扶贫脱贫工作,不能仅以收入增长为核心目标,还需建立与新时期农村农业发展相适应的多元目标体系,从而为包括贫困地区在内的广大农民实现现代化提供战略保障。2020 年是脱贫攻坚与乡村振兴的交汇期,在新型城乡关系下,形成二者相互支撑、协调推进的良性互动格局,有助于巩固脱贫成果、防止返贫,实现与农业农村现代化的有效衔接。

关键词　乡村振兴　城乡融合　脱贫攻坚

中图分类号　F32

经济增长过程中面临的贫困问题是世界各国的共同挑战。中国以政府为主导的有组织、有计划的开发式扶贫成绩斐然,按照世界银行的标准,新中国成立至今超过 7 亿人口摆脱了贫困。进入 21 世纪以来,中国实现了由“扶贫”向“脱贫”的转变,并成为首个实现联合国千年计划目标的国家,贫困发生率从 1978 年的 30.7%下降至 2019 年的 0.6%。自党的十八大以来,“扶贫”成为政府工作的关键词;习近平总书记在 2015 年的国家扶贫日大会上提出了“2020 年全面建成小康社会”的扶贫总目标:7 017 万人全部脱贫,592 个贫困县全部摘帽,同时解决区域性贫困问题。通过精准扶贫、精准脱贫等一系列“组合拳”,我国扶贫工作取得了重大进展,国务院扶贫办的数据显示,自 1986 年我国确定贫困县以来,2017 年贫困县数量实现历史上首次减少;截至 2019 年底,8 062 万人口脱离贫困线,平均每年减贫人数在 1 100 万人以上。联合国称中国扶贫成就为世界贡献了宝贵经验,为全球贫困人口减少做出了卓越的贡献。当前,在结构调整的新常态下,扶贫攻坚面临新的宏观环境和挑战。从人口分布看,现有贫困群体大多处于自然环境艰苦、经济基础薄弱、贫困程

收稿日期:2020—03—28

作者简介:戴媛媛,上海财经大学马克思主义学院助理研究员,主要研究方向为城镇化、农村发展与贫困问题。

度较深的地区；群体特征上，主要是病残人士、孤寡老人等“无业可扶、无力脱贫”的贫困人口，是越来越难啃的“硬骨头”。

我国的城乡二元分割在新中国成立前就已存在，因此对于城乡关系的判断和调整是始终伴随中国发展进程的重大战略决策问题。党的十九大报告提出了实施乡村振兴战略，强调在今后一个时期将实现“农业农村优先发展”，并首次将农村发展战略写入党章，史无前例地在城乡关系中将农村农业放在优先地位，这意味着我国“三农”工作进入新时代。从新中国成立初期通过“工农业剪刀差”为工业化提供资金来源，到改革开放以后“积极稳妥的城镇化战略”，再到“城乡统筹”和“城乡发展一体化”，标志着党中央在不同发展阶段对于城乡关系判断的重大转折变。此次提出“城乡融合背景下的乡村振兴战略”，是党中央从新的世情、国情、农情出发，在决胜全面小康社会的重要时间节点上提出的重大命题。

2020 年是精准扶贫攻坚战收官之年，也是全面建成小康社会的实现之年。新年伊始，中央 1 号文件再次聚焦“三农”问题，指出今年既是脱贫攻坚战的冲刺时期，也是乡村振兴战略实施的关键期。2017 年底召开的中央农村工作会议指出，走中国特色社会主义乡村振兴道路，必须打好精准脱贫攻坚战，走中国特色减贫之路。在新型城乡关系下，通过农业农村优先发展助力脱贫攻坚，实现脱贫后不返贫，形成乡村振兴与扶贫脱贫战略的相互支撑、协调推进的良性互动格局，并建立符合社会主义初级阶段国情、世情、农情的扶贫战略体系，对全面建成小康社会、实现两个百年目标具有重要意义。

一、乡村振兴战略：打破“工业化—乡村空心化”的发展悖论

从发达国家经济增长和产业升级的轨迹来看，在由农业社会向工业社会转型的过程中，不同程度的农村社会衰落是普遍现象。这是由于在市场经济条件下，城镇化、工业化的推进往往伴随着生产要素（土地、劳动力等）特别是优质生产要素向城市和非农产业的转移，造成乡村社会衰落、农业劳动力短缺。因此，较高的城镇化、现代化水平往往带来乡村的“空心化”是多数发达国家现代化进程中的普遍特征。按照国内外学者对于中国城镇化率的相关测算，到 21 世纪中叶，我国城镇化率将达到 70%左右，按照这一增长轨迹，乡村能否发展和振兴决定着未来 4.5 亿农民的生活是否美好。因此“小康不小康，关键看老乡”，衰败的农村不可能支撑起繁荣的城镇，城市和乡村也是“命运共同体”（韩俊，2017）。乡村振兴战略是党中央从党和国家全局出发、着眼于实现“两个一百年”奋斗目标、顺应广大农民对美好生活的向往而做出的重大决策，是中国以城乡融合、城乡一体为目标的乡村发展道路探索。

党的十九大报告指出，我国社会主要矛盾已经转化为人民日益增长的美

好生活的需要和不平衡、不充分的发展之间的矛盾。“最大的不平衡，是城乡发展的不平衡；最大的不充分，是农村农业发展的不充分。”①改革开放的四十年，也是我国城镇化快速发展的四十年，城市边界的扩张、非农劳动力的增长首先表现为农村土地、劳动力等生产要素的非农化，这种单向的要素流动加剧了农村农业内部的“空心化”。党的十九大报告将乡村振兴战略作为决胜全面小康的七大战略之一，提出农业农村发展的三个优先——要素配置上优先满足、资源条件上优先保障、公共服务上优先安排②，意在通过夯实农村产业基础、补齐公共服务短板、提升基层治理水平，打破城乡发展的悖论和铁律，构建融合发展的中国特色城乡关系格局。这是继“工业反哺农业、城市支持乡村”之后，中央层面通过宏观手段调整资源分配格局，引导和推动各类要素向农村集聚，统筹推进农村经济社会发展的重大战略决策。

我国的改革开放发轫于农村，40年来农村经济社会发展取得了巨大成果，但部分地区和群体由于种种原因未能融入现代化进程，贫困地区经济社会发展滞后及其群体的贫困是发展不平衡和不充分的最典型表现。随着贫困群体特征和乡村发展目标的变化，扶贫脱贫战略也需要进行相应的调整。当前扶贫脱贫进入了巩固温饱成果、缩小收入差距、提升内生动力、改善生态环境、加快实现共同富裕的新阶段，即由以短期收入增长为目标的开发式扶贫，转向以长期可持续的能力发展与社会支持为核心的多元扶贫，这一转变迫切要求我国通过提供制度支撑和社会力量支持，构建内嵌于乡村振兴战略的扶贫战略体系。因此，乡村振兴战略不仅是解决“三农”领域发展不平衡、不充分问题的思想武器和行动指南，也是精准扶贫逻辑的必然深入和有效展开。

二、精准脱贫：共享经济社会发展成果

新中国成立以来，我国的贫困特征历经了普遍型贫困到地区型贫困再到个体型贫困的阶段性演变，扶贫战略的目标也随之作出了从区域性整体扶贫到村级扶贫再到精准扶贫的调整。改革开放初期，在扶贫政策有效实施的同时，体制改革所释放的制度红利也带来了显著的贫困缓解效应。以家庭联产承包责任制为标志的农村土地制度改革，使得农村人口摆脱了生存的压力，大幅度减少了中国的普遍式贫困，农村贫困人口从1978年的2.5亿人减少到1985年的1.25亿人。按照世界银行的贫困标准，这一时期的贫困发生率从33.1%降至11.9%，贫困人口由2.6亿减至9 600万(国务院扶贫开发领导小组办公室，2010：21)。随着改革开放的深化和城镇非农产业的发展，乡镇企业

① 韩长赋，乡村振兴 决胜全面小康的重大部署，《人民日报》，2017年11月6日。

② 韩长赋，大力实施乡村振兴战略，《人民日报》，2017年12月11日。

的兴起为农村剩余劳动力提供了大量就地就业机会;20世纪80年代后期开始形成进城就业的“民工潮”,非农就业收入开始成为农村家庭收入增长的主要构成部分。从土地上解放出来的剩余劳动力成为我国在全球化分工体系中的比较优势,农业人口的跨区域流动支撑了劳动密集型产业的兴起和发展。在“送出一人,全家脱贫”的示范效应下,贫困人口、贫困家庭大规模脱贫,促进了我国贫困率的进一步下降。2019年,农村居民人均工资性收入6 583元,占人均可支配收入的41%(国家统计局,2020)。① 贫困人口一旦进入非农行业就业,“干中学”的人力资本积累效应往往使其自身具备持续增收、稳定脱贫的能力。

在改革开放的制度红利下未能趁势脱贫的群体,往往是在人口素质、地理环境等客观条件限制下未能寻找到非农就业机会的弱势群体,没有政府的扶持、帮助难以依靠自身力量脱贫。目前,我国农村仍有约4 000万贫困人口,且大部分集中在深度贫困地区。全面建成小康社会、脱贫攻坚的任务愈加艰巨。因此,从整体性、区域性扶贫转向精准扶贫,既是由新时代的经济社会发展特征所决定的,也是实现两个百年目标、全面建成小康社会的现实要求——让贫困人口分享改革发展的成果,增加他们的获得感。充分发挥中国特色社会主义的制度优势和政治优势,实现脱贫后不返贫,是巩固和发展社会主义制度基础的必然选择。

首先,精准扶贫体现了社会主义的本质要求和共产党人的初心。1992年邓小平提出了著名的社会主义本质论,即解放生产力,发展生产力,消灭剥削,消除两极分化,最终实现共同富裕,它深刻揭示了社会主义既要解放生产力又要实现共同富裕的本质要求。改革开放以来,我国以经济建设为中心,引入社会主义市场机制,社会生产力显著提高,一举解决了困扰多年的短缺经济问题,为党和国家事业的发展打下了坚实的基础。但毋庸讳言,由于市场机制的作用和现代化发展进程的内在规律,城乡关系不可避免地开始失衡,“三农”问题凸显,农村在为城市经济发展做出巨大贡献的同时也陷入相对凋敝的局面。如何解决“三农”问题、平衡城乡关系,让农民与城市居民共享改革发展成果,尤其是消除农村的绝对贫困现象,成为我党无可回避的历史课题,也是检验我党本质属性的重要指标。只有不忘初心、牢记使命,以全体人民的共同富裕作为奋斗目标,我党才能无愧于共产党人的称号。

其次,精准扶贫体现了中国共产党以人民为中心的执政理念。改革开放以来,随着我国经济的迅速发展,大量贫困人口实现脱贫,我国的减贫成就得到全世界的高度评价。党的十八大以来,我国进入了扶贫脱贫的冲刺阶段,攻

① 《2019年居民收入和消费支出情况》,http://www.stats.gov.cn/tjsj/zxfb/202001/t20200117_1723396.html,2020年1月17日。

克的对象都是深度贫困地区。因此,今天的精准扶贫尤其强调扶贫要与“扶志”和“扶智”相结合,不但要解决物质贫困问题,更要解决思想贫困问题。精准扶贫不单单强调授人以鱼,给资金、项目和政策,更强调要授人以渔,激发贫困户的内在动力和挖掘贫困户的自身潜力。这实际上是我党促进人的全面发展的思想在精准扶贫领域的体现。同时,乡村振兴战略首次提出了农业农村的现代化,体现了我党对解决“三农”问题的新思路,即要真正解决“三农”问题,必须要全面推进农村的现代化。这不仅包括农业领域即农村经济方面的现代化,更强调生态领域、文化领域、社会领域、政治领域的全面现代化,从而为精准扶贫提供一系列配套条件和支撑因素,如生态环境保障、教育医疗保障、带头人队伍建设和治理能力建设等,形成一种良性扶贫生态效应,才能实现一种高质量的、可持续的精准扶贫,一种真正以人民为中心的、经得起历史和人民检验的精准扶贫。

再次,精准扶贫是实现两个百年目标的必然要求、是符合我国国情的必然选择。党对实现现代化早已作出战略安排,党的十九大对此又进一步细化,提出到建党一百周年时全面建成小康社会,到新中国成立一百周年时建成富强民主文明和谐美丽的社会主义现代化强国。精准扶贫就是第一个百年目标需要完成的历史任务。从当前的形势来看,农村贫困人口数已降至551万人,从数量上来看,完成全部脱贫的任务难度不大,关键是保障脱贫的质量。这就要求与第二个百年目标联系起来。到2020年完成脱贫任务之后,必然还有一个巩固提高的过程,确保精准脱贫的贫困户不返贫、不倒退、不松劲,这就需要靠乡村振兴政策从根本上予以保障。乡村振兴实际上就是具有中国特色的“三农”现代化,只有建立起城乡融合发展机制、确保2020年之后农村始终朝着现代化的方向不断迈进,才能真正确保精准脱贫的成果得以巩固。与此同时,农村也才能够为整个国家的现代化做出更大的贡献和有力的支撑。

中国特色精准扶贫道路有其历史必然性,同时在实践过程中又形成了鲜明特点:从组织特点来看,我国当前形成了政府、企业、社会组织等多元主体参与的大扶贫格局;从扶贫机制来看,构成政策扶贫、产业扶贫和社会扶贫的三位一体扶贫战略体系。当前,我国经济发展进入结构调整期,贫困人口由于外在机会和自身素质的缺陷,不但无法抓住结构调整的机遇,反而会因为产业、区域结构调整的冲击而引致就业机会的减少和收入的波动。经济结构的调整必然引起扶贫模式的转变,因地制宜找准发展方向,基于贫困地区、贫困人口的资源承载能力和人口素质水平选择战略方向,以乡村振兴战略统领精准扶贫。

三、城乡融合:新型城乡关系下的脱贫战略路径

早期研究认为,经济增长对减少贫困有正向作用,甚至是决定性的作用;

随着对贫困问题的深入探索，许多研究发现经济增长引起的收入差距扩大对贫困减少有阻碍作用。基于这些理论成果，我国确立了反贫困的政策目标和途径，即构建以社会各阶层合理分享发展成果为目标的、公平的经济增长机制，以进一步推动贫困减少。乡村振兴是新时代“三农”建设的行动指南，最终目标是城乡融合发展，即城乡一体化。一般来说，城乡在产业效率、居民收入和基本公共服务三个方面达到相对均衡的格局，就意味着城乡实现了一体化。因此，乡村振兴背景下的精准扶贫战略调整的目标，是最终建立“城乡一体”的体制机制及政策体系。

(一)我国农村贫困的类型

党和政府长期以来高度重视扶贫制度的调整，适时转化扶贫脱贫的动力，特别是改革开放以来，对扶贫战略、政策体系和施行模式进行不断创新。我国的扶贫战略是建立在政策性转移支付模式下的行政主导式扶贫战略，这是我国政治优势和制度优势的集中体现。脱贫攻坚阶段，要在精准识别、建档立卡、明确靶向等一系列扶贫措施的基础上，进一步细化致贫原因，根据地区间差异，针对贫困群体异质性特征来统筹规划、分类推进，构建稳定脱贫的帮扶体系。

根据笔者的调研和观察，从致贫原因来看，我国现阶段的贫困类型可分为“资源缺失型”、“机会缺失型”与“能力缺失型”。

资源缺失型贫困。马克思认为自然资源是社会生产的基本要素，是物质财富的第一源泉，“只有一个人一开始就以所有者的身份来对待自然界这个一切劳动资料和劳动对象的第一源泉，把自然界当作属于他的东西来处置，他的劳动次成为使用价值的源泉，因而也成为财富的源泉”(马克思、恩格斯，1995：298)。因此，自然资源禀赋可看作地区经济发展的初始条件，是贫困地区社会发展、经济增长的重要保证。由于所在地区自然地理条件的限制或当地资源没有充分开发利用，人均占有生产要素资源禀赋极低而造成的收入低下及贫困，属于“资源缺失型贫困”。

机会缺失型贫困。目前我国农业部门生产率显著低于非农部门，现有人地比例使得人们难以单依靠农业收入实现生活富裕；同时，由于地理条件、与城镇通勤距离等限制，部分贫困群体在农闲时间难以获得非农劳动的就业机会。虽然具备基本劳动能力，但因从事农业和非农业的有效劳动时间皆不足，造成收入极低和生活困难的情况，属于“机会缺失型贫困”。

能力缺失型贫困。指因病、因残所导致的丧失基本劳动能力的贫困群体。近年来，部分机会缺失型贫困群众在政府的帮扶下逐步脱离贫困，在贫困人口中占比有所下降，相应地，因病致贫、因病返贫人口占比上升显著。根据国务院扶贫办公布的最新数据，我国建档立卡贫困户中，因病致贫、返贫的比例在40%以上，是返贫的首要因素。因此，能力缺失型的致贫群体是当前需要解决的重点问题，是“最难啃的硬骨头”。

（二）脱贫攻坚战略选择

经过多年的努力，中国的普遍贫困状态已经终结，目前处于地区贫困和个人贫困并存的阶段。中国的贫困问题既有深刻的历史原因，也有现实的复杂性。其中的最大特点就是地区间的不平衡性。由于市场机制的作用，资源自然会向条件最好的区域集中，因此中国的东部沿海地区是全国最发达的区域，西部地区、内陆边疆地区、农村地区、少数民族地区是欠发达区域，而这些区域叠加的地区就属于最难攻克的深度贫困地区。这些地区集中了区位条件差、自然环境险恶、历史欠账多、少数民族聚集等一系列不利的因素，由于长期的历史原因，贫困发生率较高，大多属于连片贫困，脱贫发展基础较差。2017年，我国有 5 个省区的贫困发生率在 10%以上，14 个连片贫困区占全国行政区划总面积的 42%，占全国总人口的 17.7%（国家统计局住户调查办公室，2019:52）。

如何在十八大以来取得的精准脱贫成就的基础上，有效激发内生动力，巩固脱贫成果、防止返贫，是关系到全面小康质量的重要现实问题。按现行标准脱贫的群体其生存发展的脆弱性如果未能改善，那么返贫的可能性也就未被阻断。因此，需要提升贫困群体的可持续发展能力以及融入现代社会的能力，构建救济式、开发式、城乡整体发展式三位一体的扶贫模式。同时，新形势下的精准脱贫不应孤立于乡村振兴进程之外，应在城乡融合发展的宏观格局下重新确立扶贫脱贫工作的定位，在新型城乡关系中确立扶贫制度创新的方向，从而使新的扶贫脱贫战略既服务于两个百年目标的实现，其内容和形式又符合国家宏观发展大局。

1. 保持城镇化引领作用，减少机会缺失型贫困

我国当前仍处在城镇化率快速增长的阶段，在城乡融合的新型城镇化理念的引领下，继续推动贫困地区农村人口、特别是“机会缺失型”贫困人口向相对发达地区转移，通过技能和收入的提升以及城乡一体机制的构建，促使一部分贫困人口转化为城镇人口，再通过城乡人口结构的变动进一步推动贫困减少。农村总人口数降低使得人均土地、资源占有量提高，从而增加农村人口的有效劳动时间，使得他们来自第一产业的收入随之提升。同时，引导部分农民工返乡创业，进一步打破城乡间要素流动的二元壁垒，为乡村第二、第三产业发展注入活力。

调研中发现，现存贫困群体劳动力素质与非农就业岗位需求普遍存在较大差距，大多只能从事技能要求较低的工作。政府试图通过转移就业来稳定脱贫，这就要求他们在开展相关技能培训时注意就业结构与产业结构的适应问题，宏观谋划，以达到人力资本与企业需求的精准对接。

2. 加强村集体经济组织建设

农村集体经济既是社会主义经济的重要组成部分，也是农村经济社会发展的重要基石。《中国农村扶贫开发纲要(2011—2020)》指出，要把扶贫开发与基层组织建设有机结合起来。集体经济组织是调整农业生产布局、提高资源配置效率、实现农民共同富裕以及提高基层治理能力的重要抓手，既是乡村发展的坚实基础，也是执政基础稳固之本。贫困村的集体经济普遍存在"空壳"化倾向，缺乏集体经济收入或收入较低，村民的民生需求无法满足，村组织和村庄公共事业无法靠少量财政转移支付或自筹资金来维持，因此难以发挥作为各级政府与贫困人口衔接的"纽带"作用。从地方实践来看，发展壮大集体经济组织是扶贫"造血"的有效途径，不能单一地瞄准贫困人口，而是要建立整个村庄稳定的自我发展长效机制，这样才能真正拔除穷根。

3. 构建以内生发展动力为核心的制度设计

目前的扶贫政策大多倚靠短时间内物质资本的投入来实现收入水平的提升，从而达到脱贫目标，但从长远来看，提升贫困群体的内生发展动力和能力才是根本之策。"扶贫脱贫，关键在人"，贫困群体既是扶贫脱贫政策的受益者，更是乡村振兴的主体。乡村振兴战略明确指出"农村一、二、三产业融合"的发展途径，就是要求在通过政府扶贫解决基本生活需求后，贫困村、贫困群体自身应获得发展的能力并持续走向富裕，通过新产业、新业态的发展，提升农业附加值，拓宽农民增收渠道。因此，精准扶贫中"扶智"居首位，要进一步加强"科教扶贫"的力度，改善社会客观条件与提高个人能力，增强贫困户的就业生存能力。

要解决农村"空心"问题，必须通过"做实"产业。乡村振兴战略的核心内容是一、二、三产业融合发展，即寻找农村农业发展的内生动力。乡村振兴背景下的新型乡村产业形态，不是过去低水平的乡镇企业、"一村一品"等模式的重现，而是农业功能的多元化体现，将乡村产业兴旺与产业扶贫结合起来，发挥产业发展对减贫的积极作用。除了借助公共事业、就地设置工作岗位(如以工代赈)等方式，近年来各地结合区域特色、资源特点，借助国家的产业扶贫政策创造性地探索出多种产业扶贫模式，在产业中嵌入扶贫的内容，直接增加贫困群体的就业和收入机会(李培林等，2017:60)。除了光伏扶贫、扶贫车间、复耕扶贫等就地转移劳动力的形式之外，"互联网+"、乡村休闲旅游等发展迅猛，在新产业、新业态中不断创造就业机会。

4. 挖掘农村"开敞空间"价值，完善生态扶贫机制

国外学者提出开敞空间(open space)概念用以包含土地利用中所涵盖的所有社会价值空间，并指出开敞空间为社会提供了无法用价格计量的公共产品，但土地持有者承担了土地使用和维护开敞空间的所有成本，社会公众几乎坐享其成，造成土地持有者对土地收益不公平的分享。从国际经验来看，城市化率超过50%之后，资本、技术等要素开始向农业部门流动，即出现"逆城市

化”现象，也就是农村“开敞空间”价值开始显现的阶段。2011年，我国城市化率首次超过50%，挖掘农村农业多元功能可谓顺势而为，人们开始产生对乡村生态文明和文化价值的追求，生态宜居也是乡村振兴战略的总要求之一。在生态扶贫的实践中，将生态补偿作为扶贫的途径，只有坚定“绿水青山就是金山银山”的发展理念，才能达成“美丽乡村”的建设目标。2018年，国家六部委联合颁发了《生态扶贫工作方案》，在具有生态保护功能的贫困地区，设立自然环境保护相关的就业岗位，以生态补偿的形式支付其工资，估计将带动1 500万贫困人口增收。

5. 推进乡村治理的现代化

在精准扶贫的基层实践中，要求在现有乡村治理架构的基础上，嵌入驻村第一书记和扶贫工作队，这有助于在短时间内大幅提升贫困村的基层治理能力和管理水平，促进基层干部作风的转变，夯实农村社会的政治基础。乡村作为社会最基本的治理单元，基层社会的稳定是其可持续发展的基础，在贫困地区建立自治、法治、德治相结合的乡村治理体系，是中国特色社会主义乡村治理道路的基本要求。

农村市场化程度的提高，带来传统社会秩序的瓦解，维持乡村社会秩序的“熟人社会”约束力式微。相关统计显示，农村内部收入差距不断扩大，农民群体分化加剧，这样的背景下贫困户更易产生不公平感甚至被剥夺感，农民利益诉求和表达方式的多元化，对治理形式提出了更高的要求。党的十九大报告首次提出要“培养造就一支懂农业、爱农村、爱农民”的“三农”工作队伍，为实现乡村治理的现代化提供组织保障。针对贫困人口的物质扶贫，以直接送钱送物为主要手段，容易造成“干部干、群众看、养懒汉”的局面；要走出“人穷志短”的境地，就要在解决物质贫困的同时，注重精神贫困问题，建设农村文化，重建乡村文明。乡村振兴战略下的精准扶贫，给贫困群体带来的不仅仅是资本、信息、产业发展和生活水平的提升，更重要的是对乡村文化的重塑和村民精神面貌的改变，使现代乡村文明成为农民的主流意识，实现精神脱贫、走向富裕。

6. 构建城乡一体的扶贫机制

城乡分割的二元扶贫治理模式不适用于以人口高流动性为主要特征的城乡关系转型期，因此我们要推进乡村基础设施建设和基本公共服务体系构建，促进城乡居民共享发展成果。当前，城乡之间最大的差距仍然体现在基础设施和公共服务上。对于确无劳动能力和产业扶贫自我生存能力的贫困群体，在制度设计和政策支撑上精准供给，建立符合群体特征和需求的低保政策；通过医疗救助和广泛的社会关爱体系，重点解决病残人口的医疗支出问题。农业农村的优先发展首先体现在公共资源的优先配置上，乡村振兴战略的实施将把公共资源配置的重点引向农村，逐步建立健全全民覆盖、普惠共享、城乡一体的基本公共服务体系，有力助推减贫脱贫，加快补齐全面建成小康社会的“短板”。

目前我国正处于脱贫攻坚的冲刺阶段，也是走向乡村振兴和全面现代化的转型阶段。“小康不小康，关键看老乡”，能否在党的十八大以来取得的精准脱贫决定性成就的基础上，有效激发内生动力，巩固脱贫成果防止返贫，是关系到乡村振兴能否如期推进和全面小康质量的重要现实问题。2020年实现全面脱贫后，只有实现了贫困群体由“帮扶对象”向“致富主体”的良性转变，才能摆脱其“脆弱性”，真正取得脱贫攻坚战的彻底胜利。实现全面脱贫后，由外部投入为主的扶持体系，要转向以内生动力与发展能力为核心、多元制度支持与环境创设为导向的政策体系，乡村振兴作为这一转向的有力抓手，必将为农业农村的现代化提供科学指引和持续动力。

参考文献

[1]国务院扶贫开发领导小组办公室，2010，《中国扶贫开发年鉴(2010)》，北京：中国财政经济出版社。

[2]国家统计局住户调查办公室，2019，《中国农村贫困监测报告2019》，北京：中国统计出版社。

[3]韩俊，2017，中央农村共组领导小组办公室主任韩俊解读“实施乡村振兴战略”，《农村经济管理》，第11期，第7—8页。

[4]李培林、魏后凯、吴国宝，2017，《中国扶贫开发报告(2017)》，北京：社会科学文献出版社。

[5]马克思、恩格斯，1995，《马克思恩格斯全集》(第3卷)，北京：人民出版社。

The Strategic Choice of Poverty Alleviation from the Perspective of Rural Revitalization

Dai Yuanyuan

Abstract To complete the building of a moderately prosperous society in all respects, the shortest short board is in the countryside, and the most arduous task is to get rid of poverty. Targeted poverty alleviation is the premise of rural revitalization, which will provide sustained impetus for poverty alleviation. The strategy of “Rural Revitalization” of agricultural and rural priority development is a rural development strategy put forward by the CPC central committee based on the evolution of urban-rural relationship in the new situation. The core of the Rural Revitalization Strategy is the integration of urban and rural areas. The poverty alleviation work under the guidance of this strategy can not only take the income growth as the core goal, but also need to establish a multi-objective system suitable for the development of rural agriculture in the new era, so as to provide strategic guarantee for the majority of peasant including the poor areas to realize modernization. 2020 is the intersection period of poverty alleviation and Rural Revitalization. Under the new relationship between urban and rural areas, a benign interactive pattern of mutual support and coordinated promotion will be formed, which will help consolidate the achievements of poverty alleviation, prevent poverty return and realize effective connection with agricultural and rural modernization.

Key words Rural Revitalization Urban-rural Integration Poverty Alleviation

人类命运共同体思想价值认同的建构

李秀敏　陈梦瑶

内容提要　"人类命运共同体"是当代中国马克思主义的最新成果。人类命运共同体思想的价值认同是世界各国对人类命运共同体思想内涵、理念等方面的承认或认可。在当今复杂多变的国际环境下,人类命运共同体思想价值认同的建构,要以现实的历史条件为价值认同的起点,以人类命运共同体的内涵为价值认同的基础,以共赢共享为理念,不断创设价值认同的新途径,形成三位一体的价值体系。这一价值体系将为实现世界和平发展、实施全球治理方案、建构人类命运共同体提供强大的思想武器和价值引领。

关键词　人类命运共同体　价值认同　共赢共享

中图分类号　F0—0

价值认同主要是指个体或共同体通过相互交往在观念上对某一(某类)价值的认可或者价值主体不断改变自身观念以适应某一(某类)价值观念,它是价值主体对认可的价值观念所采取的自觉接受、自愿遵循的态度和行为(方旭光,2014)。人类命运共同体思想的价值认同是指世界各国基于对人类命运共同体思想的内涵、理念的理解,在多元语境中通过对话、交往、比较、审视和明辨,使世界各国按照自主选择、自觉接受的原则对其价值观念或价值结构进行重新定位和调整。人类命运共同体这一思想是否能得到世界各国的价值认同,直接关系到这样的共同体是否能够建立起来。因此,在复杂多变的国际环境下,建构人类命运共同体思想的价值认同机理就显得特别必要。

一、人类命运共同体思想价值认同的起点

价值认同作为一种社会现象,自人类社会产生以来就一直存在着。价值

收稿日期:2020—03—18

作者简介:李秀敏,上海对外经贸大学马克思主义学院副教授,主要研究方向为马克思主义理论与实践;陈梦瑶,上海对外经贸大学马克思主义学院硕士研究生,主要研究方向为马克思主义理论与实践。

基金项目:本文系国家社会科学基金项目"习近平关于人类命运共同体重要论述的逻辑体系及其时代价值研究"(19BKS156)、上海对外经贸大学项目"习近平新时代中国特色社会思想铸魂育人的创新机制研究"(2019YB01)的阶段性研究成果。

认同的范围，随着价值主体追求价值观念所属群体的不同而不同，小到两个人之间的认同，大到一个组织、一个国家甚至是整个世界对某一或某类价值观念的认同。“人类命运共同体意识”一词在我国党的十八大报告中最早提出，“倡导人类命运共同体意识，在追求本国利益时兼顾他国合理关切，在谋求本国发展中促进各国共同发展，建立更加平等均衡的新型全球发展伙伴关系，同舟共济，权责共担，增进人类共同利益。”①这一价值观念对如何处理好本国和他国间的关系，建立什么样的全球伙伴关系，世界各国如何享有权利和承担责任共同增进人类共同利益进行了阐述。现如今面临世界多极化、经济全球化、文化多样化、生态恶劣化的历史条件，每个国家不再孤立存在，各国间的联系越来越紧密，任何一个国家的变化都直接或间接地影响其他国家。即使这样，让世界各国都认同人类命运共同体价值观念还任重而道远，但现在已有越来越多的国家认同这一观念，认同的起点在于社会历史条件的发展及时空的变换倒逼世界各国认同“人类命运共同体”思想。概括地说，主要有以下几个方面：

(一)科学技术的发展

在 20 世纪中叶以前，科学技术是与生产领域中的发展“同步”发挥作用，科学家的活动按传统的观点仅仅被理解为单纯的科学研究或技术活动，科学是抽象的脑力劳动，不触动人们生命活动的基础，不能引起广大舆论的关注，被排除在社会生活之外，就如同在象牙塔里观看自然现象。但随着科学技术的发展，当代世界不得不以日益增长的速度适应科学技术的急剧发展，科学技术不仅改造生产方式，还改造了人们的生活方式和思维风格。广岛原子弹的爆炸，使抽象的原子物理学与人们的社会经济生活、政治关系联系在一起；内燃机的发明，彻底改变了人类的运输效率，使石油由预防屋顶漏水、润滑轴轮的功能转变为一种“液体的政治权利”；生物工程学、机器学习以及人工智能的出现，直接引发了对人自身尊严、健康及生态安全的伦理问题。科学作为一种力量，不仅对人的各项活动直接产生影响，而且也迅速变成了现代国家制定政策的重要因素，因此，国家在越来越大的规模上为科学研究提供经费，组织科学活动，制定科学工作规划。科学技术成了社会发挥功能的必要因素，人类生活的许多方面得以存在，很大程度上归于科学发明，科学技术的进步促进了人类社会的进步，但在某些方面也对整个人类社会造成了威胁。“人是科学、技术、文化和整个世界历史发展的主要‘力线’交叉的中心点，人的未来在很大程度上取决于这些因素的综合体，其中科学具有极其重要的功能”(弗罗洛夫，1989)。现代科学技术发展的主要标志之一——互联网的出现，不仅为信息、技术、资本的全球性流动提供了载体，也为传统行业提供了新的契机和动能。

① 胡锦涛，坚定不移沿着中国特色社会主义道路前进 为全面建成小康社会而奋斗，《人民日报》，2012 年 11 月 9 日。

移动互联网、大数据、物联网与现代制造业相结合,使电子商务、互联网消费、互联网金融迅速发展,给人们的生活方式带来了一场根本性的革命,“消除了信息、资本、货物、劳动力流动的空间障碍,使生产和设计指令能及时发送到全世界任何地方”(张佳,2014)。2019年的“双11”,全网24小时累计交易额高达2 684亿元人民币,这一日已成为全球最大的购物促销节日。这种牵一发而动全身的整体效应,将人类发展的进程调整到同一节奏上来,逐渐形成现代社会的普遍标准及与其相适应的发展共识和共同体意识。这种意识和共识的形成,就是人们对这一价值的认同。现如今科学技术正在以前所未见的速度和能量,助推人类结成一个命运共同体。

(二)全球性问题的凸显

20世纪中叶以来,由于激烈的市场竞争,不仅加速推进了资本主义在全球范围的扩张,而且使大规模的集中生产向世界各地分布,改变了资本的空间布局,同时随着信息技术和交通技术的改进,地球上的人类生活越来越紧密地联系在一起,全球化已成为现时代的基本特征。全球性的问题也随之凸显,它的最大表征是“让远距离的社会事件和社会关系与地方性场景交织在一起”(安东尼·吉登斯,1998)。使“过去那种地方的和民族的自给自足和闭关自守状态被各民族的各方面的相互往来和各方面的相互依赖所代替了……民族的片面性和局限性日益成为不可能”(马克思、恩格斯,2012a)。它打破了地域时空的界限,“以至于我们被迫、有时是用相当激进的方式来改变我们将世界呈现给自己的方式的各种过程。我使用‘压缩’这个词语是因为可以提出有力的事例证明:资本主义的历史具有在生活步伐方面加速的特征,而同时又克服了空间上的各种障碍,以致世界有时显得是内在地朝我们崩溃了”(戴维·哈维,2004)。这使人们越来越清醒地认识到有些问题不仅仅是自己本国的问题,如生态环境问题、可持续发展问题、核安全问题、粮食问题等。这些问题单独依靠一个国家或国家联盟都无力解决,同时每一个国家或联盟又不能置身事外。关乎人类当前和未来共同利益的全球性问题促使世界各国树立共同体意识,从全人类的视野共同审视、分析、解决所面临的难题,携手应对挑战。在这种情境下,即使各国人民仅从自身的特殊利益出发来思考问题,也必定会随着全球化进程的推进而逐渐改变思想,最终也不得不认同由全球性问题所表现出的人类共同利益,并以此作为自己行为的价值取向。因为这种共同利益是在尊重各国差异的基础上,以普遍认同为根基和前提,呈现出多元化集于一体的态势,是世界各国面对全球性问题都需要的利益。正是对这种利益和需要的追求,才使世界各国超越国家民族的特殊利益而为之不断努力,促进人类社会共同发展。习近平提出的人类命运共同体恰是我国在洞察国际形势和世界趋势的基础上,向世界呼吁的新思想,强调了人类生存发展的整体性,符合世界各国的基本利益,这种基本利益是人们价值认同和价值选择的起点,从中折射出人们对共同利益的价值认同。只有这样,世界各国才能同心协力、共同克服全球治理共性难题,拥护和支持人类命运共同体的建立。

(三)中国的崛起

近年来,中国在全球经济、政治、军事及科技等方面迅速发展。在经济方面,根据世界货币基金组织发布的《世界经济展望》对全球经济增长速度的预测,中国GDP指数以每年平均近7%的速度增长,是历史上增长速度最快的经济实体之一,根据世界银行基于购买力平价计算的GDP统计数据,2019年超过了美国,成为世界第一大经济增长极。中国有170个城市的人口超过100万,这些城市都是国家或地区的工业、经济和文化中心。上海是中国人口最多的城市,也是中国重要的经济中心和航运中心,同时也是亚洲地区一个重要的经济中心和航运中心,拥有世界上最繁忙的港口。2019年国家统计局发布新中国成立70周年经济社会发展成就报告显示,2018年我国货物进出口额超过4.6万亿美元,已成为全球货物贸易第一大国,是世界上最大的外汇储备国。“在经济全球化不断发展的今天,传统的历史的资本主义世界体系还没有终极,但中心国家的全面优势不断相对缩小,中国等新兴国家不断崛起,这使以往‘中心—外围’‘中心—半外围—外围’的世界经济格局和层次发生了百年未有之变化”(翟婵、程恩富,2019)。在科技方面,中国是世界第二大科技研究国,科学家的数量仅居美国之后。许多外国公司都在中国建立了研究中心。在外交方面,中国正在逐渐地增加在国际事务中的影响力,通过尊重国家主权、坚持和平共处、无意识形态等外交政策,给中国在未来国际舞台寻求外交帮助和与其他国家结盟留下了空间。随着中国的经济增长势头强劲,中国与国际社会的互动越来越频繁,已初步具备了中国在21世纪成为第二个超级大国的可能性。中国的崛起,关系到中国作为一个发展中的大国形象,它不仅取决于中国的经济和军事实力,而更是取决于中国政治和社会发展所选择的价值目标。从中国近些年来发展的实践看,崛起的中国,有能力站在全局和战略高度,针对全球治理领域出现的新情况新挑战,鲜明地提出构建人类命运共同体的崭新命题和时代使命,为当今世界全球治理的大趋势指明方向,为推进全球治理体系新变革提供了理论指南,贡献了中国方案。

二、人类命运共同体思想价值认同的基础

“人类命运共同体”一词由我国最早提出,但关于人类命运共同体理念本身,我国并不是首创。如未来主义的主要代表者奥尔利欧·佩奇在1981年就认为,如果世界日益联成一个整体,那么它的命运也将是共同的,即全人类的共同命运,所以需要指出“整个人类同命运”(奥尔利欧·佩奇,1985)的概念;1995年联合国组织了“哥本哈根社会进步论坛”,其论坛探讨的成果编辑成

书。该书指出:"创造一个可行的世界共同体必然是一种创新形式的全球民主,一种服务于平等需要和平等志向的经济,一种富于同情的政治文化、追求普遍利益的社会力量以及承担保护共同善之责任的制度"(雅克·布道,2006)。这些论述表明,学者们已认识到人类的共同命运。习近平提出的人类命运共同体思想表达了愿意与世界各国人民一起增进人类共同利益的价值追求。人类命运共同体从最初提出到目前,我国很多学者从不同方面进行了阐述。有的学者把人类命运共同体概述为其理论原则是新型义利观,其建构方式是结伴而不结盟,其实践归宿是增进世界人民的共同利益、整体利益和长远利益(李爱敏,2016)。也有的学者将人类命运共同体内涵概述为人类命运共同体是精神共同体与合作共同体的统一,是相互依存的权力观、共同利益观、可持续发展观、全球治理观的统一,是共同发展、互信协作、开放包容、文化互鉴、和衷共济所构建的系统工程(刘传春,2015)。尽管不同的学者从不同角度对人类命运共同体的内涵理论进行了探讨,概括地说都是围绕着利益观、发展观和责任观等方面进行论述,主要表现为利益共同体、发展共同体、责任共同体三方面,其最终目标是实现人类的共同发展。

(一)利益共同体

构建人类命运共同体需要世界各国的共同参与,每个国家的参与都是以符合本国人民利益为条件。正如马克思和恩格斯在《神圣家族》中所说"思想"一旦离开"利益"就会使自己出丑。因此,构建人类命运共同体的思想是建立在一定的利益基础之上,按照历史唯物主义的观点,经济基础决定上层建筑。可以看出,人类命运共同体在一定程度上也是经济共同体。在20世纪初,主导国际经济秩序的发达国家把国际社会的利益关系多数看成是一种排他的零和关系,认为其他国家的发展会威胁到本国的经济利益,只有把其他国家的经济利益抑制到最低才能把本国的经济利益最大化,在国际经济关系中奉行单边主义、贸易保护主义等。不平等的世界经济秩序导致全球的经济失衡,资本过度扩张引发国际矛盾加剧,发达国家将污染性严重的企业或在其国内已淘汰的行业转移到发展中国家,使发展中国家为资源过度开发、生态环境恶化付出沉重代价。在当今经济全球化大趋势下,世界各国人们逐渐意识到,世界各国的利益是相互交融的,共同处于一条利益链上,每个国家的利益都是这条链子上的重要一环,各个利益链环环相扣,任何一环出现问题都可能会导致共同利益的受损。世界各国人们同在一个地球村,都要共同面对世界金融危机带来的全球经济低迷、物价上涨和失业率增高的威胁,共同面对自然灾害和生态环境污染问题,还要共同面对国际恐怖主义、跨国贩毒等一系列危及人类生存和发展的严峻问题,因此,需要世界各国能够充分意识到整个世界是一个利益共同体,在保护共同利益的同时也是保护自己的利益,只有维护好共同利益,人类社会才会更加健康稳定地发展。习近平倡导的人类命运共同体思想就是追求人类共同利益最大化，把中国的利益与世界各国的利益连在一起，以更加积极的姿态参与国际事务，与世界各国加强经济交往、政治协商、文化互鉴等凝聚共识，维护共同利益的共同体。

（二）发展共同体

准确把握世界各国间的相互依存关系，是建立人类命运共同体的前提，是世界各国间对话的基础。习近平在第七届联合国大会一般性辩论时的讲话中提出，打造人类命运共同体的五位一体的总布局，在国际安全上坚持"建立平等相待、互商互谅的伙伴关系"；在国际政治上致力"营造公道正义、共建共享的安全格局"；在世界经济上"谋求开放创新、包容互惠的发展前景"；在各国文化上"促进和而不同、兼收并蓄的文明交流"；在世界生态上"构筑尊崇自然、绿色发展的生态体系"。这是对人类命运共同体内涵的进一步明确，它涵盖人类活动所构建的政治、安全、经济、文化、生态等领域，但这个共同体已经不是单一的经济共同体、文化共同体这样的层次，而是更高层次的发展共同体，以"合作共赢"为主线贯穿其中，超越了种族、国家与意识形态的界限，通过合作来减少隔阂，减少分歧和对立，促进世界各国共同发展。现今国际社会还存在各种问题，民族冲突、社会冲突也时有发生，这不仅给价值认同带来了危机，也会使全球化进程搁浅，导致在全球化背景下建构人类命运共同体的进程放缓，因此说，人类命运共同体的建构仍是一个长期、复杂和曲折的过程。为了缩短这个过程，需要世界各国能真正从全人类长远利益出发来考虑问题，消解不同的价值冲突。按照黑格尔的辩证观点，冲突是对原本和谐状态的一种破坏和否定，经过这种否定之否定的辩证过程，使世界上的冲突得以解决而呈螺旋式上升促进发展。世界各国应明白人类社会的进步要求世界各国结合成一个发展共同体，需要各国由各自行动、孤立发展逐渐走向"你中有我，我中有你"和"一荣俱荣、一损俱损"的相互依存状态，使世界联结为"同呼吸、共命运"的整体，积极推动人类命运共同体建设。要解决这个问题，只有依靠世界各国同舟共济，诚如习近平在博鳌论坛的演讲中指出的："我们生活在同一个地球村，应该牢固树立命运共同体意识，顺应时代潮流，把握正确方向，坚持同舟共济，推动亚洲和世界发展不断迈上新台阶。"①

（三）责任共同体

世界各国在享有人类共同体利益的同时，也要承担相应的责任，共同面对全球性问题的挑战，做出自身应尽的义务，意识到人类命运共同体也是一个责任共同体。随着全球化进程的加快，当代各国之间无论政治、经济还是文化都日益紧密地联系在一起，需要世界各国共同面对世界性的难题，共同治理。2017年3月16日，在安理会审议防扩散委员会工作会议上，中国常驻联合国

① 习近平，共同创造亚洲和世界的美好未来，《人民日报》，2013年4月8日。

代表刘结一指出,防止大规模杀伤性武器及其运载工具的扩散事关国际和平、安全与稳定,是国际社会面临的共同挑战和重要任务,也是全球治理的重要组成部分。国际社会应共同努力,加强防扩散领域的全球治理。当今世界,各个国家都处于一个相互牵制又相互促进的关系中,没有一个国家能在世界经济潮流中独善其身,一个国家引发的危机,一定会进一步牵连到其他国家,像"蝴蝶效应"一样,牵一发而动全身。因此,需要世界各国有强烈的责任意识,摒弃冷战思维,构建公道正义,共建共享的安全格局,树立共同、综合、合作、可持续安全的新观念,从而营造普遍安全的国际和地区环境,提升各国安全感,消除恐怖主义和极端主义滋生的土壤和扩散动因,为世界和平发展创造有利环境。责任共同体意识是在经济全球化、政治合作化和世界贸易全球化的时代背景下所有国家都要具有的价值观念,在面对经济危机和困难面前,树立整体意识和全局观念,积极承担责任,做到安危与共、共同应对困难,才可能帮助人类实现更好的发展。人类命运共同体是在中国崛起的情况下,既考虑到目前世界各国还存在矛盾冲突的现实,也考虑到未来世界发展的趋势,从全人类发展的高度出发争取国家间利益的正和博弈、民族间信仰的相互理解,彰显着中国对世界的新贡献,承担着中国对构建人类命运共同体的责任。

人类命运共同体的丰富内涵主要是由利益共同体、发展共同体和责任共同体共同支撑起来的,它强调在追求本国利益时兼顾他国利益,在谋求本国发展中促进各国共同发展,人类生活在一个共同体中。这一重要思想体系,是对那些奉行冷战思维、零和博弈的霸权主义和强权政治的不同回答,是一种有利于全人类的共同发展的价值理念,也将能够得到全人类的认同,正如马克思所说:"理论只要说服人,就能掌握群众;而理论只要彻底,就能说服人。所谓彻底,就是抓住事物的根本。"(马克思、恩格斯,2012b)人类命运共同体的建构,其根本在于追求人类的共同体利益,符合世界各国人民的愿望,因此我们对构建人类命运共同体充满信心。

三、增进人类命运共同体思想价值认同

当今世界国际关系正处于复杂的变化之中,各国都将面临不同的价值判断和行为选择,要战争还是要和平,要独占还是要共赢。党的十八大以来,我国站在全局和战略高度,针对国际社会出现的新问题新挑战,提出构建人类命运共同体的崭新命题,为推进全球治理体系变革提供了理论指南、制定了行动纲领、贡献了中国方案。但由于多种原因,世界各国间的发展还不平衡,存在着不同国家利益、不同宗教信仰、不同意识形态等方面的分歧甚至对立,在这样的情境下,如何才能让世界各国认同人类命运共同体思想呢?通过对人类命运共同体产生现实和历史条件及人类命运共同体思想内涵的分析,增强人

类命运共同体思想价值认同需要从以下四个路径展开：

(一)加强经济交往，为构建人类命运共同体奠定经济基础

当今世界正处于大发展大变革大调整时期，为世界各国经济的发展提供了机遇和挑战。构建人类命运共同体的理念倡导平等互利、合作共赢、促进各国利益共同增长。这一理念要求世界各国顺应全球经济一体化的趋势，不断加强经济交往，不仅包括贸易投资、金融合作、人员要素自由流动等，还要具备更高水平的合作机制，发展更高层次的开放性经济，壮大各国的经济实力和综合国力，在开放、包容、共享、可持续的发展中实现自身的发展，为全球经济增长注入新鲜血液，为全球经济复苏和发展提供强劲动力，使经济全球化良性运行。随着科学技术的发展和生产力水平的提高，世界经济全球化程度逐步加深，但由于局部利益驱动，导致国家经济发展具有不平衡性和波动性，出现关税战、贸易战、外汇战等，从而导致国际经济秩序混乱。"这种混乱的国际经济秩序给各国经济利益带来的巨大损失，使各国意识到，只有各国联合起来从整体上调节全球性生产和国际经济"(高建昆，2017)，加强经济交往，在人类命运共同体的框架下重构国际经济规则以及相应的调节机构，使进口与出口、制造与服务、金融资本等在全球经济范围内较为充分地实现按比例规律、平等互利等国际经济调节目标。2013年我国提出"一带一路"倡议，与"一带一路"沿线国家在互联互通、贸易投资、加强基础设施建设等方面展开合作，使发展中国家在建立金融体系、发展产业能力、践行绿色发展、建设通信网络设施等多方面的经济建设得到改善，自主研发能力和科技创新能力也得到了提升。在"一带一路"倡议下，截至2018年，我国已与世界122个国家、29个国际组织签订了合作文件，上海合作组织、中国东盟自由贸易区等合作体制也进一步发展。取得这些成果，都是世界各国间加强经济交往，用实际行动推动经济全球化的进程，构建人类命运共同体在实践中的探索。正是这些探索，使人们越来越认识到整个世界是一个相互联系的整体，国际经济关系的处理不单要考虑一国的利益，还要考虑多方的关切和利益，使国际经济关系可持续性发展。因此，要构建人类命运共同体，使人类命运共同体的价值思想能得到世界多国的认同，一定要各国共同努力，意识到"'构建人类命运共同体'思想不仅是构建新型国际政治关系的基本原理，也是构建新型国际经济关系的基本原理"(王朝科，2019)，需要各个国家间加强经济交往，在交往中进行协商，在协商中形成合作，在合作中产生共赢，满足世界经济发展格局的现实要求和未来发展趋势，为构建人类命运共同体奠定经济基础。

(二)倡导共赢共享，渗透人类命运共同体思想价值认同的发展理念

2013年3月，习近平在莫斯科国际关系学院演讲，第一次向世界传递对人类文明走向的中国判断，至今已受到了国际社会的广泛关注。取得突破性进展的是2017年3月17日联合国安理会一致通过第2344号决议，首次将构建“人类命运共同体”载入安理会决议，充分说明这一思想切合了世界发展的需要，体现了国际社会的共识，得到了国际社会的价值认同。这一思想之所以能够得到国际社会的价值认同，其根源在于它的理念——共赢共享。“构建人类命运共同体，实现共赢共享”作为中国处理国际事务的中国方案，是2017年1月18日国家主席习近平在联合国日内瓦总部发表了题为《共同构建人类命运共同体》的主旨演讲中提出的。在演讲中习近平说：“世界命运应该由各国共同掌握，国际规则应该由各国共同书写，全球事务应该由各国共同治理，发展成果应该由各国共同分享……我提出‘一带一路’倡议，就是要实现共赢共享发展。”（习近平，2018a）这些阐述表明了中国对构建人类命运共同体的态度和在实践中付诸的行动，也得到了一些海外人士的积极评价和认同，认为“人类命运共同体”体现了中国外交新理念，有助于构建中国所倡导的以合作共赢为核心的新型国际关系，推进世界和平与发展。如哈萨克斯坦研究员认为这是对维护世界和平理念的高度总结；老挝研究员认为这一理念的提出为世界上有影响力的大国做出了好榜样，也给小国带来了福音；英国某集团主席说，树立“人类命运共同体”意识就意味着要减少偏见、歧视、仇恨和战争。对全世界而言，需要认识到暴力战争不会带来任何利益。共赢共享就是参与构建人类命运共同体的国家，共同分享构建人类命运共同体获得的利益果实。以共赢共享作为对人类命运共同体思想价值认同的理念，是为世界各国人们找到了利益支点，是引领70亿人走向共同发展、共同分享、共同构建人类命运共同体的必由之路。

（三）突出“和而不同”，彰显人类命运共同体思想价值认同的文化包容

习近平提出的人类命运共同体思想根植于中国优秀的传统文化，在“和”文化的土壤中，坚持的是“以和为贵”“有容乃大”格局；追求的是“致中和，天地位焉，万物育焉”的“太平和合”境界；秉持的是“天下为公”“万邦和谐”“万国咸宁”的理念；讲究的是“和而不同”“执其两端而用其中”的思想（孟源北，2018）。这种“和”文化具有包容性，体现了其博大的天下情怀。习近平在第七十届联合国大会上指出：“‘大道之行也，天下为公。’和平、发展、公平、正义、民主、自由是全人类的共同价值，也是联合国的崇高目标。”（习近平，2018b）习近平的人类命运共同体思想汲取优秀传统文化的养分，继承了中华民族文化中的优秀资源，在不断的创新发展中独成一体，逐渐发展成具有中国特色的文化价值思想。现今世界纷繁复杂，世界各国要建立人类命运共同体，必须尊重不同的历史文化、社会制度、民族宗教等国家特质，包容相互间的差异，秉持人类命运共同体的核心理念，实现不同文明的共同发展。清醒认识到不同民族、不同文明没有优劣之分，只有特色之别；通过不同文明和谐共处、交流融合，提升人类的文明水平，增强人民友好往来，推动人类社会进步。

(四)坚持公道正义,保障人类命运共同体思想价值认同的安全格局

公道正义作为人类社会文明的基本价值,是构建人类命运共同体思想价值认同的前提。当今世界,一方面和平、发展、合作、共赢成为时代潮流,另一方面人类和平与发展也面临一系列新威胁、新挑战。现在虽然已进入 21 世纪,但世界上一些国家仍停留在殖民扩张的旧时代,停留在冷战思维的旧框架,自觉不自觉地用西方大国兴衰理论和逻辑去解读、以零和博弈思维去应对当今世界的深刻变化。霸权主义、强权政治、新干涉主义还在顽强地表现自己,导致国际关系紧张和局部动荡。面对深刻复杂变化的世界,习近平在多次会议上提出,“以对话协商凝聚共识,以互谅互让处理分歧”①,“现在,世界上的事情越来越需要各国共同商量着办,建立国际机制、遵守国际规则、追求国际正义成为多数国家的共识”②。我们要坚持公道正义,使不同信仰、制度和民族国家在和平共处、有序竞争下,通过协商合作压倒分歧对立,建立一个公道正义的国际格局,保护世界各国的平等权利,在和平的国际环境中发展自己,同时以自身发展维护和促进世界和平。只有坚持公道正义,才能顺应时代发展潮流、维护世界和平与稳定,得到世界各国的广泛认同。历史和现实告诉我们,协商沟通是化解分歧的有效之策,只要在彼此尊重的基础上怀有真诚愿望,秉持“亲、诚、惠、容”原则,展现政治智慧,再大的冲突也可以化解并达成共识。作为负责的大国,习近平多次在不同的场合表明,我国愿意与世界各国加强对话、增进安全互信,携手应对挑战,共建共享世界的安全格局。

(五)承担国际责任,夯实人类命运共同体思想价值认同的世界担当

构建人类命运共同体是为了增进人类整体利益,任何一个国家无论大小在享受利益的同时,也要各尽所能承担相应的责任。中国作为人类命运共同体的倡导者,在全球化的历史进程中,经济、政治、文化、社会等方面得到迅速发展,一方面源于自身的努力,另一方面也得益于国际社会的支持。同时,中国也继续奉行互利共赢的开放战略,将自身发展机遇同世界各国分享,欢迎各国搭乘中国发展的“顺风车”,“展现出中国领导人从全局的视角出发, 深刻洞察当今世界国际形势和人类的文明进程, 面向未来的长远眼光和历史担当”(李秀敏,2018),为全球发展做出贡献。近几年来,先后构建了“一带一路”的战略、促使“亚投行”的设立,在抗击埃博拉病毒、新型冠状肺炎病毒、也门撤侨行动和尼泊尔强震救援等方面积极参与国际救援,显示出一个大国的国际形象和应承担的责任。习近平指出,“我们要在发展自身利益的同时,更多考虑和照顾其他国家利益……我国企业走出去既要重视投资利益,更要赢得好名声、好口碑,遵守驻在国法律,承担更多社会责任”(习近平,2017:501)。中国

① 习近平,共创中韩合作未来 同襄亚洲振兴繁荣,《人民日报》,2014 年 7 月 5 日。
② 习近平,世界上的事情越来越需要各国共同商量着办,《人民日报》,2016 年 1 月 27 日。

用实际行动承担着人类命运共同体中的一员应承担的责任，增加了世界各国对构建人类命运共同体的信心和对这一思想的价值认同。“大国之大，根本上不在面积之大、经济实力之大，而在于国际影响力之大。真正持久的国际影响力，不是来自强权政治，而是来自一个国家的国际威信，而国际威信来源于一个国家的世界贡献与特殊责任”(郭树勇，2005)。我国采取的种种行动表明，中国不仅自己树立了人类命运共同体意识，而且作为负责任大国不断践行诺言，通过实际行动影响多个国家，使其自觉自愿认同人类命运共同体的价值。在中国共产党与世界政党高层对话会上，习近平在题为《携手建设更加美好的世界》的主旨讲话中进一步指出：“中国共产党将一如既往为世界和平安宁、世界共同发展、世界文明交流互鉴做贡献。”

构建人类命运共同体，是人类社会一项长期而又艰巨的历史过程。人类命运共同体思想价值认同的建构，更是任重而道远。为了从根本上解决构建人类命运共同体的困境，国际社会和世界各国应该充分认识构建人类命运共同体的时代背景和历史责任，坚持共商共建共赢的原则、思路和步骤，逐步做到由浅入深、由表及里、由易到难、由点到面，让人类命运共同体的美好愿景一步一步变为现实。

参考文献

[1]安东尼·吉登斯，1998，《现代性与自我认同》，北京：三联书店，第23页。

[2]奥尔利欧·佩奇，1985，《世界的未来——关于未来问题一百页》，北京：中国对外翻译公司，第10页。

[3]戴维·哈维，2004，《后现代的状况——对文化变迁之缘起的探究》，北京：商务印书馆，第1页。

[4]方旭光，2014，《认同的价值与价值的认同——社会主义核心价值观论》，北京：中国社会科学出版社，第148页。

[5]弗罗洛夫，1989，《“超人”与“新人”——人的未来展望》，北京：社会科学文献出版社，第67页。

[6]高建昆，2017，论国际经济调节在资源配置中的作用，《海派经济学》，第2期，第112—122页。

[7]郭树勇，2005，论大国成长中的国际形象，《国际论坛》，第6期，第50—54页。

[8]李爱敏，2016，人类命运共同体：理论本质、基本内涵与中国特色，《中共福建省委党校学报》，第2期，第96—102页。

[9]李秀敏，2018，“真正共同体”与“人类命运共同体”关系之辨，《马克思主义研究》，第11期，第135—142页。

[10]刘传春，2015，人类命运共同体内涵的质疑、争鸣与科学认识，《毛泽东邓小平理论研究》，第11期，第85—92页。

[11]马克思、恩格斯，2012a，《马克思恩格斯选集》(第1卷)，北京：人民出版社，第23页。

[12]马克思、恩格斯，2012b，《马克思恩格斯选集》(第1卷)，北京：人民出版社，第9页。

[13]孟源北，2018，习近平新时代中国特色社会主义思想的理论基础，《探求》，第1期，第3—5页。

[14]王朝科，2019，习近平新时代中国特色社会主义经济思想的理论内涵和逻辑结构，《教学与研究》，第1期，第5—15页。

[15]习近平，2017，《谈治国理政》第2卷，北京：外文出版社，第501页。

[16]习近平，2018a，《论坚持推动构建人类命运共同体》，北京：中央文献出版社，第424页。

[16]习近平，2018b，《论坚持推动构建人类命运共同体》，北京：中央文献出版社，第245页。

[17]雅克·布道，2006，《建构世界共同体：全球化与共同善》，南京：江苏教育出版社，第46页。

[18]翟婵、程恩富，2019，中国正处于世界经济体系的"准中心"地位，《上海经济研究》，第10期，第5—18页。

[19]张佳，2014，《大卫·哈维的历史——地理历史唯物主义研究》，北京：人民出版社，第16页。

Construction of Ideological Value Identity of a Community with a Shared Future for Mankind

Li Xiumin Chen Mengyao

Abstract "A Community with A Shared Future for Mankind" is the latest achievement of contemporary Chinese Marxism. The value identification of the thought is the recognition or acknowledgment of ideological connotation and ideas of a community with a shared future for mankind by all countries in the world. In today's complex and ever-changing international environment, the construction of the ideological value identity of a community with a shared future for mankind should take the realistic historical conditions as the starting point of value identity, take the connotation of a community with a shared future for mankind as the basis for value identification, take the win-win sharing as the idea, constantly create new ways of value identification to form a trinity value system. This value system will provide a powerful ideological weapon and value guidance for achieving peaceful world development, implementing global governance programs, and constructing a community with a shared future for mankind.

Key words A Community with A Shared Future for Mankind Value Identity Win-win Sharing

“生活世界殖民化”理论与互联网背景下虚拟交往的异化分析

刘雅埙 范宝舟

内容提要 本文认为虚拟交往作为互联网背景下以网络技术和移动终端为媒介的新型社会交往形式具有双重性,即虚拟交往在给人们生活带来了极大便利的同时,也带来了很多异化的新问题。本文提出西方马克思主义学者哈贝马斯通过阐述系统以权利和货币为媒介侵入人们生活世界的异化现象的“生活世界殖民化”理论,对于我们分析互联网背景下的交往异化问题具有深刻的借鉴价值。为此,本文借助这一理论深入探讨了政治系统和经济系统通过入侵虚拟的生活世界所带来的种种虚拟交往的异化问题,并从政治层面、经济层面和文化层面给出了解决虚拟交往的异化问题的路径和建议。

关键词 虚拟交往 生活世界殖民化 交往异化

中图分类号 F091

随着互联网平台的不断普及和互联网技术的不断完善,与互联网同生的“虚拟”一词也越来越普遍地渗透到我们的生活之中,这带来了一种全新的人际交往格局——虚拟交往,就当下社会来看,虚拟交往已经代替了以往现实生活的交往形式而成为当今社会中的主流交往形式,深刻地影响着人类政治、经济、文化、军事乃至价值观念和思维方式等各个层面,改变了人们的生活方式和生存方式。虚拟交往使人与人之间的联系更加紧密,极大程度地提高了社会交往和生产活动的效率,但同时也衍生出了很多新的交往异化问题。

理性地看待虚拟交往对人类生活所产生的双重性影响,使其更好地服务于人类的政治、经济、文化生活具有十分深远的现实意义。哈贝马斯的“生活世界殖民化”理论对这一问题的解决有着重要的指导作用。生活世界殖民化理论来源于“生活世界”理论,生活世界理论最早由胡塞尔提出,其后的现代西方哲学家开始热衷于对生活世界的探讨。其中哈贝马斯对其进行了进一步的发展和延伸,不但深刻剖析了生活世界的内涵和本质、划分了生活世界的层次,同时还形成了由于系统对生活世界的侵入而导致的生活世界殖民化的交往异化现象,并提出建构合理化的生活世界以解决生活世界与系统的脱节问

收稿日期:2019—12—15

作者简介:刘雅埙,上海财经大学马克思主义学院博士研究生,主要研究方向为马克思主义基本原理;范宝舟,上海财经大学人文学院书记、教授、博士生导师,主要研究方向为马克思主义理论。

题。

互联网技术的发展和虚拟交往的延伸，使得生活世界的内涵也得到了前所未有的丰富和发展。在新的时代背景下，哈贝马斯所提出的生活世界殖民化这种交往异化现象不但没有消失，反而呈现出更加强化的发展趋势，表现为互联网背景下虚拟交往的异化问题。针对这种情况，哈贝马斯提出的利用交往合理性来解决生活世界殖民化的方法论具有一定的借鉴意义，通过分析可得出结论，必须从文化层面、制度层面和自我实现三个维度才能有效地解决虚拟交往所带来的异化问题。

一、哈贝马斯的生活世界殖民化理论

(一)生活世界理论及其发展

自工业革命以来，工业现代化带动了经济的发展，科学技术加快了社会进步的脚步，“科技是第一生产力”的观念深入人心。一些西方哲学家认识到对实证主义的科学理论过度重视，会引发人性的危机，造成科学主义对人性的替代。面对这一困境，哲学家们所关注的重点开始由意识哲学转向对人们生活世界的探究。

“生活世界”的概念最早出现在胡塞尔晚期现象学的理论中。胡塞尔的生活世界有两个层面的内涵，其一是日常生活世界，也就是“作为唯一实在的，通过知觉实际地被给予的，被经验到的世界，即我们的日常生活世界”(胡塞尔，1988)。这个世界并不是一人所独有，或个别经验所构成，而是人类所共有的，充满了生活在其中的人类各种主体性行为的世界，在这个世界中，人与人相互关联，是关乎所有人类的经验的世界。其二是超验的原始生活世界，这一层面的生活世界与人类以生存为目的所创造出来的科学世界完全对立，生活世界是在科学世界形成之前就已经存在的先验世界，它有着自己的运行规则，是科学世界可以成为现实的前提，给人类创造的科学世界提供了发挥的空间，是一切存在的原始根基。胡塞尔提出生活世界理论的本意是希望唤醒人们意识到先于科学世界的生活世界具有重要作用，需要使用经验现象学才能对其进行整体的把握，具有前科学的、超验的、先在的本性。

海德格尔从胡塞尔的超验现象学转为了经验现象学，对生活世界作出了具体的、进一步的阐释，认为生活世界从客观角度来看是永恒存在的客体，回归了对人所生存的日常生活世界的重视和思考。海德格尔认为，即使日常生活世界因科学技术的发展产生了异化，造成了人类非本真的存在状态，但粗暴地对其进行否定会陷入对人类现有的生存状态一并否定的困境之中。虽然胡塞尔确立了一切客观存在得以生存的客观世界基础，但若不对以此建立起的经验世界进行剖析，就无法做到对人在社会中的生存状态的分析和把握。

许茨进一步丰富了胡塞尔的生活世界理论，对生活世界进行了更加生动具体的描述，认为生活世界是一个系统化的世界，并经过了思维的组织，包含了人们如何看待世界的方法和解释社会的行动。许茨着重强调了主体间性的作用，他说：“我们生在其中的这个世界，从一开始就是一个主体间际的世界。这一方面意味着，在这个世界中存在着我通过各种社会关系与之联系起来的同伴。我不仅影响那些无生命的东西，而且也影响我的同伴，在他们的诱导下进行活动，并且诱导他们进行反作用。”（阿尔弗雷德·许茨，2001）可以看出许茨的立场不同于胡塞尔，他认为利用胡塞尔的超验现象学无法对生活世界进行准确的概括，在许茨看来，生活世界是与他们共同建造的，主体间性恰当地表达出了人与人之间交往沟通的内在机制，这也表现出许茨的生活世界理论与之前生活世界理论的不同之处，即从方法论的角度来解释生活世界，着重分析了人所生活的经验世界，认为生活世界是具有整体性和可经验性的。

维特根斯坦的语言哲学对生活世界理论也产生了深远的影响。维特根斯坦的语言哲学认为语言是人的一种行为，不仅具有陈述的功能，同时可以启动行为，对人类具有十分重要的作用。但语言是根植于真实的生活之中的，脱离了真实生活的语言将毫无意义，因此，维特根斯坦认为只有对生活本身进行探究，才能更完整地体现出语言的意义。维特根斯坦还提出了“语言游戏”的概念，认为语言是生活世界中的一个具体的实践活动，具有能动和共通等特性，作为一种游戏活动，对单个人而言的语言没有存在的意义，只有在群体交往中的公共语言才能达到沟通的效果。

（二）生活世界殖民化——哈贝马斯对生活世界理论的创新

哈贝马斯认为胡塞尔的生活世界理论具有极其重要的价值，他肯定了胡塞尔生活世界理论中的合理部分，并吸取了海德格尔、许茨等人对生活世界的改造，将维特根斯坦理论中语言的重要作用引入其理论之中，从总体上对生活世界理论进行了批判的继承。首先，同胡塞尔一样，哈贝马斯肯定了生活世界具有先在性，为人类的实践活动提供了“原型”和“规范”，是人类进行其他实践活动的基础性存在。其次，哈贝马斯也对海德格尔和许茨进一步对生活世界的阐释表示认同，认为生活世界是人存在的客观境域，虽然先于人的经验而存在，但同时也是可以经验的。再次，交往的主体之间可以利用共同的语言系统来进行沟通和交流，从而达到互相理解的程度。重视语言的作用是哈贝马斯交往理论的重要特征，因此，哈贝马斯的生活世界理论实际上可以说是一个日常话语建构出的世界，语言为人们的交往行为服务，是建构社会文化的基础。只有在统一的文化背景之下，生活世界才能真正发挥其对交往者的价值导向作用和解释作用。可见，哈贝马斯勾画出了一个内涵更充实的生活世界。

在哈贝马斯看来，生活世界是每一个交往者都置身其中的大背景，任何活动都无法超越这个限制。所以，“在语言对话中开启，为人们所共同居住的生活世界的社会空间，为我们提供了解开‘社会’这个概念的钥匙”(范宝舟，2005)。哈贝马斯为生活世界提供了三种解释模式。其一是基于交往者的文化背景，在进行交往时所使用的知识储备。由于生活世界是每一个交往者置身其中的境域，这要求了交往者们可以在交往过程中产生互相认同和互相理解，而这种认同和理解是基于共同的语言系统或其他符号系统和文化背景，只有实现了交往者的相互理解，才能顺利实现交往，达到传递或更新文化知识的目的。其二是交往者调节其交往行为所依据的秩序，与社会制度有关。我们所处的生活世界，是通过交往者的日常沟通并由此产生的各种社会行为的社会领域，是“交往者始终置身其中的境遇”(哈贝马斯，1994)。人在社会中生活就不可避免地处于各种社会关系之中，在各种各样复杂的社会关系之中，人们不得不建立起可以达到多数人认同的社会秩序，在规范的社会秩序中，人与人通过互动达到协调，从某种程度上来说，这一过程推动了社会的演变过程，顺应了社会集体的交往需求，从而达到了巩固和联合的效果。其三是每一个交往主体自身所具备的语言沟通和理解能力，与自我本体和个性导向相关。无论是文化还是社会制度，大境域的顺利发展必然离不开个体的自我认同和需求的满足，在社会中参与交往的每一个个体，都需得完全参与到交往的理解过程中，才能达到自我认识，从而进一步达到自我实现。在这个认知过程中，交往个体会理解到对方的目的和需求，个人的行为准则以及完善对普世价值观的认知。综合来看，哈贝马斯是试图通过文化的反思和个人行为的协调来满足社会的生产和更迭以及自我的实现。同时，任何人在社会中的交往都不能超越生活世界这个具有先验性的境域，这个境域是人人共有的，不是任何个体的私人世界，这强调了生活世界的主体间性。

哈贝马斯对生活世界理论的超越性主要体现在系统概念的引入，并通过系统侵入生活世界的角度完成了生活世界殖民化的理论。他认为，与生活世界相对应的是系统的概念，社会由生活世界和系统共同构成，只有将系统和生活世界放在同等重要的地位进行研究才能建立起一套完整的社会理论。系统泛指社会中的政治系统和经济系统，由权力为中介、货币为媒介组织起来，相较于生活世界更注重语言的作用，系统注重的是结构和功能的作用，具有目的合理性，追求利益和效率的最大化。系统经制度的建立和法律的规范之后，对人类的生活世界可以产生深远的影响。在哈贝马斯看来，社会是一个庞大复杂的体系，由负责文化再生产的生活世界和物质再生产的系统这两个不同方向的领域共同构成。如果二者可以保持均衡，就可以推动社会朝着理想的状态进化和发展；但若二者失衡，就会带来很多社会问题。

事实上，社会的进化有其自身的特殊性和复杂性，是一个社会关系复杂化、社会体系完善化和社会秩序合理化的过程，而正是由于这个过程的复杂性导致其充满了变数，所以会导致生活世界和系统越来越严重地分化甚至脱节。

原本应该为生活世界服务并使生活世界更加美好和谐的系统随着现代化过程中工具理性的不断扩张,以权力为媒介的政治系统和以货币为媒介的经济系统大肆侵入了生活世界的“私人领域”,并一跃成为社会的主宰,权力和货币在欲望的不断滋生下开始变得越发强势,逐渐控制了生活世界,甚至抵消掉了其对社会世界的整合作用,最终形成了生活世界的殖民化。

(三)生活世界殖民化理论的现实意义

通过对生活世界理论的追溯和生活世界殖民化理论的梳理可以看出,哈贝马斯的思想宏大而深刻,具有重要的理论意义。但是哈贝马斯的生活世界殖民化理论是基于后工业社会的时代特点提出的,囿于时代发展的局限性,他无法考虑到大数据时代背景下虚拟交往中的生活世界殖民化现象会产生什么样的新变化,这给我们留下了充分的研究空间。

哈贝马斯对生活世界理论作出的最大贡献在于将理论重心从人与自然的认识论关系拉回到以人与人的交往关系为基础的社会实践活动领域中,这使其具有了与时俱进的生命力。在互联网技术不断发展和进步的条件下,政治系统和经济系统对虚拟生活世界的影响不但没有消解,反而变得更加尖锐,给当下信息社会人们的社会生活带来了很多负面影响,并突出地表现在虚拟交往在文化层面、制度层面和交往主体的个性层面给人们带来的各种交往异化问题。因此,对虚拟交往所产生的交往异化问题,也应该从这三个层面进行深入的探讨和分析。

二、虚拟交往的异化问题分析

生活世界理论自被提出以来,其内涵就始终随着社会的发展和进步而不断被充盈和丰富,现在其“作为一个屡经改造和拓展的概念已经被人们广泛地理解为一种批判地审视人类各种活动的视域”(夏宏,2008)。所以,在互联网技术发达的时代背景下,虚拟空间作为虚拟交往的主要场所,也成为生活世界的重要组成部分。虚拟交往的异化问题实质上就是生活世界殖民化在这个时代背景下新的表现形式,对虚拟交往的异化问题的分析和探讨有着深刻的现实意义。虚拟空间是利用互联网技术对现实社会的延伸,由于其已经渗透到人们社会生活的各个层面,涵盖了现实交往的一切场域,与现实的生活世界已经无法分割,因此也可以从文化、社会和个性三个层次对其进行解读。同时,与现实的生活世界一样,虚拟交往所处的生活世界也避免不了政治体系和经济体系的侵入所带来的异化现象。

(一)虚拟交往异化问题的原因

随着网民数量呈指数上升,虚拟交往成为人们进行社会交往的主要方式,虚拟空间成为实现交往的主要场所,基于虚拟交往具有与现实生活社会交往一样的社会性，因此虚拟生活世界也无法避免政治系统和经济系统对其的干预，虚拟和现实之间的界限日趋模糊。这导致网络对虚拟交往参与者的影响越来越深刻，虚拟交往带来的异化现象也随之日益凸显。

对于虚拟交往造成的交往异化是如何形成的，可以从以下方面进行探究：

首先，政治系统的外在控制直接导致了虚拟交往的异化现象。从宏观角度来看，基于互联网的公开性以及其不受地域限制的特点，被西方众多发达国家所利用，利用虚拟交往的过程在无形之间输出其价值观念和意识形态，为帝国主义的强权政治提供了一个新的展示路径。从微观角度来看，虚拟交往的虚拟性使交往者暴露出更多道德失范的交往行为，互联网的去中心化也会使得交往者容易偏离原有的价值准则，加之网络政治的应用和普及，政治系统若不加以妥善利用，将会以权力为媒介侵入虚拟生活世界的公共领域中，从而造成合法性的丢失。法律以及合法的程序都是由掌握权力的人来规定的，政治活动的本质不外是争取合法权利的斗争。这也就意味着，在网络政治的推进中，官僚化、体制化的政治系统极易造成国家政策的失误和滥用，从而进一步造成规范在政治推进和政治决策中失去原本该有的重要作用。

其次，经济系统的外在干预加速了虚拟交往的异化。随着网上购物平台的搭建以及互联网金融的兴起，市场规律开始渗透至虚拟空间，各种消费主义的观念在虚拟交往过程中大行其道，商品拜物教也从现实的经济生活中延伸至虚拟空间的经济交往中。以金钱和货币为媒介的经济系统侵蚀了虚拟生活世界的私人领域和公共领域，破坏了原本应该充满伦理和道德的价值理性，由此生活世界的虚拟交往开始形成异化，并且逐渐消解了交往行为对社会的整合功能。本该为生活世界而服务的系统在金钱和货币的诱惑下，展现出对人心和世俗欲望强大的控制力，纵身一跃开始掌控和操纵交往者的虚拟交往行为，从而虚拟交往的异化现象程度不断加深。

最后，虚拟生活世界本身调节能力的弱化是造成虚拟交往异化问题的重要原因。近代生产力的发达使虚拟的生活世界空间日趋完善，在交往者进行虚拟交往的过程中，自由的市场环境和金钱利益的诱惑使交往者逐渐迷失了方向，由于工具理性的泛滥和价值理性的缺失，以崇尚科技的力量的科技决定论观念日益深入人心，使得现在人类的精神世界越发空虚，个人价值更难以实现。同时，虚拟交往对人类生活世界的渗透使得交往主体越来越沉醉于虚拟交往带来的虚拟关系，认为在虚拟的网络空间中可以获得更大的自由，从而造成了对真实的物理世界的漠视。特别是虚拟交往成为现代交往主体的最主要交往形式之后，离开了虚拟交往，人们将不能生活、不能交换、不能消费，人们在不知不觉中成为虚拟交往的奴隶。自我调节能力弱化的虚拟生活世界更容易被系统侵入，进而形成恶性循环，最终加剧了虚拟交往的异化。

(二)虚拟交往异化问题的具体表现

虚拟交往所构建的虚拟空间虽然有着现实社会没有的虚拟性,但虚拟空间中人与人的交往在绝大多数情况下依然沿用了现实交往所必需的原则,哈贝马斯对生活世界的三种解释模式在虚拟空间中的异化现象依然适用,虚拟交往的异化具体表现为文化层面的异化、制度方面的异化和虚拟交往参与者的自我异化:

首先,文化层面。由于人们在虚拟空间中的交往使用了互联网这种新的技术和媒介,并发展出了新的形式,长久以来也就形成了新的文化,即虚拟文化。虚拟文化是社会文化在虚拟空间的延伸,具有很多与社会文化的相似之处,但也表现出了诸多新的特点,对社会中的传统文化产生强烈冲击。虚拟文化所处的虚拟空间是真实社会以外的新的场域,这为人类实现自由全面的发展提供了更广阔的空间,在虚拟空间中,云空间可以存储海量的信息和资源,互联网使信息资源的获取更加快速便捷,这相当于为人类提供了一个宽广的文化平台。互联网的自由性和开放性决定了虚拟文化的丰富性,在虚拟空间中,人们可以开阔眼界,获取新的思想和观念,极大程度开拓了人的认知领域,改变了人的存在方式和思维方式。但是,随着虚拟技术和网络技术越来越发达,现实世界的数字化、虚拟化以及电子化的程度也随之越来越高,真实世界中的自我越来越难把控,真实世界和虚拟世界的界限越来越模糊,这意味着虚拟文化对于交往主体而言的积极影响并非绝对的。虚拟交往的虚拟性使在虚拟世界中交往的双方始终蒙上了一层神秘的面纱,不能做到真实世界中交往的真实坦诚和相互理解,在此过程中形成的虚拟文化作为一种异己的存在,过度的使用和依赖会使在虚拟空间中的交往导致交往主体与虚拟的存在对立起来,从而出现主体不同程度的异化。特别是在虚拟文化从虚拟化发展至智能化之后,人类的血肉之躯与生物科技连接在一起,形成了人工智能,突破了现实社会中文化所能到达的边界,还能否用现实社会中已有的文化范式来界定人工智能已经成为有待商榷的问题,未来的虚拟文化将发展至怎样的方向成为现阶段无法预测也无法估算的未知领域,这样的困境给虚拟交往的异化现象提供了存在的空间和土壤。

其次,制度层面。在现实社会中,制度和规范是保证社会生活正常进行的重要机制,没有相应的制度和规范会使社会倒退至一片混乱的状态。虚拟交往赖以生存的虚拟空间同样需要制度和规范来进行约束。但事实上,从宏观的角度来看,虚拟空间并没有现实社会中如此分明的地域界限,在现实世界中无法相融的文化和制度常会在虚拟空间中得到猛烈的碰撞,加之没有任何普遍适用的规则可以对虚拟世界进行统一的规范,失去了管束的自由虚拟世界会出现各种程度的道德失范和制度冲击,给现实世界的和平与稳定埋下了隐患。从微观的角度来看,通过对种种消极的网络现象进行剖析,我们常常可以得到对现象背后本质的把握。政治系统和经济系统对于虚拟媒介的操控，依然是导致虚拟世界中各种不良行为的根源所在。语言作为在哈贝马斯眼里最重要的交往媒介，在虚拟交往中同样会被权力和金钱同化，逐渐失去它原本该有的理解和协调作用，从而操控人类的虚拟交往演变为支配交往主体的异化存在。自由的发展受到限制和扭曲，交往的合理化最终在虚拟空间中再次演变为工具的合理化。

最后，个性层面。一次完整交往行为的实现，依赖于交往主体的自由度和完整性。交往主体的个性表现在对语言的使用能力和个体的行为能力。人在交往过程中的主体性和个性相依而存、密不可分，只有符合个性、具有主体性的交往才能满足自我实现和自我认同。当知识和科技的力量在人的存在中占有越来越重要的角色的同时，人对科技创造出的产品的依赖也越来越明显，在这种被动的关系下，人对事物独立的判断力以及想象力和创造力在无形中被削弱，因此，虚拟交往的参与者的个性和主体性也会随之丧失。同时，互联网的传播速度比以往任何媒介都更具影响力，海量的数据和信息让人应接不暇，当具有导向性的报道铺天盖地而来时，人们很容易丧失对信息真伪的判断能力，变成被舆论和流言操控的傀儡，本身的创造力和想象力被大大削弱。此外，由于虚拟交往具有虚拟性，交往者的真实身份往往可以隐藏在数字化中，这使一些人失去了社会中的道德感和责任感，形成主体模糊的错觉，从而流露出不自觉的攻击性以及不愿为自己行为负责的投机心理，形成影响社会安定的不稳定因子。后工业社会中，已经出现了人际关系疏离的困境。特别是在互联网技术普及后，由于人的交往开始虚拟化，弱化了现实社会中人与人的交往，使这种疏离状态达到顶峰。虚拟交往为人类生活创造了很多新的条件和便利，极大程度节省了人工和人力资源，依靠科技技术，利用网络和各类计算机，提高了人们生活的效率，但因此加重了人对科技的依赖，这实际上是人类自理能力的一种退化，使人类异化成为科技的奴隶，难以完成自我实现，失去了交往的最重要意义。

三、解决虚拟交往异化问题的路径探寻

对于如何解决虚拟交往所造成的异化问题，哈贝马斯的生活世界殖民化理论同样具有借鉴意义。针对生活世界殖民化的现象，哈贝马斯提出了解决此现象的思路和方法，即交往合理化的概念，通过让人们重拾合理、自由和平等的交往与对话机制，达成人与人之间关系的和解，通过合理的交往手段来建造合理的生活世界。在哈贝马斯看来，工具合理性对于交往合理化并没有非常重要的意义，真正有意义的是建构一个健康良好的语言环境和对话环境。当交往的主体可以做到在交往行为中以道德规范为准绳约束自己时，才能使

交往主体不收到工具理性的影响，从而实现真实且真诚的交往，使生活世界的交往走向合理化，也使交往主体的自我实现有了可能，协调好生活世界与系统之间的关系，从根本上解决生活世界殖民化的问题。

哈贝马斯的交往合理化构想，是帮助我们解决虚拟交往异化现象的重要指南。

首先，注重道德实践，提升交往主体的自身素质，为虚拟交往构建良好的语言环境和对话环境，形成健康的文化氛围。文化建立在全部人类的精神活动之上，因此一个良好的文化环境应该是所有主体的实践活动在注重道德修养的基础上共同作用的产物。互联网的高效性加快了信息的扩散，缩小了人与人之间的物理距离，使得任何主体的行为都可以产生比以往任何时期都深刻的影响，这就导致了每一个交往主体的行为都可能产生“蝴蝶效应”，即使是非常微小的行为，经过了传播都有可能被放大并引发无法预测的随机性结果。只有交往主体注重自身素质的提升，本着真诚和真实的动机参与到虚拟交往中，注重良好语言环境和对话环境的建设，才能摆脱工具合理性对主体交往行为的控制，建立起交往合理性，从而重构社会的理性，使虚拟交往的生活世界走向合理化，形成良性的文化氛围。

其次，对虚拟交往相关制度的建立，应注重分寸的掌握，既不能过度放任而任其自由发展，也不能被市场规律左右而滥用权力，才能建立合理、自由和平等的交往环境。健康的文化环境需要主体共同构建，但这一环境的维护需要有政府相应的政策加以制约。健全的制度才能使得虚拟交往平等的交往环境保持长效性，以及对于交往者的不良行为及时予以制止和规范，因此，及时建立起完善的法律体系和制度体系对虚拟交往的生活世界加以管束刻不容缓。同时，政府应该适应角色的转变，从单向的输出管理和服务，向共同协商和治理转变。为交往主体合法、正当的交往行为提供自由的空间，不应该滥用权力，使虚拟交往沦为思想独裁的工具，保护交往主体的舆论知情权，保证信息的真实有效性，更要尊重在虚拟交往中不同文化之间的碰撞和融合。

最后，重视语言的重要作用以及主体间性的理解和包容，通过真诚、真实、正确的语言机制进行自由的交往，重拾交往主体的自我认同。虚拟交往的生活世界依然是社会先验的存在，是人们交往活动的背景所在，且它不是一个私人的世界，是所有交往主体共有的主体间性的世界。在这个主体间性的世界中，理想的虚拟交往应该建立在一定的交往规则之下，交往双方享有平等的地位，并且具备语言能力和活动能力，可以理解彼此所要表达的意思。基于这样的前提，任何参与到交往行为中的主体都应该受到重视。任何交往者都有同样的权力表达好恶和情感，也可以提出拒绝、承诺以及自我辩驳。只有在这样约定俗成的交往规则之下，交往主体才能实现真正的理解和包容。此外，虚拟交往的交往主体应该协调好虚拟与现实生活世界的关系，认识到虚拟交往只是一切交往活动的一部分而非全部，对人的生活起到的是辅助作用而非主导作用，社会性和主体性才是人最重要的属性，任何交往行动都是为了主体在社会中的自我实现。只有在这样的社会中，才能使得每一个参与的主体的自我认同和自主权有实现的可能性，从而最终建立一个和平美好的生活世界。

参考文献

[1]阿尔弗雷德·许茨，2001，《社会实在问题》，北京：华夏出版社，第 295 页。

[2]范宝舟，2005，《论马克思交往理论及其当代意义》，北京：社会科学文献出版社，第 209 页。

[3]哈贝马斯，1994，《交往行动理论》第 2 卷，重庆：重庆出版社，第 165 页。

[4]胡塞尔，1988，《欧洲科学危机和超验现象学》，上海：上海译文出版社，第 58 页。

[5]夏宏，2008，论作为视域的"生活世界"——兼与鹿林商榷，《哲学研究》，第 12 期，第 58—65、124 页。

The Theory of "Colonization of the Living World" and the Alienation Analysis of Virtual Communication Based on Internet Technology

Liu Yaxun　Fan Baozhou

Abstract　This paper argues that virtual communication, as a new form of social communication based on Internet technology and mobile terminals, has dual characteristics, that is, virtual communication brings great convenience to people's life, but also brings many new problems of alienation. This paper proposes that Habermas, a Western Marxist scholar, intrudes into people's life through expounding the system with rights and money as the media. The theory of "colonization of the living world" of the alienation of the world has a profound reference value for us to analyze the alienation of communication under the background of the Internet. Therefore, with the help of this theory, this paper deeply discusses the alienation of virtual communication brought about by the invasion of political system and economic system into the virtual living world, and from the political, economic and cultural levels This paper gives the path and suggestions to solve the alienation problem of virtual communication.

Key words　Virtual Communication　Colonization of the Living World　Alienation of Communication

欧美抗疫实践及困局镜像之中的“新自由主义”魅影

李雪阳　孙立冰

内容提要　近期,欧美在抗击新冠疫情上陷入了一系列困局之中。一般主流观点将之归因为西方各国政府错失抗疫“窗口期”、无视中国抗疫模式和经验、“去工业化”等。然而,恰如马克思在《资本论》中指出的“工人的肺结核和其他肺部疾病是资本生存的条件”所深刻昭示的那样,导致欧美抗疫困局的深层原因无疑应当到作为当前资本主义主流意识形态和主要经济政治制度的新自由主义那里去探寻!

关键词　新冠疫情　新自由主义　私有化　劳工阶级　种族主义
中图分类号　F276

2020年3月31日,联合国秘书长安东尼奥·古特雷斯表示,新冠病毒大流行是自第二次世界大战以来最严重的全球危机,全球人民正面临一场历史性危机,这场危机带来死亡、散布苦难同时改变着我们的生活,这不仅仅是一场健康危机,也是社会的危机,疫情正攻击人类的社会核心,更令人担忧的是,这场疫情可能使世界各地爆发冲突。新冠疫情空前的破坏性和毁灭性令人始料未及,全球几乎损失了千年来人类所积累财富的一半,国家区域、阶级族群之间呈现愈益显著的分裂性。最初新冠肺炎在中国的大规模急遽爆发,一度被西方视为一场如同导致苏共落幕的切尔诺贝利那般的大灾变,其或将导致中国的共产主义统治(communist rule)分崩瓦解。然而,戏剧性反转的一幕出现了,中国抗疫取得了重大胜利,欧美各国却纷纷沦陷于新冠肺炎“铁蹄”之下。欧美抗疫困局表面上源于各国政府错失抗疫“窗口期”或无视中国抗疫模式和经验等,实则却根源于西方数十年坚定地奉行新自由主义路线。此次疫情将新自由主义反历史、反人民、反人性的内涵及特征最为淋漓尽致地暴露出来,成为本世纪对新自由主义、资本主义、帝国主义的另一次重击(第一次重击为2008年金融风暴)。这一切恰如东欧哲学家斯拉沃热·齐泽克在《冠状病毒是对资本主义“杀死比尔”式的重击》中所指出的那样:冠状病毒也迫使我们重新发现共产主义——它建基于信任人民与相信科学之上。因此,同西方反

收稿日期:2020—03—20

作者简介:李雪阳,广东省社会科学院副研究员,主要研究方向为当代西方资本主义、帝国主义;孙立冰,吉林财经大学副教授、《当代经济研究》主编,主要研究方向为马克思主义政治经济学。

对观点迥然有别，新冠病毒的流行实则是对全球资本主义体系的一击“五雷摧心掌”——这意味着我们不能再像以前那样一意孤行，是时候进行根本性的变革了。①

一、新自由主义(化)削弱了公共医疗卫生系统抵御新冠疫情蔓延扩散的能力

(一)欧美深陷抗疫资源匮乏与医务人员紧缺的泥沼之中

近两个月以来，随着新冠疫情在全球特别是欧美的急遽蔓延扩散，一向自恃医疗水平先进、医疗资源丰富的欧美各国却出人意料地在抗疫物资、医护人员等方面频频告急。

一方面，随着抗疫时间的延长，抗疫物资变得越来越捉襟见肘，欧美众多医院的医疗防护用品几乎消耗殆尽，不得已之下只能将一些日用品制成口罩，甚至用垃圾袋制成防护服，抗疫物资的奇缺已致多名医护人员感染新冠病毒并因医治无效死亡，为了表达对“政府让我们赤裸着抗击疫情”的强烈不满，数十名法国抗疫护士甚至以展示裸照的方式抗议政府未能向医护人员提供足够的抗疫防护用品，她们用A4纸遮住隐私部位，写上“裸抗新冠病毒护士”。

另一方面，随着越来越多的人被确诊感染新冠病毒，医护人员在救治病患的过程中可谓心力俱疲、憔悴不堪，人手不足状况日趋严峻，加之死亡人数不断上升及一些医护人员在抗疫过程感染新冠病毒，医护人员的心理健康也开始令人担忧，而这更突显了医护人员紧缺问题。例如，在疫情肆虐的意大利，目前已有超过5 000名医护人员感染新冠病毒，并接二连三发生护士因沮丧焦虑、悲观厌世而自杀的悲剧，意大利医师协会致信意大利高等卫生研究院主席布鲁萨费罗，请求立刻为奋战在抗疫一线的医务工作者提供足够的防护物资保障。

正是处于这种日甚一日的严峻态势下，美国某些医院表示，如果新冠疫情继续蔓延扩散并导致越来越多人感染，它们或将考虑采取一种更加务实的“全面放弃抢救”措施，因为对高危病患的救治通常会消耗大量医用物资且增大缺乏足够抗疫用品的医护人员的感染风险。美国重症监护医学学会主席、宾州大学外科医生卡普兰(Lewis Kaplan)对此无奈地说道，“我们正身陷危机，在使用医疗资源方面面临艰难抉择”；威斯康星大学麦迪逊分校生物伦理学家查洛(R. Alta Charo)认为，虽然“停止治疗”的想法令人不安，不过却是务实的，

---

① 斯拉沃热·齐泽克，宋尚诗译，《冠状病毒是对资本主义“杀死比尔”式的重击》，http://www.wyzxwk.com/Article/sichao/2020/03/414655.html，2020年3月3日。

“如果医护人员被病毒攻击而无法照顾更多人，对任何人都没有帮助”。[①]

最终，欧美抗疫医疗物资奇缺的困境成为了一把利刃，将往昔看似牢固的欧美同盟，甚至某些国家内部地方性团结狠狠割裂并撕得四分五裂。在国际上，美国在世界各地强行抢夺和截获其他国家抗疫医疗物资，如美军派出运输机从新冠疫情重灾区意大利运走 50 万个检测盒、美国以“查抄”之名截留德国大量口罩、要求韩国提供医疗物资以交换韩国公司在美市场发展所需行政审批方面的便利、不惜威胁印度以换取抗疫特效药、特朗普试图出价 10 亿美元独家占有德国公司 CureVac 新冠肺炎疫苗专利等；在国内，自疫情在欧美大规模爆发以来，特朗普政府始终未能向各州、市提供足够抗疫医疗物资，许多州、市政府只能各自为政、自己想办法解决问题，如纽约州州长科莫认为，白宫没有给各州有力的支持，加州州长纽森则指出，联邦政府根本没有帮上忙，加州始终像一个国家一样自己救自己，接下来加州还要像一个国家那样独立行事，对此，基辛格认为，疫情给白宫带来了信任危机。

（二）一般主流归因——从错失抗疫“窗口期”到欧美“去工业化”

究竟是何原因造成了欧美抗疫物资匮乏、医护人员不足、抗疫形势严峻的糟糕局面？

一般主流观点往往将之归因为欧美各国政府及其主要领导人出于无知傲慢或盲目乐观，最终错失了中国抗疫所争取到的弥足珍贵之“窗口期”。如希拉里和美国国家卫生研究院院长福奇等均认为，“美国已经丧失了围堵病毒的机会”，美国 CDC 前主任佛莱登则指责特朗普政府“已经浪费了整个 2 月和 3 月”。“在大流行应对中，时间就是一切：它可能是控制在持续数周的局部爆发与无法控制的蔓延数百万人的传染之间的区别”[②]，然而，欧美各国政府及其主要领导人不仅因对新冠疫情产生严重误判从而采取了消极抗疫路线，更是将抗疫“窗口期”和大量精力浪费在“隔岸观火”地观察中国抗疫实践并竭力“抹黑中国”方面。《华盛顿邮报》揭露了从 12 月 31 日美国疾控中心 CDC 获悉中国一系列新冠肺炎病例情况直至 3 月中旬，特朗普根本无视新冠疫情，轻描淡写地向公众承诺新冠病毒会“消失”，他甚至在推特上发文称：普通流感每年造成成千上万的人死亡，但一切都没有停止，生活和经济继续。[③] 正因此，斯拉沃热·齐泽克认为：“第一个需要驱散的幻想来自美国总统特朗普最近访问印度时的相关言论——疫情会很快消退，我们只需静待疫病的激增

① 《“新冠肺炎”抢救代价高资源已不足，美国医院考虑全面放弃抢救！》，https://baijiahao.baidu.com/s? id=1662335633853994099&wfr=spider&for=pc，2020 年 3 月 28 日。

② 波士顿环球报，《特朗普一个手上沾满鲜血的总统！》，http://news.sina.com.cn/w/2020-04-09/doc-iircuyvh6704163.shtml，2020 年 4 月 9 日。

③ 凤凰网，《华盛顿邮报调查报告：特朗普浪费了 70 天关键时间》，http://news.ifeng.com/c/7vROyfEQRNi，2020 年 4 月 6 日。

(spike),然后生活就会回归正常。”①

也有观点认为,欧美抗疫困境根源于欧美政府及其主要领导人一切以经济利润为核心和驱动、“只见经济不见人”的短视,正是在这种价值观指导下,欧美政府始终聚焦和颇感忧虑的是“生产停顿”和“经济停摆”,因而完全无视中国抗疫有效模式和成功经验,人为淡化新冠疫情风险,荒唐地炮制出一系列掩人耳目的动听说辞并将之付诸实践,如美国政府“80%患者都能自愈”的谬论、英国政府具有绥靖色彩的“延缓”(Delay)政策及其中包含的“群体免疫”观点,从而将国内广大民众置于新冠病毒肆虐风暴之中,并空前加剧了疫情蔓延扩散态势、恶化了抗疫医疗物资的匮乏性。

此外,还有观点指出,导致当前欧美抗疫深陷困境之中的主要原因之一为,欧美多年来积极推动施行的“去工业化”,这致使欧美各国国内生产抗疫医疗物资的能力难以跟上新冠疫情急遽蔓延的扩散态势。

(三)新自由主义归因——弱化公共医疗系统与公共服务私有化

大卫·科茨指出,新自由主义实为一种在凯恩斯主义基础上“倒退”、“回归”(到斯密)的现代自由主义经济学,按照英语世界的传统,这就是“右”的、“保守”的,称之为新保守主义经济思潮更能彰显其本质内涵(程恩富、大卫·科茨,2005a)。

新自由主义坚定信奉,政府不是解决问题的有效方法,而是问题本身,“国家调控是造成经济不稳定的主要根源”,“国家采取的任何干预经济的政策和措施,归根到底都是徒劳无益的”,“管得最少的政府是最好的政府,国家不干预经济是对经济最好的管理”(程恩富,2005a)。正是基于这样一种立场,其始终致力于反对并弱化国家对经济生活的介入与干预,致力于政府“最小化”建构,即将政府功能仅仅局限在“守夜人”藩篱之中。西方新自由主义崛起于20世纪70年代中期,旨在克服经济滞胀危机并彻底取代以凯恩斯主义路线为代表的镶嵌型自由主义这一历史背景中,因此,为了减少政府赤字,经济紧缩路线下的削减公共预算和支出成为其重要特征之一。

四十余年来,西方奉行的这一路线不仅因空前削减了其社会各类公共预算和支出,从而极大地弱化了各类公共机构和部门的活动范围、权限和能力,而且也令社会公共系统的工作岗位锐减。作为公共服务系统之一的社会医疗体系自然同样遭受到了新自由主义反对政府干预、施行经济紧缩政策的严重冲击(如果不是摧毁性的话),而这无疑成为当前欧美各国在抗击新冠疫情时纷纷深陷抗疫医疗物资奇缺、医护人员显著不足、抗疫效果不佳泥潭之中的深层原因之一。耶鲁大学教授艾米·卡普钦斯基(Amy Kapczynski)在《波士顿

① 斯拉沃热·齐泽克,宋尚诗译,《冠状病毒是对资本主义“杀死比尔”式的重击》,http://www.wyzxwk.com/Article/sichao/2020/03/414655.html,2020 年 3 月 3 日。

评论》撰文指出，过去十年中，美国疾病控制与预防中心（CDC）的资金——其中一半以上流向州、市和镇——减少了 10%。有 17 个州以及哥伦比亚特区削减了卫生预算，所有地方卫生部门中有 20%这样做了。自 2008 年以来，当地卫生部门已经失去了超过 55 000 个工作岗位。当特朗普在 2 月 26 日的新闻发布会上被问及，冠状病毒危机是否会使其暂停对 CDC、NIH（National Institutes of Health）和 WHO 的削减支出时，他回答说：“我们裁减的一些人（岗位）已经很多年没有使用过了”；“您知道，我是一个商人，当您不需要他们时，我不喜欢成千上万的人”，“当我们需要他们时，我们可以很快将其（岗位）恢复”；此外，“疾病预防控制中心的公共卫生应急准备（PHEP）计划是州和地方公共卫生应急准备的关键融资机制，自 2003 年以来已削减了三分之一”，“总统的 2021 年拟议预算削减了公共卫生防备和响应办公室的 2 500 万美元，医院防备计划的 1 800 万美元，新兴和人畜共患传染病计划的 8 500 万美元。……所有这些都凸显了本世纪大部分时间，两党以赤字和减少债务名义为国家公共卫生提供的资金不足”。①

新自由主义另一个重要特征是始终致力于推动私有化进程。“雅赛指出，新自由主义的基石之一就是所有权都是私有的”，“财产私有的经济主体，在充分竞争的自由市场上可以达到完美的瓦尔拉斯均衡，并且只有私有的财产权才是完整的”（程恩富、王中保，2005），所以“新自由主义经济学家是私有化的狂热拥护者”（程恩富，2005b）。在罗伊看来，从本质而言，私有化是指“生产性公共资产从国家转移到私人公司的手中，生产性公共资产包括自然资源，如地球、森林、水和空气等。这些都是政府为了其所代表的人民的利益而保管的资产……攫取这些资产并将它们作为原料出售给私人公司实际上是一种野蛮的剥夺行为，其野蛮程度在历史上前所未有”（大卫·哈维，2009a）。多年来，在西方政府的竭力推动下，不仅在企业、工厂、矿区等经济产业部门出现了大规模私有化浪潮，而且甚至连基础设施能源、国民教育、公共医疗、福利保障等领域也出现了大规模私有化浪潮。据此，哈维断言，新自由主义引领下的空前私有化进程正显示新一轮的“圈地运动”已然展开（大卫·哈维，2009b）。公共医疗系统的私有化，在伦理学层面极大地压缩了真实人性内涵的丰富性、多维性，再次重申并现实性地巩固了“经济人”范畴及其内涵的单一而乏味之“自利性”道德基点（尽管波兰尼已通过充分人类学证据令人信服地彻底批驳了这一点），并表现出一种推动自由放任市场经济“脱嵌”（disembedded）于经济生活和经济体制，甚至“脱嵌”于社会体制，进而凌驾于其上的显著企图。

于是，私有化导致公共医疗服务在商品化道路上越走越远，公共医疗系统

---

① 《经济走势跟踪：新自由主义体制如何加剧新冠疫情——发达国家社会健康受到威胁的深层原因探讨》，http://ie.cass.cn/academics/economic_trends/202003/t20200327_5106773.html，2020 年 3 月 27 日。

开始以经济利润为核心关切与根本驱动力[在纽约市近期爆发的医护人员为争取足够医疗保护物资的示威运动中,人们高举“患者优先于利益”(Patients before profits)的标语以反对这一点],在此逻辑下,患者越多越好、病情越重越好,从而弱化甚至抽空了其往昔的人道主义内涵、社群主义关怀和人性温度,严重毁坏了其公平正义性、计划预测性和因素平衡性。例如,私人医药公司在研发抗癌药物方面是绝不会考虑一些病患相对较少的癌症种类的。“大制药公司对传染性疾病(例如自 20 世纪 60 年代以来广为人知的整个冠状病毒)的非有利可图的研究几乎没有兴趣。大制药公司很少投资预防。它对投资于应对公共卫生危机的准备没有兴趣。它喜欢设计治疗方法。我们生病越重,他们赚得越多。”①

处于当前这样一个私有化肆虐泛滥的历史时期,再次回顾波兰尼曾经对经济自由主义做出的批评无疑是非常有益的:“对市场社会的真正批评,并不是因为它是建立在经济的基础之上——就某一程度而言,每一个社会,任何一种社会都必须立足于经济基础之上——而是因它的经济是建立在‘自利’的观念之上”,“这样一种经济生活的组织法则是完全不自然的,而且在严格经验意义上是例外的”(卡尔·波兰尼,2017a)。

二、“福利个人化”与“弹性劳动力市场”广泛建立——新自由主义对劳动者展开的“双重打击”加剧了劳工阶级抵御新冠疫情的脆弱性

在哈耶克看来,福利国家是一种人为的设计而不是单纯的人类行动,完全忽视了一个自由市场经济社会中建立“自发秩序”的必要条件。正是循着哈耶克的这一思路,新自由主义认为,基于高税收政策的“福利国家”导致经济上的低效率,弱化了人们工作、储蓄和投资的动机;“充分就业”政策减少了私营部门的劳动力供应,使经济发展缺乏弹性;以养老、就业和医疗等为主要内容的全民福利,摧毁了个人自我照顾的能力,增加了个人依赖国家的惰性(程恩富,2005c)。于是,自 20 世纪 70 年代中期以来,新自由主义对劳工阶级发起了剧烈的“双重打击”。在哈维看来,这一“双重打击”对于劳工阶级而言无疑是非常致命的,其不仅彻底拆毁了镶嵌型自由主义数十年来在不经意间为劳动者构建起来的包含经济保障和组织保障(如行业工会机构)的“保护层”,更将众多劳动者变为全球化时期在工作劳动环境中“任由资本摆布与宰制”的“弹性或临时工人”。与哈维相近,科茨也明确指出,全球化新自由主义秩序不仅使

① 《经济走势跟踪:新自由主义体制如何加剧新冠疫情——发达国家社会健康受到威胁的深层原因探讨》,http://ie.cass.cn/academics/economic_trends/202003/t20200327_5106773.html,2020 年 3 月 27 日。

一般民众的生活条件更加恶化，它还系统性地瓦解了他们的力量，“每一个阶段的资本主义都是由资产阶级及其代表来攫取社会主要权利，但是民众通过斗争已经历史性地享有了一些权利，如通过职业工会、政党、国家和地方政府中的公民代表，以及各种非政府组织争取到了一些权利”，“而新自由主义则力图削弱和边缘化这些民众已经取得了一些发言权的所有机构，而把权力集中于巨型跨国公司、银行和代表他们的国际机构”（程恩富、大卫·科茨，2005b）。

新自由主义对劳工阶级发动的“第一重打击”为，通过减少经费预算、支出及种类项目，弱化甚至取消往昔政府给予劳动者的制度性社会福利保障，并将劳工阶级的社会福利保障转变为一种商业性资本保障。由此一来，从前劳工阶级可以在政府或企业那里获得的稳定福利和众多保障如今却只能在贩卖各式各类保障商品的自由市场中进行购买，从而，一种被哈维称为“个人责任的体系”全面取代了社会福利保障体系（如养老金、医疗卫生、伤残保障等），即“个人安全因此成为个体选择的事情，依赖于个人能否支付包含在风险金融市场中的金融产品”（大卫·哈维，2010a），换言之，个人能够获得和拥有的福利保障与其收入或财富多寡直接挂钩，并因而在收入和财富两极分化基础上形成了福利保障的两极分化，于是大量失业待业群体和贫困群体几乎沦为没有任何福利和保险的“无保障人群”，他们的生存状况相当艰难而脆弱。

新自由主义对劳工阶级发动的“第二重打击”为，由于国家从社会福利领域的大范围撤离、某些新技术的涌现，以及以“逐底竞争”(race to the bottom)为特征的血汗工厂普遍复兴等因素影响，一种“弹性劳动力市场”得以广泛建立，于是，相当大一部分社会劳动力成为多余，而“短期合同”、“非正式雇佣关系”、“外包转包”等劳资关系则愈益盛行。正是由于受制于这样一种劳资关系，不仅劳动者“自由选择权”早已丧失了真正有意义的内涵，而且全球化时期劳动者的工作时长、工作强度、工作压力以及由此导致的心理健康状况恶化等均出现了大幅回弹，劳动者名义工资和实际工资长期处于低位，女性劳动者和童工的境遇则更加艰难。“在这个弹性劳动力市场和短期合同、周期性工作不稳定、缺乏社会保障、经常令劳工疲惫不堪的世界里，任由摆布的工人（特别是女性）如何在社会上和情感上生存下来——毕竟他们已经没有曾经给予其些许尊严和支持的集体制度?”，“约二十亿人不得不以每天不到 2 美元过活，资本主义消费文化居高临下，金融行业赚取巨额奖金，以及关于新自由主义化、私有化、个人责任的解放性潜力等自娱自乐的争辩——这些必然像是一场残酷的玩笑”（大卫·哈维，2010b）。

约瑟夫·斯蒂格利茨(Joseph E. Stiglitz)曾指出，波兰尼对经济自由主义的批判表明，“坊间流行的‘涓滴经济学’(trickle-down economics)，即经济成长对于包括贫民在内的全民有利，实则无历史根据”（卡尔·波兰尼，

2017b)。20世纪70年代中期以来，新自由主义对劳工阶级发动的“双重打击”则进一步使“涓滴经济学”沦为一种虚幻的乌托邦。相较于战后近三十年的“黄金时期”而言，新自由主义时期西方社会普通劳动者的生活和工作状况出现明显下滑，无论从绝对量还是相对量上看，劳工阶级在财富总量、货币储蓄、工资收入等方面均长期处于低位，众多劳动者不仅没有储蓄、财富、住房，甚至还背负大量债务。在这样一种背景下，当前在欧美猖獗肆虐的新冠疫情似乎正越来越演变为一场针对“任由资本摆布与宰制”的“弹性或临时工人”或缺乏金钱空间、福利保障、医疗物资等穷困人群的大瘟疫。这一点恰如纽约市维科夫医院护士吉利安·普里米亚诺(Jillian Primiano)疾呼的那样：“人们在死去，穷人在大量死去，不是富人，这个病毒在杀死穷人，他们说这个病毒对人无差别，不是这样，穷人在死去，因为他们不得不离开家去工作。”事实上，当新冠疫情暴发后，欧美各国政府采取的第一步措施都是要求人们保持社交距离，然而，“能够有资格保持社交距离的人都是有钱人，实际上是一种特权”，“因为穷人必须要工作，如果不工作就没有饭吃了，而要工作就不可能保持社交距离”。① 特别是，当前“大部分后工业劳动力均处在应对冠状病毒流行病的最前线(在卫生和老年护理等领域)，他们从事低薪、低福利和不稳定的工作，这不仅使他们更容易受到需求的影响，而且也降低了系统限制病毒传播的能力(尤其是当护理人员缺乏保护自己的物资时)”②。

三、从推动全球经济“简直一无所获”到特朗普“救市不救人”——新自由主义实为“一项旨在恢复与重建资产阶级权力和经济精英力量的乌托邦计划”

当新冠疫情在欧美呈现出一种几近失控的状态时，西方各国政府却令人失望地始终聚焦于经济发展状况而非疫情之下极端脆弱的民众。对此，哲学家齐泽克愤慨地指责道，随着疫情持续蔓延，全球市场或金融资本之类的事物正获得西方政府越来越多的关注，似乎它们而非成千上万的亡灵及挣扎于死生边缘的一个个鲜活生命才是理应保护的实体。据此，他认为，资本主义泛灵论(animism)回归了。③ 与齐泽克“资本主义泛灵论回归”观点有异曲同工之

① 萧武，《新冠病毒可怕，但更可怕的是贫困》，http://www.wyzxwk.com/Article/shiping/2020/04/416493.html，2020年4月7日。

② 中国社会科学院，《经济走势跟踪：新自由主义体制如何加剧新冠疫情——发达国家社会健康受到威胁的深层原因探讨》，http://ie.cass.cn/academics/economic_trends/202003/t20200327_5106773.html，2020年3月27日。

③ 斯拉沃热·齐泽克，宋尚诗译，《冠状病毒是对资本主义“杀死比尔”式的重击》，http://www.wyzxwk.com/Article/sichao/2020/03/414655.html，2020年3月3日。

妙的是，哈维通过对数十年来新自由主义（化）及其一系列后果的考察后指出，新自由主义实为“一项旨在恢复与重建资产阶级权力和经济精英力量的乌托邦计划”！

（一）新自由主义（化）在推动全球经济发展方面“简直一无所获”

在哈维看来，新自由主义之所以被视为“一项旨在恢复与重建资产阶级权力和经济精英力量的乌托邦计划”，其主要依据是，新自由主义在推动全球经济发展方面“简直一无所获”，换言之，新自由主义在推动全球经济发展（激活全球资本积累）方面远远不如其在恢复资产阶级权力（如在英国和美国）或创造（如在俄罗斯）经济精英力量方面那样卓有成效：一方面，新自由主义（化）最初似乎缓和了 20 世纪 70 年代西方经济滞胀危机，但其代价却是令全球经济增速放缓，社会失业率持续攀升并长期徘徊在高位，国家社会福利保障开支及体系不断遭到削弱，劳工阶级生活质量大打折扣，全球普遍贫困状况日趋严峻；另一方面，新自由主义（化）远未令经济社会领域变得更加平等和民主，恰恰相反，多年来，新自由主义（化）令社会阶级之间财富和收入两极分化愈演愈烈，进而在地理—空间维度上形塑出两种显著地表景观——“不平衡地理发展”和“创造性毁灭”。“20 世纪 60 年代，全球经济总增长率为 3.5%左右，甚至在艰难的 20 世纪 70 年代，这个数字也不过下降到 2.4%”，“但是，在随后的 80 年代和 90 年代，增长率却分别为 1.4%和 1.1%”，“这表明新自由主义化在刺激全球经济增长方面相当失败”，“在某些地方，例如接受了新自由主义‘休克疗法’的苏联地区以及那些中欧国家，损失是灾难性的”，“在许多拉丁美洲国家，新自由主义化要么产生滞胀（在 80 年代的‘失落十年’），要么带来短促的经济增长与随后的经济崩溃（如阿根廷）”，“在非洲，新自由主义根本没有带来任何积极变化”（大卫·哈维，2010c）。与新自由主义化解社会经济难题的“神话”或“常识”迥然有别，现实中，恰恰是那些没有全盘采纳新自由主义，或部分有效抵制了新自由主义的国家和地区（如日本、西德、东亚“四小龙”、瑞典等）获得了经济腾飞，成为全球经济竞争动力源。这些国家和地区“在没有施行全盘新自由主义改革的情况下取得了成功，让人们很难辩称全球范围的新自由主义化进程是救治经济滞胀的良方”（大卫·哈维，2010d）。

（二）特朗普“救市不救人”——新自由主义政府始终致力于眷顾和维护资产阶级与经济精英的一切利益

2020 年 3 月初以来，由于受到新冠疫情急遽蔓延扩散的影响，美国的经济生产、国际贸易、商业金融、投资消费等均受到严重冲击，股市连续出现了 4 次触发熔断机制。面对来势汹汹的疫情及经济状况下行压力日甚一日，特朗普于 3 月 27 日签署了 2.3 万亿美元的刺激法案，以期提振人们对经济向好的信心、拯救美国经济。美国财长姆努钦表示，除了直接支持经济外，美联储还将获准动用 4 万亿美元的流动性来刺激国内经济，总的算来，直接援助和信贷援助额将达破纪录的6万亿美元。白宫国家经济委员会主任拉里·库德洛也指出,这是美国历史上规模最大的经济刺激法案。

尽管特朗普政府将以6万多亿美元应对新冠疫情及其对美国经济所产生的摧毁性打击,但这一努力却呈现出显而易见的"救市不救人"特征,恰如特朗普自己所说的那样,"先拯救市场、挽救经济衰退"。其一,仅计划拿出1 000亿美元用于对医院和医护人员的救助,其中,100亿美元用于药物开发,40亿美元用于口罩、手套、防护服、呼吸机等抗疫物资生产,向疫情最严重的纽约市拨款仅为区区10亿美元;其二,计划拿出5 000亿美元用于向美国年收入低于7.5万美元的纳税人进行一次性支付,每名成年人1 200美元,每名儿童500美元,然而,基于疫情的严重性及美国普通劳工阶级微薄的收入、储蓄和保险,这笔经费无疑是杯水车薪。对此,哈佛医学院讲师亚当·加夫尼(Adam Gaffney)正确地指出,"毕竟,有3 000万美国人没有保险——随着经济的衰退,数百万或数千万美国人将失去工作,这一数字肯定会增长","投保不足的人甚至更多,而对于这些人来说,随着可支配收入的下降和储蓄的减少,保险分摊额和自付额将变得更加难以承受","对于这两个群体而言,因新冠病毒而产生的重症监护病房(ICU)的医疗费用都可能是毁灭性的";[①]其三,拿出巨量经费(如拨款5 000亿美元建立稳定基金)用于全力救助和支持受到新冠疫情严重影响的企业和公司(已有人指出,救助名录中自然包括特朗普及其家人名下的各式各类产业,如酒店、高尔夫球场、赌场等)。

《纽约时报》报道,据美国疾控中心专家预测,如果特朗普政府继续贯彻"救市不救人"路线,美国最终将会有2.14亿人被感染,有2 100万人需住院治疗,而死亡的人数更可能会高达170万人。然而,特朗普却对国民受感染状况及普通人民群众的悲惨、无助与绝望似乎完全无动于衷(他甚至认为,应牺牲一部分人来换取美国经济不衰退),他自始至终关注并焦虑的是,假如人们不能尽早复工,那么势必严重影响国内经济发展和个人经济赢利情况。因此,特朗普曾在欧美疫情肆虐初期就一度表示希望美国能在复活节(即4月12日)前复工,近期又在白宫发布了重启美国经济指南,允许感染率下降且检测能力较强的州分三个阶段逐步重启经济。不过,这一意味着"解封"的指南受到美国多个州州长的直接反对,一些州长宣布成立了特别工作组,研究如何重新开放本州的经济并控制未来的疫情,这意味着特朗普的"解封"指南并不算数。纽约州州长科莫在接受采访时公开说:"如果白宫的经济重启命令将危害本州的公共健康,我将不予合作",且在纽约州带领下,美国东海岸七个州形成了《东部七州条约》,后续西部三个州也达成了《西部州条约》,加州州长甚至认

① 中国社会科学院,《经济走势跟踪:新自由主义体制如何加剧新冠疫情——发达国家社会健康受到威胁的深层原因探讨》, http://ie. cass. cn/academics/economic_trends/202003/t20200327_5106773. html,2020年3月27日。

为，为了规避联邦政府限制，加州或将变成“一个民族国家”。

尽管特朗普“救市不救人”被许多人视为“不可理喻”和“无法理解”的，然而，但事实却是，特朗普的所作所为恰恰完全符合新自由主义政府对资产阶级和经济精英一切利益无条件眷顾与维护的一贯做派，完全符合哈维将新自由主义指认为“一项旨在恢复与重建(重构)资产阶级权力和经济精英力量的乌托邦计划”的观点。事实上，自20世纪70年代中期以来，每当西方遭遇重大危机(如经济危机、政治危机、军事危机、疫情危机等)时，资产阶级政府竭尽所能且无条件地援助与拯救、维护与巩固资产阶级和经济精英的一切利益这一重要特征就会异常地突显出来。同此次新冠疫情之下特朗普政府“救市不救人”路线具有高度一致性和相似性，当2008年金融风暴爆发并在全球迅速蔓延扩散时，小布什政府旋即于2008年9月签署了高达7 000亿美元的“问题资产解救计划”，其中3 000亿美元用于资助AIG、“两房”和摩根大通，3 000亿美元用于资助花旗银行，其余资金则用于资助其他各大金融机构；在欧洲，各国也纷纷向金融机构注资，如法国、比利时和卢森堡联合向Dexia银行注资64亿欧元，英国在2008年10月以500亿英镑购买主要金融机构的优先股，并为银行间贷款活动提供2 500亿英镑的担保。与此同时，小布什政府竭力维护和保障经济精英们的天价薪酬：2010年7月，肯尼思·范伯格(Kenneth Feinberg)发布报告称，有17家接受纳税人资金援助而走出困境的银行在危机期间向其高层管理人员支付了总额为16亿美元的奢华薪酬(吕薇洲、邢文增，2013)；仅在一年中，纽约若干对冲基金的经理们就轻而易举地赚走了30亿美元的个人薪酬，华尔街给顶级高手的个人奖金从500万美元上升到5 000万美元(使得曼哈顿的房地产价格如火箭上天一般)；而与此形成强烈反差的是，大约有200万～300万人因丧失抵押权成为或将要成为无家可归者，他们中大多数是中心城市的单亲且由妇女支撑的家庭、非洲裔美国人和在城市半边缘地区被边缘化了的白人，美国的许多城市街区甚至城市周边社区，都受到了金融机构掠夺性贷款的困扰和伤害(戴维·哈维，2014)。

四、新冠疫情下西方(极端)民族主义、种族主义广泛复兴的新自由主义根源

中国共产党领导下举国抗击新冠疫情这样一个“中立性”的公共卫生事件，曾数度被某些西方政客和右翼媒体做出了“泛政治化”和“意识形态化”处理，成为其肆无忌惮攻击和罔顾事实地“抹黑”中国抗疫成就、中国民主自由人权状况甚至中国共产党领导的“利器”。

在中国政府施行武汉封城防控疫情措施的最初阶段，西方某些人就已按捺不住躁动的情绪，相继释放出一系列指责和批评言论。如据《纽约时报》1

月23日报道,美国密歇根大学医学史教授霍华德·马克尔博士认为,他从未听说过像中国这样将隔离这么多人作为疾病预防措施的,检疫隔离“不是对一种医疗手段的科学应用”;美国亚利桑那州立大学公共卫生法律与政策中心主任小詹姆斯·G. 霍奇则放言,封闭城市是“过度的反应”;总部设在美国的“人权观察”组织执行主任肯尼斯·罗斯2月初也曾谴责中国政府的做法“过度激烈”,他断言,“这种隔离方式通常不会奏效”。① 且在中国抗疫封城这一件事上,某些西方媒体完全不顾忌“舆论信任资本”彻底丧失之风险,再度在价值观评判标准上采取了往昔一而再、再而三“滥用”且“用滥”的“双重标准”。当美国《纽约时报》等西方媒体在指责中国“为抗击病毒将6 000万人置于封锁之下,给人民的生活和个人自由带来了巨大损失”之后不久,《纽约时报》却对意大利同样的抗疫模式——封城极尽夸奖赞赏之辞,称其封城之举是“冒着经济风险保全欧洲”,同样一种抗疫模式,在中国成为“侵犯人权”、丧失“民主自由”,在意大利却成了“崇高之牺牲”。更具讽刺意味的是,“短短二十分钟时间,《纽约时报》发表了两篇态度截然不同的文章……西方媒体又一次将‘双重标准’暴露无遗”②。

当然,最令人感到震惊和不可理喻的是,面对疫情在中国的肆虐,西方某些政客和媒体居然不仅没有表现出丝毫的人性关怀和人道主义立场,反而接二连三地抛出针对中国政府和中国共产党或幸灾乐祸或敌视仇恨的言论。如美国商务部长威尔伯·罗斯(Wilbur Ross)一度为中国疫情蔓延而感到庆幸,在他看来,新冠肺炎将“帮助”就业岗位回归美国;美国对冲基金经理凯尔·巴斯(Kyle Bass)则说,希望《环球时报》和所有中国共产党员赶快全都感染新冠病毒。③ 面对西方右翼对中国和中国共产党所展开的近乎疯癫的胡言乱语式的意识形态攻击,斯拉沃热·齐泽克却认为,新冠疫情深刻暴露了资本主义、新自由主义一系列难以克服的内在悖论与现实困境。他提出,现今经常听到这样的推论,冠状病毒可能导致中国的共产主义统治(communist rule)分崩瓦解,就如同(戈尔巴乔夫本人承认的那样)切尔诺贝利灾难导致苏共的落幕,但这里却出现一个悖论,即冠状病毒也迫使我们重新发现共产主义。④

伴随西方右翼激烈却苍白无力的意识形态攻击,某种同样来自西方的极端民族主义或种族主义攻击也开始愈演愈烈,其表现为,全球华人乃至亚裔人士均遭受到了各式各类具有挑衅性、歧视性、侮辱性的种族主义“待遇”甚或言

① 《意大利“封城”,当初骂中国的西方专家呢?》,https://baijiahao.baidu.com/s?id=1660657960503117864&wfr=spider&for=pc,2020年3月9日。

② 纽约时报,《中国“封城”带来巨大损失,20分钟后不惜自打耳光》,https://baijiahao.baidu.com/s?id=1660928882091423687,2020年3月12日。

③ 李芳芳,《幸灾乐祸、仇华情绪、种族主义——西方媒体新冠肺炎报道套路》,https://news.ifeng.com/c/7u3dLR0Brfs,2020年3月12日。

④ 斯拉沃热·齐泽克,宋尚诗译,《冠状病毒是对资本主义“杀死比尔”式的重击》,http://www.wyzxwk.com/Article/sichao/2020/03/414655.htmll,2020年3月3日。

辞和行为攻击。中国抗疫之初,《华尔街日报》便曾刊登了一篇题目中包含"中国是真正的亚洲病夫"的种族主义色彩标题的文章;一位 23 岁的中国女孩在德国被两位外国女性吐口水、殴打;中国孩子在加拿大的某些学校遭遇霸凌或孤立;在海外某些餐馆,中国人被禁止进入;杨安泽(Andrew Yang)在超市购物时遭受冷眼;一名美国男子在得克萨斯州一家超市内捅伤三名亚裔美国人,起因是他认为这家人是中国人且感染了新冠病毒;华人商店、超市、仓库被洗劫一空;许多华裔甚至亚裔人士在社交媒体上投诉称,当走在路上时,常常莫名其妙被人吼;作为美国总统的特朗普将新冠病毒称为"中国病毒"、"武汉病毒"(不少观点一致认为,特朗普这一做法非常恶劣且助长了美国各地针对华裔和亚裔群体的种族歧视氛围);美国某些共和党和民主党政客叫嚣让中国共产党和中国政府为新冠疫情全球流行做出赔偿(尽管他们强调并不针对中国人民而仅仅针对政府和党,不过,却始终难掩其内涵显而易见的种族主义色彩),建议中国政府应放弃所持有的 1 万亿美元美国国债。面对西方对全球华人乃至亚裔群体挑起的种族主义歧视与攻击,国内某媒体如是评论道:最近,比新冠病毒传播速度更快的是蔓延在西方媒体平台的舆论病毒,它的临床表现为,幸灾乐祸(schadenfreude)、仇华情绪(xenophobia)和针对中国及华人的种族主义言论(racism)。①

从表面来看,一贯显著的全球化旨向和积极实践似乎将新自由主义同某种(极端)民族主义或种族主义放到了相互绝缘的位置,然而,事实却是,尽管全球化和民族化是一对矛盾,但二者均为资本主义及其经济自由主义的重要内涵和特征。事实上,早在 20 世纪初,布哈林就曾以"世界经济的双重化发展趋势"为题对资本主义及其经济自由主义内涵的全球化同民族化两个相互矛盾的演进趋势进行了深刻探讨,即"经济生活的国际化会加剧……与这个过程并行发生的,是经济发展进程造成一种相反的趋向,即资本家利益民族化的趋向"(尼·布哈林,1983)。基于汉娜·阿伦特"种族主义弥合了民族主义和帝国主义之间鸿沟"的卓越论断之上,哈维不仅在全球化时期再次重申了这一对矛盾,而且更详细阐释了其内在机理:原则上,新自由主义理论对民族并不友好,如果新自由主义想要发展壮大,就必须切断在镶嵌型自由主义中维系国家和民族的纽带;但是,新自由主义国家需要某种民族主义来延续自身的存在,由于被迫在世界市场上扮演竞争性行为人的角色,而且要设法建立最好的商业环境,新自由主义国家就动用民族主义为其效力(大卫·哈维,2010e)。进而,他描述出一幅新自由主义在全球激发和助推民族主义、种族主义广泛复兴的世界图景:一方面,新自由主义在全球越来越显著倒行逆施的反动性,如残

① 李芳芳,《幸灾乐祸、仇华情绪、种族主义——西方媒体新冠肺炎报道套路》,https://news.ifeng.com/c/7u3dLR0Brfs,2020 年 3 月 12 日。

酷剥削、野蛮掠夺、极端压迫等，必将空前激发和推动世界各国、各地区主动而广泛地采取民族主义和排外政治等方式来进行抵御；另一方面，美国自身已经越来越将种族主义作为一种连接民族主义和帝国主义的工具，而且这种蜕变将变得越来越难以扭转(大卫·哈维，2009c)。

极端民族主义和种族主义及其所导致产生的一系列恶果不仅令人憎恶，而且早已被历史证明为一种撕裂和摧毁民族种族间和睦、社会团结、国家稳定繁荣的极具破坏性的偏狭意识形态与卑劣行径。此次新冠疫情之下西方各国“集体”向全球华人乃至亚裔族群释放出的极端民族主义歧视与仇恨，以及数不胜数的种族主义偏激言语和行为，均根源于资本主义、新自由主义的本质内涵及其一贯的诉求和实践，其既不利于全球团结一心共同抗疫，而且也表明极右法西斯纳粹主义在西方社会呈现出某种抬头迹象。更值得警惕的是，国内已有学者提出，为了转移美国国内尖锐矛盾、转嫁治理不善危机、转移美国国内民众视线，美国政府往往会在国内煽动极端民族主义仇恨和种族主义情绪，而这一般又可被视为美国借机在某一领域或地理疆域发动某一类型战争的征兆与信号：“近代西方国家，尤其是美国，每一次战争，都是先从贸易制裁开始，然后进入到舆论战，接着黑化目标国，紧跟着军事踩点，开始周边挑唆小弟对目标国进行骚扰和干扰，同时国内制造对目标国的仇恨，获得民意支持，最后发动战争！目前……特朗普的种种行为已经发出了信号，这是一种为战争所准备的信号！”①

参考文献

[1]程恩富、王中保，2005，经济全球化与新自由主义的范式危机，《社会科学研究》，第2期，第25—29页。

[2]程恩富，2005a、b、c，新自由主义的起源、发展及其影响，《求是》，第3期，第38—41页。

[3]程恩富、大卫·科茨，2005a、b，新自由资本主义、全球化和社会主义——中美马克思主义经济学家对话，《经济学动态》，第4期，第15—21页。

[4]大卫·哈维，2009a，初立忠、沈晓雷译，2009，《新帝国主义》，北京：社会科学文献出版社，第131页。

[5]大卫·哈维，2009b，初立忠、沈晓雷译，2009，《新帝国主义》，北京：社会科学文献出版社，第128页。

[6]大卫·哈维，2009c，初立忠、沈晓雷译，2009，《新帝国主义》，北京：社会科学文献出版社，第162页。

[7]大卫·哈维，王钦译，2010a，《新自由主义简史》，上海：上海译文出版社，第194页。

[8]大卫·哈维，王钦译，2010b，《新自由主义简史》，上海：上海译文出版社，第196—

① 金一南，《战争硝烟临近，中国须做好准备！》，http://feng.ifeng.com/c/7vVsWhjz4fd，2020年4月9日。

197 页。

[9]大卫·哈维，王钦译，2010c,《新自由主义简史》，上海：上海译文出版社，第 177—178 页。

[10]大卫·哈维，王钦译，2010d,《新自由主义简史》，上海：上海译文出版社，第 102 页。

[11]大卫·哈维，王钦译，2010e,《新自由主义简史》，上海：上海译文出版社，第 97—98 页。

[12]戴维·哈维，叶齐茂、倪晓晖译，2014,《叛逆的城市——从城市权利到城市革命》，北京：商务印书馆，第 16—25 页。

[13]卡尔·波兰尼，黄树民译，2017a,《巨变——当代政治与经济的起源》，北京：社会科学文献出版社，第 340 页。

[14]卡尔·波兰尼，黄树民译，2017b,《巨变——当代政治与经济的起源》，北京：社会科学文献出版社，第 4 页。

[15]吕薇洲、邢文增，2013,从金融危机看当代资本主义的矛盾与困境，《郑州大学学报(哲学社会科学版)》，第 7 期，第 13—17 页。

[16]尼·布哈林，蒯兆德译，1983,《世界经济和帝国主义》，北京：中国社会科学出版社，第 40—41 页。

The Ghost Image of Neo-liberalism in the Mirror of the Practice and Dilemma in Fighting Epidemic in United States and Europe

Li Xueyang　Sun Libing

Abstract　Recently, the United States and Europe in the fighting against the Covid-19 epidemic are falling into a series of difficulties. The general view attributed the failure to Western governments missing the "window period" of anti-epidemic, ignoring China's anti-epidemic model and experience, "deindustrialization", and etc. However, as Karl Marx pointed out in *Das Kapital*, "tuberculosis and other lung diseases of workers are conditions for the survival of capital", the underlying causes of the epidemic dilemma in United States and Europe must be explored in Neo-liberalism, which is the prevailing capitalist ideology and the dominant economic and political system.

Key words　Covid-19 Epidemic　Neo-liberalism　Privatization　Working Class　Racism

新自由主义意识形态理论研究批判
——论域、价值及其规范性

魏崇辉

内容提要 “意识形态理论研究”既是对意识形态概念、缘起及其演变、本质及其功能、特征等的理论层面研究,还是对该逻辑理路的本质及其指向的研究。新自由主义引入意识形态理论之逻辑理路带有明显的意识形态性。本质上,意识形态是学术的旨归。意识形态首先而且主要是一个政治术语。本文对新自由主义意识形态理论研究的研究,试图澄清新政治经济学视域下新自由主义之意识形态构建怎样服务于新自由主义意识形态理论与实践。双重论域下的新自由主义意识形态理论研究有利于辨识新自由主义的本质,既可以在工具价值层面启示当代中国意识形态理论与实践建设,同时也有助于我们在科学认识新自由主义意识形态本质的基础上,有针对性地寻求应对策略。这一研究理路是纠正当下意识形态理论研究规范性缺失的尝试。

关键词 意识形态理论 新政治经济学 新自由主义 新制度经济学
中图分类号 F276

一、引 言

“意识形态”是一个特殊的概念,但现有的“意识形态理论研究”思路是不完整的,其问题集中体现在两个方面:其一,对“意识形态理论”和“意识形态”界定的混乱。逻辑上的缺陷会降低说理效果,在学术话语层面会危及马克思主义理论学科的地位,在生活话语层面则会使得对马克思主义理论的学术研究缺乏应有的尊重。其二,在对马克思主义经典文本没有精准理解的同时,脱离中国现实问题研究意识形态理论。这种研究取向终将走向口号化。意识形态理论研究的核心问题是意识形态与社会现实之间的关系,这远超出“虚假意识”等经典理解所囊括的范围。脱离现实的意识形态理论注定是空洞的。例如,西方马克思主义有丰富的意识形态理论,但蕴含丰富意识形态理论的西方

收稿日期:2020—03—25

作者简介:魏崇辉,上海交通大学马克思主义学院副教授,主要研究方向为马克思主义与当代社会思潮。

基金项目:本文系 2019 年度国家社科基金高校思政课研究专项“高校思政课面临的新自由主义挑战及其应对研究”(19VSZ040)的阶段性研究成果。

马克思主义本身也是一种意识形态。马克思主义的发展正道决非"西马"。[①]西方马克思主义者在"回到"并"超越"马克思的视野下开辟出多个路向。"他们要回到马克思的'元理论',但'回到'被泛化为一种哲学的时髦,于是,'超越'也蜕变成了理论的任意'创造'。"这在理论上反映出的问题就是,一段时间以来西方马克思主义研究集中于某一个人某一新奇提法,为了研究而研究,忽视西方马克思主义与当代中国马克思主义之间的"本质区别"(袁银传、杨乐强,2011),这根源于对中国实际的严重背离。

通过对"意识形态理论研究的研究",本文试图纠正相关偏差,引起学界重视。马克思主义理论研究视域下,作为一种思想的"马克思主义"到处充满"冲突",具体表现在"马克思主义意识形态概念、理论性质、分析方法和功能"等方面,而正确辨析这些"冲突"的实质,有助于分清马克思主义和非马克思主义,"而且有助于借鉴西方研究马克思主义的成果,从而更好坚持和发展马克思主义"(侯惠勤,2007a;侯惠勤,2007b)。此文指出,既要借鉴其他社会思潮,更要认清其本质,以实现"更好地坚持和发展马克思主义"。只有包含有"意识形态学"和"意识形态",意识形态理论研究才是完整的。"区分'意识形态'和'意识形态学'两个概念,对马克思主义的意识形态理论研究来说,很有必要。只要把以往的'意识形态'理解为'虚假的意识',才能真正揭露它们的认识论根源;只有把'意识形态'理解为'真正的意识'(即'观念的上层建筑'),才能真正揭露它们的阶级根源。"作为"观念的上层建筑"的"意识形态",不涉及意识形态的具体内容,只是对意识形态的产生、实质和作用做出说明,而"意识形态学"则专门对某种意识形态的具体内容做出分析(杨生平,1997a)。作为"观念的上层建筑",马克思主义是服务于社会主义国家建设的意识形态。只有马克思主义的"意识形态学"才是科学的"意识形态学","马克思主义的意识形态理论是上述两方面的结合"(杨生平,1998b)。

统合起来看,"意识形态理论研究"既是对意识形态概念、缘起、演变、本质及其功能、特征等的理论层面研究,还是对该逻辑理路的本质及其实践指向的研究。本文认为,"新自由主义的意识形态理论"(the ideology theory of Neo-Liberalism[②])与"新自由主义意识形态性"(the ideological nature of Neo-Liberalism)指称的侧重点是有不同的。前者着重阐释作为新自由主义组成部分的"意识形态理论",后者则重点在于新自由主义的意识形态性。但由于定语

---

① 侯惠勤基于对卢卡奇的《历史与阶级意识》的剖析,强调指出,对所谓"西方马克思主义"的准确把握,事关坚持和发展马克思主义。参见侯惠勤,2017,危险的误导:卢卡奇的<历史与阶级意识>为何被捧为马克思主义创新的经典?《马克思主义研究》,第5期,第5—17、159页。

② 分属于政治哲学、经济学不同学科语境的New Liberalism和Neo-Liberalism分别代表两个有着截然不同的主张和诉求的思想流派,都被翻译成"新自由主义"。参见李小科,2006,澄清被混用的新自由主义——兼谈对New Liberalism和Neo-Liberalism的翻译,《复旦学报(社会科学版)》,第1期。本文这里谈论的是经济学语境下的"Neo-Liberalism"。同时,我们还要警惕将新自由主义研究泛化的倾向。

“新自由主义”的存在，在前者的论述中不能无视其对“意识形态”旨趣的论证。基于新政治经济学与新自由主义双重论域对新自由主义意识形态理论的研究，既可以把握其中带有启发性的部分，又可以透析其本质。类似地，“‘马克思主义理论研究’具有多重含义，主要是指对马克思主义的研究以及运用马克思主义所进行的理论研究”（刘建军，2018）。本文是对既往新自由主义意识形态理论研究的研究，通过“对研究的研究”，试图梳理新自由主义意识形态理论研究的双重论域及其基本价值，并借此过程推动意识形态理论研究的规范性。

二、新自由主义的意识形态理论：新自由主义意识形态理论研究的一般内涵

从经济学范式层面来看，“马克思在批判继承古典经济学范式的基础上开创了一种全新的研究范式，即强调以生产实践为基础，用物质生产活动中形成的‘社会人’取代西方经济学的‘经济人’，强调运用辩证法分析经济现象替代新古典经济学的个体边际分析，强调用‘逻辑—历史方法’揭示经济现象的本质和规律，超越西方经济学的均衡—静态分析”（马涛，2017）。”由威廉姆森命名、以科斯、威廉姆森、诺斯（亦译“诺思”）等为代表的新制度经济学试图利用新古典经济学的理性人假设、稳定偏好、均衡和最大化分析等核心假设、工具与方法分析制度现象，试图寻求制度分析与主流经济学的融合。作为新自由主义的典型代表，新制度经济学试图将“经济人”假设阐释为“有限理性”。“有限理性是交易成本经济所依赖的认知假设”（埃瑞克·菲吕博顿、鲁道夫·瑞切特，1998）。基于对“经济人”假设的修正，利用“交易费用”分析工具，较为成功地解释了包括意识形态在内的制度变迁及其与经济绩效之间的关系等。“虽然‘意识形态’一词经常被用在其他背景中，但它首先而且主要是一个政治术语”（利昂·巴拉达特，2010）。政治学者普遍认可制度之重要性。“制度在政治中的约束作用无所不在”（马雪松，2013）。因此，本文对意识形态理论研究的研究更多是基于政治层面，以新政治经济学为线索综合新自由主义的研究现状展开的。具体而言，国内学界开展了对作为新制度经济学组成部分的意识形态理论研究的有效工作，成果斐然（魏崇辉，2010；魏崇辉，2012a）。

（一）新自由主义的意识形态理论文本及其价值解读

作为新自由主义，尤其是新制度经济学的重要开拓者，诺思的意识形态理论研究最为全面。作为新制度经济学组成部分的意识形态理论散见于科斯及诺思的诸多著作之中。

一类对新制度经济学的意识形态理论文本的研究主要是在剖析新制度经济学相关著作基础上，解析新制度经济学的意识形态理论的具体所指。有学者追索了诺思意识形态理论之缘起、变迁的历程，指出诺思早期更多在新古典

的框架内研究意识形态与经济绩效的作用机制，意识形态被视作是节约交易费用的装置。随后，引入认知因素之后，诺思通过断言信念成本是一种负斜率的函数与财富最大化动机，试图调和理性选择与意识形态理论的内在冲突。20 世纪 90 年代中期之后诺思的研究侧重于借助认知理论来说明信念或心智模式对经济绩效的影响及其作用机制(刘和旺，2010)。

另一类研究则从新政治经济学论域，运用新制度经济学的意识形态理论作为分析视角与工具，探讨其在当代中国语境下具体适用。有学者指出，诺思"突破了以往仅把意识形态当作经济外生因素的思维方式"，"论述了意识形态具有节省政治运行成本的功能"，"以经济绩效作为判断意识形态成功与否的标准"(刘英杰、魏澂，2014)。也有学者透析了意识形态对当代中国制度变迁而言的核心作用，并论证指出，当代中国主导意识形态演变的是中央，而中央意识形态演变与地方制度创新及其相互作用是国有企业改制得以成功的基本机理(姚洋，2008)。更有学者探讨了意识形态的成本与收益及其客观社会功能，特别是"强有力的意识形态对低收入群体的充分动员"(汪立鑫，2006)。立足政治经济角度的此类分析，对处于转型期的国家具有一定借鉴价值。

(二)比较视角下的新自由主义的意识形态理论及其本质

新自由主义在当代中国的传播促成了多角度的比较研究，其中包含有意识形态理论。具体来说，大致可以分为：

一是以刘凤义、高德步等相关论著为代表的启发性解释。该研究着重从"经济世界观、经济理论硬核、理论保护带、中间环节和具体方法"五个层次展开了对新制度学派、老制度学派和马克思主义企业理论研究的方法论体系比较，启发了新制度经济学与马克思主义之意识形态理论比较的视域。这不仅可以启发对马克思主义的学理层面深刻解读，同时可以推动马克思主义意识形态的中国化(刘凤义，2008)。

二是以林岗、张宇、刘元春等相关论著为代表的否定性解释。该研究取向批判性地指出，新制度经济学理论体系内在逻辑缺乏，更没有历史事实的支撑，因此，包括意识形态在制度变迁中作用的论述是失败的(林岗，2001)。新制度经济学视域下，意识形态理论是出于自洽性需求被阐发的，对其认知需要基于产权理论、国家理论展开。新制度经济学意识形态理论"理论预设缺乏经验事实支持、方法论个人主义与意识形态的社会性相抵牾、以降低交易成本为意识形态的基本功用、以非阶级因素为意识形态变迁推动力、以西方世界为理论构建的基本语境、以解释西方世界为基本目标、以资本主义意识形态为永恒存在"(魏崇辉，2012b)。

三是对作为新制度经济学组成部分的意识形态理论本质的研究。有研究指出，"诺斯的分析只停留于意识形态经济功能的正面效用，而忽视了对意识形态辩证特征的历史考察，从而他不理解意识形态历史发展的辩证规律——

意识形态在维护社会秩序、节约社会管理成本的同时也日益发展出自己的对立面——对社会资源的巨大浪费”，其分析从根本上是非历史、非辩证的(陈书静，2006)。

通过以上的分析，笔者以为，学界近年来对作为新自由主义，特别是新制度经济学组成部分的意识形态理论研究取得了一定成绩，这主要是立足于新政治经济学论域展开的，其号称以新古典经济学的方法和理论分析政治学的重要主题——意识形态。而且，从新政治经济学论域出发的新制度经济学意识形态理论研究更多是集中于其对处于转型期的国家之意识形态建设的指导作用。更需要注意的是，对制度的关注本身受制于其背后的制度与意识形态。包含意识形态理论的新制度经济学是一种新自由主义思潮，是资本主义意识形态。

三、新自由主义意识形态性：新自由主义意识形态理论研究的基本内涵

对新自由主义意识形态理论的研究应该包括新自由主义意识形态性的论域。只有清晰这一点，才能从本质上全面认识新自由主义意识形态理论。新自由主义思潮鼓吹的所谓自由不过是资本的自由，反映了资产阶级的价值观和利益要求。

(一)新自由主义的意识形态性：从学术向意识形态的嬗变

“学术更多地类似当代美国哲学家罗蒂所说的私人活动，而思潮则通常是社会性的，它更多地涉及现实生活，从而也会引起更多的人的关注和参与”(俞吾金，2014b)。从对新自由主义从学术向意识形态嬗变的历程及其学术性和意识形态性交织现实的考察，可以对新自由主义意识形态本质做宏观管窥。自由主义在经济学领域的发展大致经历了：17—18世纪，古典自由主义时期，这一时期主张自由，反对专制，限制政府权力；19世纪中期以后，特别是20世纪20年代末经济大危机之后做了重大调整的现代自由主义时期，这一时期的自由主义，又被称为“凯恩斯主义”；20世纪70年代的新自由主义时期，作为“对凯恩斯革命的反革命”①，新自由主义发展起来。哈耶克和弗里德曼等人发表了一系列论著阐发新自由主义思想。其中，较为著名的有被认为是新自由主义宪章的哈耶克的《通向奴役的道路》等。60年代新自由主义的著作出版达到高潮，涌现了诸如哈耶克的《自由的宪章》、弗里德曼的《资本主义与自由》、布坎南与塔洛克合著的《一致同意的计算》、科斯的《社会成本问题》等一系列重要的著作。这是其在学术领域大放异彩的时期。

① 马涛，弗里德曼：凯恩斯革命的反革命，《社会科学报》，2006年12月7日。

就西方发达国家内部而言，经济领域的“滞胀”现象使凯恩斯主义陷入困境，是新自由主义走到了政策层面的直接诱因。新自由主义之学术性与意识形态性的充分融合是伴随资本主义由国家垄断向国际垄断转变得以实现的。新自由主义成为国际垄断资本推行全球化的重要组成部分。20 世纪 70 年代以来，新自由主义在学术界、政治经济领域占据了压倒性地位，撒切尔夫人甚至提出了“别无选择”(TINA，“There is no alternative”)的口号。新自由主义是由美英的里根政府、撒切尔政府主导的，由国际货币基金组织与世界银行共同打造并具体实施的“华盛顿共识”集中宣扬的意识形态体系。“‘新制度经济学’实质上已经成为美国借以建立世界霸权意识形态的重要组成部分”(黄宗智，2007)。有学者以“经济学的学科规训和香港的地缘政治脉络”为例阐发了这种“世界霸权意识形态”试图吞噬香港的思路：“由于地处‘资本主义’(西方)和社会主义(中国内地)之间，长时期受英国殖民统治的香港的这种特殊的地缘政治处境很容易传播对共产主义(中国内地)的负面看法。”“这对于作为共产主义的对立面—西方自由经济神话的移植，提供了十分有利的条件。”一些沉迷于“封闭和自我支撑的权力网络”的经济学学科规训的鼓吹“自由市场”和“私有产权”的香港经济学家将内地和共产主义描绘成“世界上的邪恶势力”，西方和资本主义则是“人间乐土”(许宝强，2007)，大力传播服务于“世界霸权”的意识形态体系。

(二)新自由主义本质批判：共识与不足

作为经济自由主义的复苏表现形式，新政治经济学是经济学的基本分析理路渗透于政治研究中的产物。新政治经济学侧重于学术视角，新自由主义则多带有意识形态色彩。20 世纪 70 年代末改革开放对西方文明成果借鉴吸收的需要，促成新自由主义的大量传入。基于不同的标准可以对新自由主义做出划分，如学术上的与政策上的，国内层面的与国际层面的。从学术上来讲，新自由主义之“新”在对市场运行之制度基础的再阐发。在政策上，新自由主义对西方发达资本主义国家，尤其是美国来说，意味着“放松管制”扩大经济自由度，特朗普不过是“以新自由主义拯救新自由主义”(蔡万焕、张成，2018)。处在垄断资本主义高度发展的美国，在全力保护国内市场的同时，利用高关税等手段夺取国际市场，其发动世界贸易战的实质，追根溯源无非是“为了在经济上和政治上瓜分世界而斗争”(列宁，1990)，通过私有化、市场化与自由化谋求国际垄断资产阶级经济和政治根本利益。“当前西方愈演愈烈的贸易保护主义、逆全球化等动向，其实质是新自由主义应对新变局而采取的策略，反映了资本主义面临着空前的挑战和困境”(谢长安、丁晓钦，2018)。新自由主义的新动向新特点是经济金融化、金融政治化、民主空壳化、文化虚无化。①

① 丁晓钦，新自由主义的新动向新特点，《人民日报》，2017 年 12 月 6 日。

对新自由主义,特别是新制度经济学进行批判性研究成为我国马克思主义学者重点工作之一,取得了一系列重要研究成果。作为国内较早系统剖析、批判新制度经济学的代表性著作,程恩富、胡乐明主编的《新制度主义经济学》一书系统地分析了新制度经济学的成因,辨析了产权理论、交易费用理论、企业理论和制度与制度变迁理论,与马克思相应理论做了比较,指出新制度经济学虽然存在合理之处,但局限和误区却无法回避。“西方学者的产权理论模型强调交易费用的比较、市场机制作用的发挥和私有产权的精细化和明晰化,注重个别案例的研究;马克思产权理论模型强调生产力与生产关系的矛盾运动,注重阶级关系和制度革命的研究”(程恩富、胡乐明,2005)。

相关成果对新自由主义意识形态性做了深刻批判。但从本文主旨出发,现有研究尚未能对新自由主义引入意识形态议题的逻辑理路及其意识形态性作出深刻的解读,综合新政治经济学与新自由主义论域分析新自由主义意识形态理论,还不多见。在马克思主义意识形态理论研究存在或基于“因为是,所以是”做纯意识形态式宣讲或基于诸如《德意志意识形态》、《共产党宣言》、《资本论》等经典文献大量的重复解读的情势下,在“目前西方马克思主义研究中有一种值得警惕的倾向,过于关注西方马克思主义思想家个人的思想研究,少有结合这些思想家面对的现实问题及其在思想史上的定位来展开研究。其结果就是为了研究而研究,造成了西方马克思主义研究的碎片化、新奇化”(郭艳君,2018)的情况下,综合起来的研究路径至少可以起到拓展马克思主义意识形态理论研究视域、增强研究的严谨性的功用。

四、新自由主义意识形态理论研究之双重论域:新政治经济学与新自由主义

意识形态理论自然带有基本的价值取向。马克思主义创始人以批判的视角对意识形态的阐释暗含了资本主义异质性价值观,强调了意识形态的虚假性。有研究认为,马克思基于阶级意识,构建了“意识形态的批判理论”,恩格斯则将之发展为“意识形态的功能理论”,列宁创设了“意识形态的灌输理论”,毛泽东强化了“意识形态的斗争理论”,邓小平形成了“一个中心、两个基本点”的中国特色社会主义的意识形态理论(杨俊一,2001)。这种划分方式与本文的理路是一致的。

(一)新自由主义意识形态理论研究:学术与意识形态双重论域

新自由主义意识形态理论研究既可以从新自由主义、特别是新制度经济学引入意识形态的逻辑理路中透析其意识形态本质,还可以更为精准地辨识其新自由主义意识形态性。

其一,新自由主义引入意识形态理论之逻辑理路的意识形态性。新自由

主义包含有理论框架与实践策略两个方面的内容。前者以一种政治经济理论阐发私有产权及建立在私有产权基础上的资本主义制度之优越性，后者则为资本的累积与资本主义权力的最大化规划行动战略。学界一直以来的新自由主义意识形态理论研究集中于新政治经济学论域。作为组成部分的意识形态理论刻意回避阶级性，以“价值中立”的姿态论述意识形态。新制度经济学以有限理性经济人为理论预设，运用方法论个人主义，出于自洽性需要引入意识形态理论。在构建作为其组成部分的意识形态理论的过程中，私有产权是新制度经济学所宣扬的最优产权，理想的国家类型是资本主义国家。理论预设、个人主义方法论、政治交易范式不过是基本的分析手段而已(魏崇辉，2011)。新制度经济学仅是在个人主义方法论基础之上对新古典经济学的批评，实际上依然将意识形态看作是个人理性选择的产物，在交易领域抽象掉社会生产关系分析意识形态。包括意识形态理论的新制度经济学本身就是一种意识形态。“交易费用作为社会制度的判断标准，隐含着最优社会制度是‘自由竞争—私有产权—民主政治’的社会制度”(刘元春，2001)。这恰恰就是经济自由主义的价值标准。“新政治经济学是新自由主义的承载典型，对其借鉴需要同时考察其意识形态实质”(魏崇辉，2012c)。新制度经济学引入意识形态理论的逻辑理路是其意识形态性的表现，这种资本主义意识形态透过新自由主义取向得以更为集中地展示。从新政治经济学论域回避阶级性地考察新制度经济学意识形态理论，注定是不完整的。

其二，新自由主义的意识形态性——意识形态是学术的旨归。基于上文的分析，笔者以为，“马克思主义意识形态理论”研究包含有马克思主义对意识形态的概念界定，对意识形态特征与功能的研究(“马克思主义的意识形态理论”)，还包含其对意识形态发展必由之路——马克思主义的研究。有学者论述了“当代中国的意识形态理论”，将“走向成熟的意识形态理论”归纳为“以经济建设为中心”、“坚持四项基本原则”以及“牢牢掌握意识形态的领导权”(俞吾金，1993a)。该研究理路既强调了社会主义意识形态，又凸显了其中意识形态建设的成分。新政治经济学视域下，新自由主义经济学运用经济学的基本方法与理路建立了意识形态的一般分析框架，阐述了意识形态的基本内涵、属性、特征、功能与变迁的动力、主体及其作用于经济绩效的机理。作为组成部分的意识形态理论一贯被学界界定为“新自由主义意识形态理论”。但就像在探讨“西方马克思主义意识形态理论”时不能无视其意识形态性一样，严格来说，新自由主义意识形态理论应该包含有“新自由主义的意识形态理论”(the ideology theory of Neo-Liberalism)与“新自由主义意识形态性”(the ideological nature of Neo-Liberalism)的内容。

(二)新自由主义意识形态理论研究之价值

新自由主义意识形态理论，既可以在工具价值层面启示当代中国意识形态理论与实践建设，同时也可以使我们基于对其新自由主义意识形态本质的科学认知寻求针对性的应对策略。

其一，新自由主义意识形态理论研究可以启发当代中国意识形态理论与实践建设。新自由主义是当代西方国家的主要政治思潮之一。需要再次强调的是，尽管经常被用在多个学科，但“意识形态”首先而且主要是一个政治术语。本文对新自由主义意识形态理论研究的研究，试图澄明新政治经济学视域下，新自由主义之意识形态世界的构建服务于新自由主义意识形态的理论与实践。新制度经济学试图使人们认识到，制度应该成为除天赋要素、技术和偏好之外经济理论的基本柱石。在以新制度范式分析经济史中，诺思批评了新古典经济学的“充分信息”假定、“完全理性”假定，区分了正式制度与非正式制度，将“认知结构”与“意识形态”纳入分析的框架之中(诺思，1994)。新制度经济学之意识形态理论的提出有力地补充了有限理性选择模型分析制度变迁得不到经验支撑的失败，解释了人们种种“非理性”的利他行为。因此，应该大胆汲取包括意识形态理论在内的新自由主义的工具理性成分，立足我国社会主义改革与建设实践以及当今历史的新变化，打破教条主义的束缚，推动马克思主义意识形态理论与实践的新发展。

基于制度分析展开的意识形态研究可以进一步拓展马克思主义意识形态理论的研究视域，增加研究逻辑的严谨性，同时在如下方面可以给予我们以启示：

首先，当前要将学习贯彻习近平新时代中国特色社会主义思想推向深入。加强意识形态理论与实践建设是我们党执政的成功经验之一。而新自由主义意识形态理论研究既从理论维度深化意识形态研究，又重视实践意义上的意识形态研究。从侧面启示角度看，新制度经济学从马克思主义那里汲取养分，充分关注了意识形态的经济功能，指出其要论证现有产权结构，降低交易成本，提升制度效率。高度重视意识形态工作是我们党的优良传统。近期印发的《中国共产党宣传工作条例》就将建设具有强大凝聚力和引领力的社会主义意识形态作为全党特别是宣传思想战线必须担负起的一个战略任务。

其次，跳出意识形态的窠臼，避免就意识形态谈意识形态，要将对意识形态的理解与认知放到社会主义改革与建设的基本语境以避免无谓的论争。将对意识形态的理解与认知放到实现两个一百年奋斗目标、实现中华民族伟大复兴的中国梦的大背景之下，坚持对社会主义改革与建设的自信、定力与耐力。

再次，作为一种非正式制度，意识形态通过渐进性、灵活性、全面性的变迁过程发挥规范功能。意识形态不仅要论证现有产权结构合理性，同时需要根据现实条件变迁论证产权结构变迁的必要性，以期赢得更多个人或者团体的支持。诺思亦认识到，由于及时根据经济结构与产业结构的变化调整适用性，马克思主义在灵活性上较自由市场意识形态做得更好。

其二,新自由主义意识形态理论研究可以使得我们对其新自由主义意识形态本质有科学认知,进而基于此寻求科学的应对策略。新制度经济学运用经济学作为工具分析意识形态,凸显了意识形态的经济功能,体现了一定的"科学性",于工具理性层面可以启发当代中国意识形态建设。但是,新制度经济学"只重视意识形态的一般功能,但其意识形态是抽象的、没有阶级内容和阶级差别的","马克思主义制度变迁理论强调阶级分析法,它不仅重视意识形态的功能,而且重视意识形态的内容"(刘小怡,2007)。新制度经济学本质上是一种新自由主义意识形态。

泛意识形态化是新自由主义意识形态理论的基本指向,但是其本质追求的却是非意识形态,表面上看,这增加了意识形态的隐蔽性,推崇完全的私有化、彻底的市场化与绝对的自由化,企图否定我国的基本制度(王岩、魏崇辉,2011)。所谓完全的私有化、彻底的市场化与绝对的自由化,不过是国际垄断资本在发展中国家谋求利益的借口,通过新制度经济学等新自由主义在世界谋求利益。西方发达国家大搞贸易保护主义,目的是维护其自身利益,特别是维护国际垄断资本的利益。社会主义中国"决不能用新自由主义解构改革"(中央党校中国特色社会主义理论体系研究中心,2016)。而且,值得关注的是新自由主义意识形态的隐蔽性之多样化。经过近年来马克思主义指导下的宣传与教育,对于新自由主义意识形态是"一种有利于中心统治边缘和资本统治劳动的新规则,即在中心与边缘、资本与劳动、市场与政府、富人与穷人关系方面有利于前者驾驭后者"(侯惠勤等,2011),我们有了基本的共识,但对于其多样化的隐蔽性则需要进一步的认识。比如,在一些国家与地区,新自由主义打着反对"权贵资本"的旗号吸引普通民众,却将"权贵资本"的恶名加诸于主张代表最广大人民根本利益、践行"全面建成小康社会,一个不能少;共同富裕路上,一个不能掉队"的中国共产党身上,而无视了美国及亲美国的垄断资本。在对经济学的意识形态性有科学识别的同时,我们同样要以科学的态度辨识新自由主义多样化意识形态隐蔽性的其他样态。

一定意义上,任何一种社会思潮都会对意识形态问题有思考,进而建立相应的意识形态理论。从文本学意义上对新自由主义的意识形态理论的解读、比较视野下新自由主义的意识形态理论研究、新自由主义的意识形态理论适用性研究,构成了现有新自由主义意识形态理论研究的一般内涵。而该研究论域仅仅意指"新自由主义的意识形态理论",割裂了与新自由主义意识形态理论研究的基本内涵,即"新自由主义意识形态性"之间的有机关联。"新自由主义意识形态,通过概念上的若干手法,给不平等的不断扩大的过程涂上了知识的光彩,这些手段是:为了模糊集中的经济活动和有害的社会后果,它强调,分析的基本单位是个人,还强调个人责任的概念。通过模糊制度化权力的集中和它对生活水平的影响，它使权力问题和社会经济不平等的问题非政治化了，而同时把处理全球主义引起的问题的负担转移到家庭、个人或当地社群”（罗纳德·奇尔科特，2001）。

学术是意识形态载体，意识形态是学术的旨归。特别是在21世纪以将，新自由主义所鼓吹的政策遭受到普遍的失败，许多国家爆发了“颜色革命”与动乱。尽管在当代中国“2017新自由主义思潮进入式微调整期”（刘军，2018），但必须时刻对其保持警惕，特别是不久之前，新制度经济学“作为一种理论，它获得了异乎寻常的欢迎……在中国经济理论界中引起的震荡，远远超过了其他任何一种西方经济理论”，甚至“在中国经济学界的分量，比在它的发源地美国更重”（盛洪，2009）。

参考文献

[1]埃瑞克·G.菲吕博顿、鲁道夫·瑞切特，孙经纬译，1998，《新制度经济学》，上海：上海财经大学出版社，第69页。

[2]蔡万焕、张成，2018，特朗普减税：新自由主义的又一次实践，《马克思主义与现实》，第5期，第40—55页。

[3]陈书静，2006，《诺斯经济哲学思想研究——基于历史唯物主义制度演化理论的视界》，上海：上海人民出版社，第235页。

[4]程恩富、胡乐明，2005，《新制度主义经济学》，北京：经济日报出版社，第245页。

[5]郭艳君，2018，中国改革开放以来的西方马克思主义研究，《中国社会科学报》，3月29日。

[6]侯惠勤，2007a，析马克思主义意识形态理论的“冲突”（上），《中共南京市委党校南京市行政学院学报》，第1期，第1—6页。

[7]侯惠勤，2007b，析马克思主义意识形态理论的“冲突”（下），《中共南京市委党校南京市行政学院学报》，第2期，第7—12页。

[8]侯惠勤等，2011，《马克思主义意识形态论》，南京：南京大学出版社，第428页。

[9]黄宗智，2007，连接经验与理论：建立中国的现代学术，《开放时代》，第4期，第4—25页。

[10]利昂·P.巴拉达特，张慧芝、张露璐译，2010，《意识形态：起源和影响》（第10版），北京：世界图书出版公司，第9页。

[11]列宁，1990，《列宁全集》第27卷，北京：人民出版社，第398页。

[12]林岗，2001，诺斯与马克思：关于制度变迁道路理论的阐释，《中国社会科学》，第1期，第55—69、206页。

[13]刘凤义，2008，《企业理论研究的三种范式——新制度学派、老制度学派和马克思主义的比较与综合》，北京：经济科学出版社。

[14]刘和旺，2010，《诺思的制度与经济绩效理论研究——兼与马克思制度分析之比较》，北京：中国经济出版社。

[15]刘建军，2018，论马克思主义理论研究及其基本特征，《马克思主义理论学科研

究》,第5期,第167—177页。

[16] 刘军,2018,2017新自由主义思潮进入式微调整期,《人民论坛》,第5期,第37—39页。

[17]刘小怡,2007,马克思主义和新制度主义制度变迁理论的比较与综合,《南京师大学报(社会科学版)》,第1期,第7—13页。

[18]刘英杰、魏澂,2014,论诺思意识形态理论的价值,《学术交流》,第9期,第35—39页。

[19]刘元春,2001,《交易费用分析框架的政治经济学批判》,北京:经济科学出版社,第114页.

[20]罗纳德·H.奇尔科特,施杨译,2001,《批判的范式:帝国主义政治经济学》,北京:社会科学文献出版社,第279页。

[21]马涛,2017,《经济学范式的演变》,北京:高等教育出版社,第455页。

[22]马雪松,2013,《政治世界的制度逻辑:新制度主义政治学理论研究》,北京:光明日报出版社,第1页。

[23]诺斯,杭行译,1994,《制度、制度变迁与经济绩效》,上海:上海三联书店。

[24]盛洪,2009,《现代制度经济学》(上卷),北京:中国发展出版社,第9—10页。

[25] 王岩、魏崇辉,2011,新制度经济学意识形态理论与我国意识形态安全,《马克思主义研究》,第2期,第89—98页。

[26]汪立鑫,2006,《经济制度变迁的政治经济学》,上海:复旦大学出版社,第208—221页。

[27]魏崇辉,2010,两种意识形态理论的比较研究:马克思主义与新制度经济学——一个分析框架构建的尝试,《上海行政学院学报》,第2期,第6—15页。

[28]魏崇辉,2011,新制度经济学的意识形态理论本质——基于构建基础与引入根由视角,《学术交流》,第10期,第97—101页。

[29]魏崇辉,2012a、b,意识形态理论的对立与批判——马克思主义与新制度经济学,《上海行政学院学报》,第4期,第77—84页。

[30]魏崇辉,2012c,新自由主义之基本理解、承载典型及其传播中的大众传媒功能,《经济问题探索》,第12期,第29—35页。

[31]谢长安、丁晓钦,2018,后危机时代西方资本主义新特征——对新自由主义的批判性分析,《经济社会体制比较》,第4期,第148—155页。

[32]许宝强,2007,《资本主义不是什么》,上海:上海人民出版社,第146—159页。

[33]杨俊一,2001,新制度经济学意识形态理论的哲学阐释——兼论马克思主义意识形态理论的新视角,《哲学动态》,第4期,第6—9页。

[34]杨生平,1997a,关于意识形态概念的理解问题——兼与俞吾金等同志商榷,《哲学研究》,第9期,第41—46页。

[35]杨生平,1998b,《论马克思主义意识形态理论的形成和发展》,北京:首都师范大学出版社,第109页。

[36]姚洋,2008,意识形态演变和制度变迁:以中国国有企业改制为例,《江海学刊》,第5期,第79—87页。

[37]俞吾金,1993a,《意识形态论》,上海:上海人民出版社,第 312—333 页。

[38]俞吾金,2014b,回到马克思的批判理论——当代西方马克思主义意识形态理论探微,《国外社会科学》,第 1 期,第 4—9 页。

[39]袁银传、杨乐强,2011,中国特色社会主义理论体系与西方马克思主义的本质区别,《马克思主义哲学研究》,第 9 期,第 40—55 页。

[40]中央党校中国特色社会主义理论体系研究中心,2016,决不能用新自由主义解构改革,《求是》,第 10 期,第 52—54 页。

Criticism on the Research of Neoliberal Ideology Theory
—Discourse, Value and Normativeness

Wei Chonghui

Abstract Ideological theory research is not only a theoretical study of the concept, origin, evolution, essence, function and characteristics of ideology, but also a study of the essence and direction of the logic. The logic of neo-liberalism's introduction of ideology theory has obvious ideology. In essence, ideology is the aim of learning. Ideology is, first and foremost, a political term. This paper studies the ideological theory of neo-liberalism, trying to clarify that the construction of the ideological world of neo-liberalism serves the theory and practice of neo-liberalism from the perspective of new political economy. The study of the ideological theory of neo-liberalism in the dual domain is conducive to the identification of the essence of neo-liberalism. It can not only enlighten the theoretical and practical construction of contemporary Chinese ideology in the aspect of instrumental value, but also enable us to seek targeted response strategies based on the scientific cognition of the ideological essence of neo-liberalism. This research approach is an attempt to correct the lack of standardization in the current ideological theory research.

Key words Ideological Theory New Political Economy Neo-liberalism New Institutional Economics

海派经济学
第 18 卷第 2 期,2020 Journal of Economics of Shanghai School No. 18,2,2020

粤港澳大湾区城市商业银行运营效率分析

陈海东 刘继云

内容提要 本文运用数据包络方法(DEA),对粤港澳大湾区五家城市商业银行 2013—2018 年的相关数据,对五家城市商业银行的运营效率进行了综合的评价,并对影响粤港澳大湾区城市商业银行经营效率的因素进行分析。结果表明,粤港澳大湾区各银行在业务规划、风险管控、合规管理方面的运营效率都仍有提升空间。鉴于此,粤港澳大湾区城市商业银行可以考虑提升资本充足率、推动业务创新、加强风险管控和跨区经营发力,进一步提升未来的综合竞争力。

关键词 粤港澳大湾区 城市商业银行 经营效率 DEA 模型

中图分类号 F062.9

一、引 言

粤港澳大湾区发展规划纲要的发布,将会促进区内经济总量进一步高速增长,伴随经济增长而来的基建和产业升级将对金融服务产生旺盛的需求。粤港澳大湾区的城商行坐拥地域优势,长期立足服务大湾区地方经济建设、服务实体经济,迎来巨大发展机遇。粤港澳大湾区城市商业银行扶持大湾区实体经济发展,特别是小微企业的发展,对大湾区经济发展起着非常重要的推动作用。大湾区城市商业银行成为股份制银行和五大行之后重要的金融体制部分,成为推动经济发展的有生力量,城商行健康稳定的发展对大湾区经济发展有着重要的意义。但我国城市商业银行普遍起步晚,管理方式和运营模式尚未成熟,仍存在不少的问题。未来随着更多优质银行进入大湾区,对大湾区城商行在战略布局、业务规划、风险管控、合规管理方面的运营效率都面临着更大挑战,如何提高城商行经营效率成为关注热点。

粤港澳大湾区城市商业银行主要有广州银行、东莞银行、广东南粤银行、

收稿日期:2020—03—28

作者简介:陈海东,东莞理工学院经济与管理学院讲师,主要研究方向为产业经济学;刘继云,东莞理工学院经济与管理学院教授,主要研究方向为产业经济学。

基金项目:本文系珠三角产业生态研究中心资助项目(2016WZJD005)、东莞理工学院质量与品牌发展研究中心资助项目的阶段性研究成果。

珠海华润银行和广东华兴银行五家。这五家城市商业银行在近几年发展迅速，截至2018年年末，总资产规模约为人民币1.40万亿元，净资产规模为人民币1 003亿元，同比增长27.8%，高于2018年全国城市商业银行平均增长率(约为15.2%)。平均资本充足率约为12.7%(广州银行13.4%，东莞银行13.0%，广东南粤银行11.6%，珠海华润银行12.8%，广东华兴银行12.7%)，资本相对充足。但在利率市场化和互联网金融的不断冲击下，银行业的竞争越来越激烈，并伴随城商行的进一步发展壮大，可能面临更大的资本压力。同时，城市商业银行自身发展过程中仍然存在着不少问题，如银行不良贷款率的上升、经营效率下降等问题，因此对大湾区城市商业银行经营效率进行测算分析，找出原因，提高城商行对粤港澳大湾区经济发展的服务效益，都有着非常重要的现实意义。

本文通过粤港澳大湾区五家城市商业银行2013—2018年报数据的整理，采用数据包络法对5家城市商业银行进行测算，5家城市商业银行包括广州银行、珠海华润银行、东莞银行、广东华兴银行、广东南粤银行。并进行对比分析各个地区城商行的经营效率以及规模效率，得出影响粤港澳大湾区城市商业银行经营效率的因素，根据因素提出建设性的意见，以此来提高粤港澳大湾区城市商业银行的经营效率。

二、文献综述

城商行经营效率是一项综合业绩评价的指标，它不仅反映了城商行在经营过程中的投入和产出或成本与收益之间的比例关系，同时也体现了城商行综合竞争实力的高低。近几年来，我国学者针对城市商业银行的研究有新的进展和突破，通过对城商行经营效率的测算，寻找当下城商行在经营过程中遇到的难题并提供相应的对策。不少学者针对城市商业银行在发展过程中存在的问题提出了建议。陈一洪(2016)提出，后跨区域时代城商行的原有“总—支”两级组织架构体系是经营效率的瓶颈，应适当增加管理层级，立足管理实际，选准试点、逐步推行管理架构改革，优化顶层设计，理顺“总—分(管辖行)—支”三级管理架构，科学、合理设定区域管理机构。张好雨(2018)认为新经济环境下城商行需要从三个方面加强保障措施：一是完善公司治理架构；二是建立有效激励机制；三是推进优化机构改革。龙鸣(2019)认为在新经济环境下、在金融体制改革不断深入推进下，城商行需要努力提升金融服务质量，真正做到金融服务的客户导向，同时加大技术创新方面的投入力度，实现各种新技术在经营方面的支撑作用。在银行经营效率测算方法上，很多使用DEA模型进行测算。刘宜鸿(2019)运用DEA模型测算我国31家上市商业银行综合效率、规模效率和纯技术效率并进行分析，得出我国的商业银行应加强资源有效管理和提高风险控制能力。张卫东、罗怀芬(2019)认为城市商业银行在经营管理、风险控制这些方面存在问题,两位学者通过实证分析得出城市商业银行经营效率与风险管理水平呈正相关关系、城市商业银行经营效率对当地的产业依赖性较强。舒服华、刘友斌(2019)采用超效率 DEA 模型基本理论对 10 家城市商业银行经营效率进行测算,以净资产收益率反映股东权益额收益水平,表明资产给投资带来的收益,是衡量银行经营效率的指标。陈一洪(2013)通过数据包络分析(DEA)模型对 2009—2011 年国内 53 家具有代表性的城市商业银行进行生产率分析,并通过 Malmquist 指数将其生产率变化分解为技术效率和技术进步两个指数进行研究。结果表明,伴随着 2009—2011 年间国内城商行规模的快速扩张,大型城商行规模效率逐渐下降,开始呈现规模递减发展趋势,而多数中小型城商行因为规模相对较小,处于规模报酬不变的扩张区间;对 Malmquist 指数测度结果的分析,则表明国内大型城商行全要素生产率指数变化无论在均值还是在稳定性方面都要优于中小型城商行。

三、城市商业银行经营效率理论和测算模型

(一)城市商业银行经营效率理论

《剩余价值理论》中提到"真正的财富在于用尽量少的价值创造出尽量多的使用价值",本意是说用尽量少的劳动力,在时间限定条件下,创造尽量多的财富(马克思、恩格斯,1974:281)。在银行效率度量方面,可认为银行效率是与银行相关的投入产出问题。而城商行经营效率作为综合业绩评价指标,不仅反映了城商行在经营过程中的投入和产出或成本和收益之间的比例关系,同时也体现了城商行综合竞争实力的高低。因此,本文从城商行经营效率与技术效率、规模效率和资源配置关系三个方面阐述银行经营效率理论。

1. 城商行经营效率与技术效率

在经济学中,技术效率是指一定量的投入能生产更多的产出,或者一定量的产出只需要更少的投入。没有技术进步的银行,是一个收益递减的银行,在既定的技术条件和知识水平下,人们能发现的投资机会总是有限的。或者说,可投资项目集合的边界,在既定的技术知识条件下是不会扩大的。投资总是从可投资项目集合中最有利的项目开始,随着时间的推移,有利的投资项目将不断减少,投资的收益也会相应下降,因而资本的边际收益是递减的,当资本的边际收益递减时,随着资本积累的增长,总产出会相对减少,从而导致资本的平均效率即资本的生产效率递减。所以城商行需要在技术方面多投入,技术进步与经济增长是正相关的,城商行只要改革创新,才能够进一步推动当地经济的发展。

2. 城商行经营效率与规模效率

商业银行规模效率是指由于其业务规模、人员数量和机构网点的扩大，带动其营运成本的变动，从而引起单位收益变化的一类效率，它反映了商业银行经营规模与成本收益的关系。

规模经济是指随着生产规模的扩大，会降低平均成本，从而增加经济效益。规模经济主要涉及固定成本的分摊，新增的产品就会分摊薄原有的固定成本，进而使总的成本下降，主要体现了生产要素集中程度和经济效益之间的联系。规模经济理论反映了规模变动和成本变动之间的关系，如图 1 所示，A 点称为盈亏平衡点，如果项目规模低于 A 点，发生亏损，理由是 A 点之前的总成本费用高于销售收入，E 点是现有生产条件下最大的经济临界点，如果项目规模高于 E 点，则企业发生亏损，理由是企业再增加新的要素投入，超负荷运作，提高了总成本费用，企业同样亏损。C 点是最优点，在此点开展工作，项目收入最大，成本费用相对低，进而盈利能力最强，最优项目不是局限在 C 点，在 A～E 这段区域内，同样构成了最优区域。在规模效益理论中，同样适用于城商行，城商行起步较晚，随着城商行业务规模扩大，使得城商行单位成本降低、单位收益提高，因此城商行可以通过适当地扩大其规模，使得经济效益进一步提升。

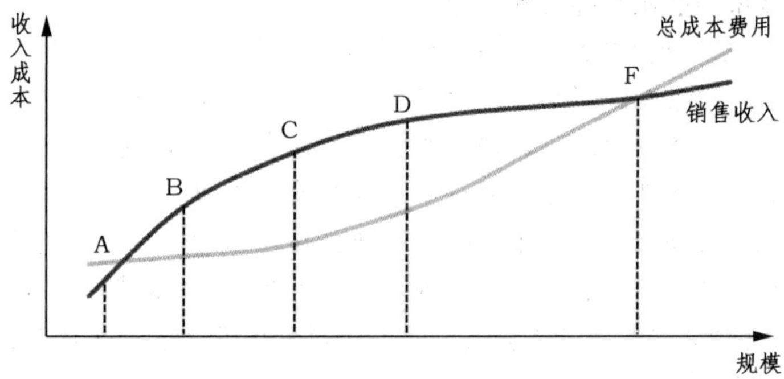

图 1 规模效益曲线图

3. 城商行经营效率与资源配置效率

配置效率是在投入不变的情况下，将资源进行优化组合及有效配置，使得企业产出增加，只有城商行在最小的成本上进行运营时，配置效率为 1，由于城商行受地方政府的影响，难以依照市场规则进行信贷的配置，在中国，非国有企业和中小企业难以获得我国大型国有银行的支持，但城商行可以向中小企业提供贷款进而提升城商行资本配置的目的。随着金融市场发展不断趋于饱和，城商行在规模扩张带来的边际收益递减效应将越来越明显，逐渐往效率提升靠拢。

(二)银行经营效率测算模型

关于银行经营效率的研究，具体方法分为财务指标法和前沿分析法。财务分析指标法是通过对被研究银行年报中的资产负债表、现金流量表、利润表中的财务数据进行分析，进而测算银行经营效率的一种方法，财务指标法操作方便，但不能有效反映银行的整体经营效率。前沿分析法是国内很多学者推崇的方法，前沿生产函数包括了参数方法与非参数方法，参数方法包含传统的生产函数思想，主要运用最小二乘法来计算，参数方法需要构造具体的函数。非参数方法主要包括随机前沿法、自由分步法，非参数方法使用最多的是数据包络分析法(DEA)以及 Malmquist 指数法。

DEA 模型是最为广泛运用来评价商业银行经营效率的方法，DEA 模型的优点在于可以评价多种投入和产出的相对有效性，其缺点是仅能在决策单元内比较有效性和无效性，无法进行比较，DEA 模型的结果表示技术效率(TE)，当决策单元达到行业技术水平时，只有一种投入和产出指标时，$TE=$产出/投入；有多种投入和产出指标时，$TE=$加权产出/加权投入，当技术效率为 1 时，此时生产效率最优。本文主要选用 DEA 模型，DEA 模型主要分为规模收益不变的 CCR 和基于规模收益可变的 BCC 两种基本模型。

假设设有 n 个决策单元 DMU($j=1,2,3,\cdots,n$)，决策单元中有 m 个投入指标 $X_j=(X_{1j},X_{2j},X_{3j},\cdots,X_{mj})^{\mathrm{T}}$，$S$ 个产出指标 $Y_j=(Y_{1j},Y_{2j},Y_{3j},\cdots,Y_{sj})^{\mathrm{T}}$，其中效率值=产出/投入，本文主要涉及投入角度的 CCR 和 BCC 模型，投入角度的技术效率 $TE=\theta$。

CCR 模型如下：

$$\begin{cases}\min\ \theta \\ \text{s. t.} \\ \sum\limits_{i=1}^{n} X_j\lambda_j+\mu_1=\Theta x_0 \\ \sum\limits_{i=1}^{n} Y_j\lambda_j-\mu_2=y_0 \\ \lambda_j\geqslant 0 \\ \mu_1\geqslant 0\quad \mu_2\geqslant 0 \\ j=1,2,\cdots,n \\ \Theta\ \text{无约束}\end{cases}$$

BCC 模型如下：

$$\begin{cases}\min\ \sigma \\ \text{s. t.} \\ \sum\limits_{i=1}^{n} X_j\lambda_j+\mu_1=\sigma x_0 \\ \sum\limits_{i=1}^{n} Y_j\lambda_j-\mu_2=y_0 \\ \sum\limits_{i=1}^{n} \lambda_j=1 \\ \mu_1\geqslant 0\quad \mu_2\geqslant 0\quad \lambda\geqslant 0 \\ j=1,2,\cdots,n \\ \sigma\ \text{无约束}\end{cases}$$

其中，μ_1、μ_2。从投入角度，CCRTE 名称为综合技术效率，BCCTE 名称为纯技术效率，技术效率值为综合技术效率值×纯技术效率值。

四、实证分析

(一)指标选取

关于运用DEA测算银行经营效率投入产出指标选取的方法主要包括生产法、中介法和资产法,生产法是将银行作为存款和贷款服务等金融产品生产者,投入指标包括资本和劳动力,产出指标包括存款和贷款;中介法是把银行当作银行客户与投资者之间资金融通的中介,投入指标包括利息支出、营业支出以及贷款总额,产出指标包括收入、贷款总额;资产法将银行的资产和负债区分开,将资产和负债分别设定为产出和投入。中介法适合分析银行的总体效率值,该方法将视银行为存贷款中介。通过对以往商业银行经营效率研究投入产出指标的选取,我国大部分学者将员工人数、固定资产净值作为投入,将利息收入、净利润作为产出,本文通过结合粤港澳大湾区城商行的发展现状,选取的投入指标包括总资产、存款总额、营业支出、利息支出;产出指标包括贷款总额、净利润指标(见表1)。

表1 粤港澳大湾区城商行2013—2018年投入产出指标 单位:亿元

年份	银行	总资产	存款总额	营业支出	利息支出	贷款总额	净利润
2013	广州银行	3 047.32	1 885.51	17.88	67.06	948.92	31.77
2013	东莞银行	1 637.25	1 081.16	22.53	30.75	660.00	19.78
2013	南粤银行	1 315.61	856.15	18.60	31.14	429.94	9.86
2013	珠海华润	1 295.78	660.13	15.06	27.25	345.06	6.58
2013	华兴银行	518.88	213.00	6.11	12.79	136.60	0.20
2014	广州银行	3 308.80	2 052.04	22.19	108.16	1 083.36	35.15
2014	东莞银行	1 869.92	1 135.68	30.44	39.06	759.54	20.60
2014	南粤银行	1 436.37	932.00	30.63	52.72	524.81	11.90
2014	珠海华润	1 071.20	644.53	21.99	30.44	454.98	6.63
2014	华兴银行	682.39	391.72	10.03	23.83	233.25	1.08
2015	广州银行	4 151.92	2 503.68	31.12	−114.05	1 337.57	31.62
2015	东莞银行	1 920.62	1 286.98	37.84	47.41	854.00	18.74
2015	南粤银行	1 659.85	331.26	33.70	50.70	682.87	11.18
2015	珠海华润	1 158.28	747.29	35.57	22.98	522.89	0.65
2015	华兴银行	1 060.32	671.82	13.51	30.05	298.26	3.08

续表

年份	银行	总资产	存款总额	营业支出	利息支出	贷款总额	净利润
2016	广州银行	4 445.07	2 561.14	32.20	111.96	1 332.71	31.63
2016	东莞银行	2 320.91	1 575.54	34.58	42.84	900.63	19.12
2016	南粤银行	2 038.60	1 273.16	39.46	51.99	777.76	12.63
2016	珠海华润	1 372.09	809.38	22.91	23.83	600.07	10.23
2016	华兴银行	1 228.68	824.52	18.15	31.91	414.40	7.06
2017	广州银行	4 401.52	2 815.85	44.19	121.99	1 656.75	32.20
2017	东莞银行	2 612.83	1 738.14	33.68	56.80	982.06	21.22
2017	南粤银行	2 178.97	1 346.59	36.44	60.60	868.23	13.28
2017	珠海华润	1 518.97	876.78	21.25	31.96	695.74	11.76
2017	华兴银行	1 523.97	1 023.85	20.38	41.62	558.74	12.34
2018	广州银行	5 136.20	3 208.21	−65.85	−128.47	2 350.80	37.69
2018	东莞银行	3 144.99	2 271.00	−49.06	−68.28	1 416.23	24.61
2018	南粤银行	2 049.23	1 227.53	35.25	59.23	102.01	14.37
2018	珠海华润	1 736.34	1 113.62	31.00	38.48	837.80	13.62
2018	华兴银行	1 967.68	1 305.50	27.71	56.37	865.34	15.08

资料来源：各银行年报。

(二)模型实证分析

本文从纯技术效率、规模效率以及综合技术效率角度分析粤港澳大湾区城商行经营效率值，并运用 DEA-solver 软件进行数据整理和效率测算。纯技术效率衡量的是决策单元投入产出比是否达到最佳，规模效率反映的是银行利用一单位的成本对产出发挥作用的大小，技术效率是纯技术效率与规模效率的综合变动的反映。

1. 纯技术效率分析

纯技术效率一般反映了内部管理的技术效率。从表2的结果看，2015年这5家城商行效率值均达到了1，其他期间没有完全达到最佳状态，2013—2018年广州银行、东莞银行的纯效率值均为最高，说明广州银行、东莞银行在存贷款风险防控能力和创新能力比较强。纵向来看，除了广州银行、东莞银行，其他3家银行效率值波动起伏不大，在2018年广东南粤银行、广东华兴银行在效率值未到达1，除了关注2018年存贷比影响因素外，这几家银行还需加强产品创新和提高改善经营意识。南粤银行总体的纯效率值未达到1，从BCC模型数据来看，南粤银行可以从总资产、存款总额方面减少，加强资源配置。

粤港澳大湾区城商行的纯技术效率并没有达到最佳，纯技术效率主要受城商行技术创新能力以及内部管理能力影响，也受到外部因素影响。从内部因素来看，这五家城市商业银行成立时间晚，管理水平不能与国有五大行相比，同时许多从股份制银行或者国有银行跳槽出来的员工，进入城商行，思想上也带有原来银行的体系制度，技术还是原来银行的技术原理，对于城商行想进一步进行技术创新需要一定的时间和招聘一定的人才。从单个银行内来看，银行内控以及风险管理方面存在较大漏洞，如广东华兴银行2017年11月至今，涉及了很多的法律诉讼，多是金融借款合同纠纷，华兴银行总行以及广州分行均因员工违反审慎经营规则被保监会处罚。银行作为金融行业的主体，以及实体经济发展的助力，必须注重风险控制。从外部因素来看，美国2007年次贷危机以来采取的一系列增发货币的刺激政策来化解其经济危机，其所谓的“经济复苏”的实质是“再金融化”导致的一个货币现象。特朗普政府力图利用经济贸易战以摆脱和转嫁国内的危机，又为世界经济的发展带来了极大的冲击和风险，我们要警惕爆发新一轮更为深重的世界性金融危机和美国政府铤而走险(刘明国、杨珺珺，2019)。2020年的新冠疫情又给全球供应链、金融市场和国际秩序带来很大冲击，粤港澳大湾区经济圈很多外贸企业面临严峻挑战，由于湾区内城市的外贸经济依存度仍然高，外部环境对城商行的技术创新形成阻碍。

表2 **纯技术效率分析结果**

年份	广州银行	东莞银行	广东南粤银行	珠海华润银行	广东华兴银行
2013	1	1	0.870 8	0.846 4	1
2014	1	1	0.933 1	1	1
2015	1	1	1	1	1
2016	1	1	0.983 0	1	1
2017	1	1	0.934 5	1	1
2018	1	1	0.960 2	1	0.977 1

2. 规模效率分析

从表3的结果看，5家城商行规模效率值还算较高，但未全部达到最佳，从2018年来看，广东华兴银行和南粤银行规模效率未达到1，可以利用互联网扩大市场知名度和加强业务创新。广州银行、东莞银行、珠海华润银行2018年效率值为1，广州和东莞银行跨区域经营，能够占领较大市场份额，对自身银行发展具有重要意义。纵向来看，东莞银行规模效益较好，主要原因是东莞市在采取调结构、防风险、稳增长措施下，近几年的经济总体平稳运行，工业生产总体稳定、服务业发展持续加快、消费市场平稳增长、外贸出口保持增长趋势、民营经济持续向好。东莞市经济发展势头好,对东莞银行业务发展有带动作用,产业助推金融业务发展,带动东莞银行存贷规模增长、贷款规模扩大。2018 年东莞银行调整了发展战略,加快发展贸易金融、积极开拓金融市场业务以及消费金融市场,进一步促进东莞银行规模效益提高。同时,其他银行也在逐渐改善银行规模,使得效率值向 1 靠拢。

表 3　　规模效率分析结果

年份	广州银行	东莞银行	广东南粤银行	珠海华润银行	广东华兴银行
2013	1	1	0.943 5	0.998 3	1
2014	1	1	0.949 1	1	0.885 9
2015	1	1	0.872 4	1	0.776 5
2016	1	1	0.887 4	1	0.776 5
2017	1	1	0.930 9	1	0.997 0
2018	1	1	0.996 7	1	0.999 7

整理 2014—2018 年的规模报酬状态,如表 4 所示。

表 4　　粤港澳大湾区城商行 2014—2018 年的规模报酬情况

年份	广州银行	东莞银行	广东南粤银行	珠海华润银行	广东华兴银行
2014	规模不变	规模不变	规模递增	规模不变	规模递增
2015	规模不变	规模不变	规模不变	规模不变	规模递增
2016	规模不变	规模不变	规模不变	规模不变	规模递增
2017	规模不变	规模不变	规模不变	规模不变	规模递增
2018	规模不变	规模不变	规模不变	规模不变	规模不变

从表 4 可以看出,2018 年这 5 家银行处于规模不变状态,从单个银行来看,广东华兴银行 2014—2017 年处于规模递增状态,2018 年处于规模不变,所以广东华兴银行应注意规模效益问题;南粤银行 2014 年处于规模递增状态,2015—2018 均处于规模不变状态。处于规模不变的城商行,除了要考虑到内部因素外,还需要考虑到外部因素的影响,城商行内部因素如银行物理网点过多、人员冗杂、固定资产多、资产流动性不强等;外部因素主要受互联网金融、利率市场化的影响。在过去几十年间,城商行发展潜力大,依靠传统的盈利模式快速发展。但目前,利率市场化从缩窄存贷利差、加剧竞争、增加风险三个方面对商业银行效率产生了影响(曾小春、钟世和,2018),粤港澳大湾区城商行的息差收入也受到冲击。互联网金融的出现,加快了金融脱媒速度,特

别是 P2P 网络借贷平台的出现、支付宝、余额宝、众筹平台等加快城商行客户群体的分流，并且一些平台提供的存款利息高、贷款利息低，并且贷款流程比银行简单、贷款门槛低，更加容易吸引银行潜在客户，并进一步缩减了城商行的存贷款规模，进一步影响到了城商行的经营规模。

3. 技术效率分析

技术效率综合反映了在给定投入的情况下企业获取最大产出的能力，反映了城商行综合经营的效率。从表 5 的结果看，2018 年华兴银行和南粤银行的技术效率值未达到最佳，城商行在技术创新、产品创新、资产规模上不能和国有银行和股份制银行相提并论，但城商行可以借鉴这些银行的经验，在技术和产品上多一些投入，改善银行产品结构，提高技术，同时加强员工培训、定期考核员工。这 5 家城商行在技术上都需要不断加强，技术效率很大程度上受纯技术效率和规模效率的影响，从微观上，存贷比指标上珠海华润和南粤银行 2017—2018 年超过标准值，所以需要在技术手段上加强贷款后续催收以及风险防控。

表 5　　综合技术效率分析

年份	广州银行	东莞银行	广东南粤银行	珠海华润银行	广东华兴银行
2013	1	1	0.821 6	0.845 0	1
2014	1	1	0.885 6	1	0.885 9
2015	1	1	0.872 4	1	0.776 5
2016	1	1	0.872 4	1	0.776 5
2017	1	1	0.869 9	1	0.997 0
2018	1	1	0.957 0	1	0.976 8

为了防止指标选择不一致而导致效率值差距太大，本文改变了原先的一些指标，投入指标不变，依旧是固定资产净值总资产、存款总额、营业支出、利息支出，产出指标为净利润、利息收入和非利息收入。截取 2018 年效率值，由表 6 可知，2018 年城商行的三类效率值与上文的效率值相差不大，最大相差 0.04，因此本文指标的选取还算合理。

表 6　　粤港澳大湾区城商行 2018 年效率值

效率	广州银行	东莞银行	广东南粤银行	珠海华润银行	广东华兴银行
纯技术效率	1	1	1	1	0.977 1
规模效率	1	1	1	1	0.999 7
技术效率	1	1	1	1	0.976 8

(三)影响粤港澳大湾区城商行经营效率的因素

综上分析,粤港澳大湾区五家城商行的效率值还需要提高,前面三点的效率分析是相对模糊的概念,对于具体导致城商行效率的因素还需要进一步论证。本文主要从银行的规模(主要涉及银行的分支机构)、是否跨区域经营、中间业务收入和不良贷款率角度去分析,选取银行的规模主要考量到银行的规模效率,经济学上的规模效率有一个临界值,但超过该临界值,此时处于规模效率递减状态;是否跨区域经营,主要考量到银行的市场范围扩大,提高银行竞争力,以此带来业务的增加和更多资金人才的支持,在数据处理的过程中,跨区域经营设定为 1,否则为 0;中间业务的选取主要考量到银行的创新能力,除了传统银行的利息收入,中间业务收入更能体现银行的服务质量和经营效率,在互联网金融、新经济环境、利率市场化的影响下,城商行的创新能力一定程度上影响银行的经营效率;不良贷款率的选取主要考量银行风险管理能力。

本文运用 SPSS 软件进行逐步回归。建立多元线性回归模型,在引入自变量时,采取逐步回归的优点是它会对模型中所有的变量进行重新考察,看有没有可能剔除某个自变量,如果在新增一个自变量后,前面某个自变量变得不显著,那么该变量就会被剔除。

$$E(y)=\beta_0+\beta_1 x_1+\beta_2 x_2+\cdots+\beta_k x_k+\varepsilon$$

其中,$\beta_0,\beta_1,\beta_2,\cdots,\beta_k$ 是参数;ε 被称为误差项的随机变量;y 是 $x_1,x_2,\cdots,x_k$ 的线性函数加上误差项 ε;ε 包含在 y 里面,但有不能被 k 个自变量的线性关系所解释的变异性。多元线性逐步回归结果如表 7 所示。

表 7　逐步归回结果

模型		非标准化系数		标准系数	t	Sig.
		系数	标准误差			
1	(常量)	1.289	0.185		6.964	0.006
	分支机构	−0.035	0.016	−0.777	−2.135*	0.122
2	(常量)	1.206	0.125		9.680	0.011
	分支机构	−0.039	0.011	−0.861	−3.630*	0.068
	中间业务收入	0.022	0.010	0.543	2.289*	0.149
3	(常量)	0.726	0.195		3.721	0.167
	分支机构	0.015	0.021	0.337	0.707	0.608
	中间业务收入	0.036	0.007	0.882	4.962*	0.127
	是否跨区域	−0.319	0.123	−1.331	−2.598*	0.234

续表

模型		非标准化系数		标准系数	t	Sig.
		系数	标准误差			
4	(常量)	0.862	0.027		31.654	0.001
	中间业务收入	0.033	0.005	0.796	7.101*	0.017
	是否跨区域	−0.235	0.027	−0.980	−8.743*	0.011

注：*表示在0.05水平上显著。

表8 **模型汇总**

模型	R	R^2	调整 R^2	标准误差
1	0.777	0.603	0.471	0.095 45
2	0.944	0.890	0.781	0.061 45
3	0.993	0.986	0.943	0.031 22
4	0.989	0.979	0.958	0.027 03

根据输出结果显示，效率值与这几项指标总体相关程度为0.989，说明相关程度较高，根据上面的回归结果，其估计方程为 $Y=0.862+0.33X_1-0.235X_2$，给出的显著性水平(Sig)以及95%的置信区间，从显著性水平可以看出，中间业务收入以及跨区域经营的影响是显著的。跨区域经营对经营影响是正向的，但也要考虑规模效益递减的影响，从2018年广州银行和南粤银行的规模效率值来看，处于规模效率递减状态。5家银行的不良贷款率2013—2018年均没有超过规定的5%，不良贷款率控制得比较好，但较低的不良贷款率也反映资产发挥得不充分。中间业务收入对城商行的经营效率是正向影响的，前文提及的这5家银行的中间业务收入占比较小，主要还是依靠利息收入较多，所以这5家银行在保持利息收入稳定的情况下，可以适当加强银行创新能力，尽可能地降低成本和提高利润率。

五、提升粤港澳大湾区城市商业银行经营效率建议

粤港澳大湾区城市商业银行对当地经济发展起着重要作用，城商行需要把更多的金融活水引入粤港澳大湾区城市中的制造业、现代服务、高新科技产业上面，聚焦科技企业、民营企业、小微企业融资，大力发展普惠金融。持续增强服务实体经济能力、严制金融风险、坚定创新驱动发展，努力实现城商行高质量的发展，以良好的业绩回报银行股东以及推动粤港澳大湾区经济更好发展。本文通过DEA效率的测算以及回归方程的构造来探索影响粤港澳大湾

区城市商业银行经营效率的因素，就如何提升粤港澳大湾区城市商业银行经营效率，提出如下建议：

(一)多途径提高资本充足率，缓解资本压力

目前在我国“三期叠加”的特殊时期，金融去杠杆仍然是经济领域的一项非常关键的工作。资本管理在城商行中的作用越发明显，当前，粤港澳大湾区城市商业银行的资本虽然相对充足，但未来随着大湾区经济的迅速增长，城商行必然继续发展壮大和不断有外部优质银行进入，很快就将面临更加激烈的竞争和较大的资本压力。良性的资本管理模式能够促进城商行和新资本的适应性，对城商行提高发展活力、应对竞争具有关键作用。因此，通过多途径提高城商行的资本充足率就非常必要。一方面，可以争取尽快上市，通过公开上市募集资金，提升资本充足率水平，提高抗风险能力和增强综合竞争力；另一方面，通过发行二级市场资本债及股权结构优化、引入战略投资者等方式对资本进行补充，缓解资本压力。

(二)减少银行物理网点机构，推动业务创新

从上文分析来看，2018 年这 5 家城商行都处于规模效益不变状态，城商行的发展不是一味扩大经营规模，需要达到资源的最优配置，降低成本实现利润最大化。可以通过减少无力网点机构，减少不必要的开支，还可以通过减少银行日常的营业支出、优化组织结构、增加在线银行办理业务种类，来降低银行管理成本。除此之外，银行可以从目前的网点出发，加强银行风控能力、维护客户关系、增强客户粘性，并利用互联网优势，开发新产品，增强创新能力，利用大数据进行客户群体划分，为客户带来更好的服务和产品，以此来扩大银行的市场占有率。城商行需要开拓多种业务，如零售业务，消费金融作为零售业务的一种，随着我国消费信贷人数增加以及年轻群体对互联网、支付方式的接收能力强，消费观念改变，利用“互联网＋”推动消费金融发展，开发消费信贷产品，并和互联网平台合作，加强风险控制。总而言之，粤港澳大湾区城商行不应该片面追求银行经营规模的扩大，更需要注重用户体验和产品的创新来吸引更多用户。

(三)提高中间业务收入占比，拓展盈利空间

粤港澳大湾区城商行的收入来源主要还是依靠传统的利息收入，中间业务收入占总收入的比重过小，城商行应提高创新能力，增加非利息收入。近年来我国经济面临下行压力，大湾区不少企业出现较多困难，根本上减少了城商行服务收费来源，因此粤港澳大湾区城商行首先要注重整合产品结构，提升投研能力，加快推进业务创新发展，对于传统业务的办理，在保证安全的情况下，简化办事流程；其次细化完善营销服务体系，完善客户关系管理系统功能，将大数据应用于客户营销上，细化客户群体，聚焦新时代下不同客户的财富、信贷、结算需求，建立贴合客户的需求的方案；最后是深度挖掘互联网渠道价值，不断丰富电子渠道功能，利用支付宝、微信、抖音推广银行的产品。持续推进跨境业务，打造自贸区特色创新业务，通过和大湾区内的上市公司、国企合作，依托这些企业信用为其上下游中小企业提供融资，缓解融资难问题。这 5 家城商行资产主要面向广东省内，应积极布局金融市场业务、支持湾区产业经济发展，利用湾区政策优势，打造银行跨境业务新平台，为银行增加新的盈利空间。

(四)加强风险管理控制能力，提高贷款质量

我国的商业银行贷款金额占优化总资产的 2/3 以上，带来的收益占银行总收入的 3/4 甚至更多，因此对贷款的管理十分必要。粤港澳大湾区这 5 家城商行的不良贷款率目前都在规定的标准范围内，但为了银行的持续发展，应该不断完善风险管理架构、健全风险管理制度、完善合规考核评价体系、加大不良贷款的处置力度，同时加强贷后的催收工作。持续利用大数据在风险管理方面的利用，优化完善客户风险的检测系统、柜面业务操作风险交易检测系统、交易检测风险，搭建全面风险管理平台。可以设立网贷业务工作小组，主要负责数据分析、网贷的业务风控模型和贷后监测工作，并借助先进的风险技术手段，实现对发卡、条码支付和实体商户业务渠道的风险布防，实现风险预警和欺诈风险的处置。

(五)拓宽业务发展领域，注重跨区经营

在跨区域经营问题上，珠海华润银行和广东华兴银行可以依据自身发展情况，适当跨地区经营。在服务对象方面上，主要是服务当地的中小微企业，城商行有地理优势，了解当地企业的发展情况，可以依据企业的资产负债情况打造符合企业的借贷服务。在公司金融业务上，巩固存款和客户基础，坚持资产带动负债，创新产品，利用互联网与第三方平台合作，带动大量中小客户。在零售金融业务上，坚持产品创新、提高市场份额。在金融市场上，加强与政府合作，加强总行和分行联动经营思路。依据当地经济发展情况，为中小企业解决融资难问题，并提高办事效率。城商行应响应国家推进普惠金融的号召，同时因地制宜制定服务小微和“三农”的战略方针，解决小微企业融资难、融资贵等问题，除此之外，在利率市场化的推动下，城商行需要寻找新的利润增长点，资产证券化、投资联动业务都是拓宽城商行业务领域的方向。

参考文献

[1]陈一洪，2013，我国城市商业银行 2009—2011 年生产效率分析——基于 DEA 模型的 Malmquist 指数的实证分析，《科学决策》，第 2 期，第 17—32 页。

[2]陈一洪，2016，后跨区域时代城商行分支机构管理嬗变——基于多案例的研究，《管理学刊》，第 6 期，第 42—50 页。

[3]刘明国、杨珺珺，2019，警惕新一轮更为深重的金融危机——美国后危机时代的经

济态势分析,《海派经济学》,第1期,第38—52页。

[4]刘宜鸿,2019,基于DEA模型的我国商业银行效率评价,《金融理论与实践》,第9期,第69—77页。

[5]龙鸣,2019,新经济形势下城市商业银行创新发展之路,《管理观察》,第23期,第149—150页。

[6]马克思、恩格斯,1974,《马克思恩格斯全集》第26卷(第三册),北京:人民出版社,第281页。

[7]舒服华、刘友斌,2019,城市商业银行运营效益评价——基于超效率DEA模型,《青海金融》,第9期,第24—27页。

[8]曾小春、钟世和,2018,利率市场化对商业银行效率的影响:研究进展与启示,《管理学刊》,第4期,第27—35页。

[9]张好雨,2018,新常态下城商行战略转型问题探索,《现代管理科学》,第11期,第9—11页。

[10]张卫东、罗怀芳,2019,城市商业银行经营效率、区域特征与产业依赖,《电子科技大学学报(社科版)》,第3期,第1—8页。

Analysis on the Operational Efficiency of Urban Commercial Banks in Guangdong-Hong Kong-Macao Greater Bay Area

Chen Haidong　Liu Jiyun

Abstract In this paper, we use Data Envelopment Analysis (DEA) to evaluate the operation efficiency of five urban commercial banks in the Guangdong-Hong Kong-Macao Greater Bay Area(GBA) for 2013－2018 years. At the same time, it analyzes the factors that affect the operating efficiency of urban commercial banks in GBA. The results show that there is still room for improvement in operational efficiency in business planning, risk control and compliance management. In view of this, urban commercial banks in GBA district can consider improving capital adequacy ratio, promoting business innovation, strengthening risk control and cross regional operation, and further enhance their comprehensive competitiveness in the future.

Key words GBA　Urban Commercial Banks　Operating Efficiency　DEA Model

中国社会主义道路的经济成就及其对世界经济的贡献
——兼评第三届"小世马会"外国学者的中国观念

宋朝龙

内容提要 中国社会主义道路的经济成就、制度属性及其对世界经济的贡献,是世界百年未有之大变局之际需要好好总结的课题。新中国的经济建设是在一穷二白的起点上展开的,新中国前30年取得了伟大的成就,改革开放巩固和推进了这些经济成就,中国经济前30年和后40年是不能相互否定的,因为二者有着相同的基本经济制度。中国经济的制度属性涉及全民所有或集体所有的土地制度、公有制经济的主体地位、政府的宏观规划作用、对市场竞争机制的引入和利用等,这些制度要素相互联结,构成了中国的新型社会主义现代化道路。中国道路克服了西方金融资本主导的积累制度、改变了国家作为金融资本守夜人的角色、避免了诸多第三世界国家所陷入的新自由主义陷阱、制衡了新自由主义金融帝国的世界统治,中国道路具有引领全球化新阶段的制度潜能。

关键词 中国社会主义道路 经济成就 制度属性 世界经济 贡献

中图分类号 F276

在世界遭遇百年未有之大变局之际,中国道路的经济成就、制度属性、对世界经济的贡献,是需要好好总结的课题。新中国经济建设是在旧中国积贫积弱、一穷二白的基础上展开的;新中国前30年取得了伟大的成就,打下了工业化的基础;改革开放巩固并继续发展了新中国前30年的经济成就;中国经济前30年和后40年是环环相扣的,共同支撑起中国经济的快速发展。就中国经济的制度属性来说,全民所有或集体所有的土地制度、公有制的主体地位、政府的宏观规划作用、以市场为媒介的竞争机制等,共同构成了中国新型现代化道路的独特本质。中国道路克服了西方金融资本主导的积累制度、改

收稿日期:2020—02—19

作者简介:宋朝龙,北京大学马克思主义学院研究员、副院长,主要研究方向为《资本论》、金融资本与当代资本主义。

基金项目:本文系国家社科基金"新时代中国特色社会主义制度价值研究"(18BKS087)的阶段性研究成果。

变了国家作为金融资本守夜人的角色、避免了诸多第三世界国家所陷入的新自由主义陷阱、制衡了新自由主义金融帝国的世界统治，中国道路具有引领全球化新阶段的制度潜能。

一、中国社会主义道路的经济成就

新中国经济建设的起点、新中国前30年的经济成就、改革开放以来的经济成就、新中国70年的总体性经济成就，以及对新中国70年总体性成就若干质疑的辨析。

第一，新中国经济建设的起点。新中国脱胎于半殖民地、半封建社会。在解放前，在封建土地所有制下，中国农村的农民经常面临温饱问题不能解决的问题。新中国成立的时候，中国大概90%以上都是农民，经济成分主要是农业和手工业，当时能做的只是桌椅板凳、茶壶茶杯、种粮磨面、纺织做衣，只是一些少量的轻工业，重工业几乎是空白。据安格斯·麦迪森估算:1913年至1950年期间，中国内地GDP年均增长率是－0.02%，而这一时期世界GDP的年均增长率是1.85%(安格斯·麦迪森，2003)。在1949年新中国成立的时候，我国作为一个大国，工业不如荷兰、比利时、印度。据国家统计局的资料:1952年，中国的人均钢、煤炭、原油、电力产量分别为2公斤、115公斤、0.8公斤和13度，而世界平均水平分别为82公斤、724公斤、242公斤和448度。①

第二，新中国前30年的经济成就。1949—1978年，中国经济取得了一系列的成就。据丁冰教授的研究:我国从1949年到1978年的社会总产值从557亿元增加到6 846亿元，29年间增长11.29倍，年均增长9%;1952年工业生产总值为343.3亿元，1980年增至4 992亿元，在28年间增长17.9倍，年均增长11%;从“一五”时期开始的以156项重点工程为中心，到后来一大批举世闻名的项目，如大庆油田，万吨水压机，万吨级远洋货轮及5万吨远洋油轮，10万吨水力发电机组，百万伏高压标准电容器，武汉、南京长江大桥，三门峡等水利工程，以及以“两弹一星”为代表的一批世界高科技产品都是在那个时候相继问世的;到70年代已大体建成了一整套比较完整的三线工业体系，仅以四川的情况来看，在十几年之间，即建起了以攀枝花钢铁厂为代表的300多个大中型企业，它们已成为四川省工业的主干，例如，以重庆为中心的常规兵器工业基地，以攀枝花为中心的钢铁基地，以川南为中心的盐化工和天然气化工生产基地，及以成都、德阳、绵阳、广元为中心的电子、重型机械、发电设备制造工业基地的建设，为四川省以后整个工业布局打下了坚实的基础，至

① 资料来源，《奋进的四十年(1949—1989)》，北京:中国统计出版社，1989年，第470页。

今还在继续发挥其工业建设和工农业生产的骨干作用;农业总产值26年间增至原来的2.3倍,年均增长3.25%,这在中国历史上是空前的,在世界史上也是罕见的;铁路通车里程从1949年的2.2万公里增至1980年的5.19万公里,增长了1.36倍,同期公路从8.07万里增至88.82万里,增长了10倍,民航里程增长了15.82倍;新中国刚成立时,全国专门从事科学研究的知识分子不超过500人,各种新技术的研究几乎都是空白,全国大多数人都处于文盲、半文盲状态,而到70年代,我国已建立起比较完整的教育体系和庞大的知识分子队伍,并掌握了以"两弹一星"为代表的一定的先进科学技术;"文革"前的17年中全国培养了正规的大学和专科毕业生155万人,另有函授、业余大学毕业生近20万人,中等专业学校毕业生296万人,基本上满足了各方面的需要,其中绝大多数现在都已成为各方面的业务、技术骨干(丁冰,1999)。

第三,改革开放以来的经济成就。在1978年以后,中国继续推动了制造业、工业的发展,建立了比较完备的工业体系。在联合国41个大类、207个中类中,中国具备技术相对先进的全产业体系。西方的三次产业革命经历了数百年,而中国则在现代化的过程中同时完成了三次产业革命,实现了技术叠加式和超越式的发展。中国实行了家庭联产承包责任制,激发了农民的生产积极性,解决了农民温饱问题。中国乡镇企业、民营企业的崛起,吸收了大量的农村剩余劳动力,推动了轻工业产品的生产,满足和丰富了人民群众的需求。国家利用土地等生产资料国有制的优势,设立了经济特区,吸收了国外的资金、管理和技术,各级政府也纷纷建立经济开发区,积极引进资本,活跃了经济、扩大了分工、增加了就业。在中国改革开放的过程中,在放活经济的过程中,又坚持、发展和巩固了国有经济的主导地位。1978年,国有企业占到了所有工业产出值的70%以上,即便是到了1990年,仍然占到整个工业产出的一半以上。1992年之后,在建立社会主义市场经济的过程中,实施抓大放小的政策,但主要的战略性行业还是由国有企业主导。国有企业的发展和状态是保证改革开放以来中国经济持续快速发展的基本原因。"中国国内生产总值从1978年的3 679亿元到1986年的1万亿元用了8年时间;2001年,中国国内生产总值达到10万亿元,之后五年以每年2万亿元的速度增长;2006年,中国国内生产总值上升至20万亿元;2010年,中国国内生产总值超过40万亿元,成为仅次于美国的第二大经济体;十八大后,经济总量连续跨越70万亿元、80万亿元和90万亿元大关;2018年,国内生产总值达到900 309亿元,经济总量继续稳居世界第二"(王晓鹏、顾昭明,2020a)。

第四,新中国70年的总体性经济成就。从1949年中华人民共和国成立至今的70多年时间里,中国发生了翻天覆地的变化,中国在经济建设、社会发展、文化、生态文明包括政治领域的建设,都取得了举世瞩目的历史性成就。中国已经从一个积贫积弱的国家上升为世界第二大经济体。"1964—2017年世界主要国家和地区国内生产总值的增长率，中国国内生产总值平均增长率为 9.1%，比同期的世界平均增长率高 5.7 个百分点，高于英、美、日等发达国家和巴西、印度等发展中大国。中国经济在进入新常态后，增长速度由高速转向中高速，经济增速维持在 6%～8%的区间，经济增长速度依旧高于同期发达国家经济增长速度”（王晓鹏、顾昭明，2020b）。70 年的发展，前 30 年、后 40 年是环环相扣的。没有毛泽东时代建立工业体系，就不可能有制造业大国，就不可能有完备的制造业和产业链，就没有比较完备的全产业链的现代化经济体系，就没法参与新的智能技术和职能制造的革命。改革开放以后的人口红利其基础就在于 1949—1978 年之间所形成的人口基数。

第五，对新中国 70 年总体性成就若干质疑的辨析。需要辨析的质疑之一是：到 1978 年的时候为什么人民群众的生活水平那么差？北京大学于鸿君教授认为：原因首先在于，人口增长了 4.23 亿，相当于净增一个美国人口加一个日本人口。中国历史上到 1949 年一共积累了 5.4 亿人口，后来在不到 30 年的时间里增长了 4.2 亿人口，能让这 5.4 亿加上 4.2 亿的人口一共 9 亿多人口吃饱饭就非常了不起了。其次，在这段时间的发展中坚持优先发展重工业，勒紧裤腰带搞建设，吃、穿、用、住的生产就少了。需要辨析的质疑之二是：前 30 年经济增长速度的统计数据偏低的问题。于鸿君教授认为：首先是计算方法问题。改革开放以前我们的产出换算成改革开放以后市场经济的 GDP 的时候，因换算方法的问题，导致把那个时候的数字严重地低估了。现在学术界已经有一批文章在客观地恢复原来的数字。其次，大规模的义务劳动没有统计进去，比如说修水库、开垦土地，都是义务劳动。例如修北京的密云水库，人们每天自带干粮，不要工资，在不到两年的时间就完成了。再次，世界银行的统计偏差。按照国家统计局的数字是年均增长 6%以上，但是有人现在引用世界银行的数字，认为 1952—1978 年中国经济的年增长率大概是 4.5%，低于世界平均增长速度。世界银行的统计是有问题的。真实的情况是新中国在前 30 年实际上也保持了较高的增长率。①

二、中国社会主义经济道路的制度属性

中国经济的制度属性，涉及全民所有或集体所有的土地制度、公有制经济的主体地位、政府的宏观规划作用、对市场竞争机制的引入和利用等，它们共同构成中国的新型现代化道路。

① 转引自北京大学于鸿君教授在第三届“小世马会”上的发言。2019 年 10 月 12—13 日，北京大学召开了“当代中国与发展中国家现代化”国际学术研讨会，也被称为第三届“小世马会”。2015 年、2018 年，北京大学召开了两届世界马克思主义大会。第三届世界马克思主义大会将于 2020 年 5 月于北京大学召开。每两届世界马克思主义大会之间，还会召开一次小型的世界马克思主义大会，简称“小世马会”。

第一,全民所有或集体所有的土地制度。《资本论》分析了土地私有权对产业资本积累、对社会生产力发展的阻碍作用。马克思说:“土地所有权的前提是,一些人垄断一定量的土地,把它作为排斥其他一切人的、只服从自己个人意志的领域。……这种权力的利用,完全取决于不以他们意志为转移的经济条件。”(马克思、恩格斯,1972a)马克思认为:“一定的人们对土地、矿山和水域等的私有权,使他们能够攫取、拦截和扣留在这个特殊生产领域即这个特殊投资领域的商品中包含的剩余价值超过利润……的余额,并且阻止这个余额进入形成一般利润率的总过程。这部分剩余价值,甚至在一切工业企业中也被拦截,因为不论什么地方,都要为使用地皮(工厂建筑物、作坊等所占有地皮)付地租,因为即使在可以完全自由占用土地的地方,也只有在多少是人口稠密和交通发达的地点才建立工厂。”(马克思、恩格斯,1975)马克思认为:“从一个较高级的经济社会形态的角度来看……整个社会,一个民族,以至一切同时存在的社会加在一起,都不是土地的所有者。他们只是土地的占有者、土地的利用者。”(马克思、恩格斯,1972b)针对土地私有权,马克思提出了土地国有化的主张。土地国有化的经济意义在于消灭绝对地租、把级差地租转化为国家的公共财政或社会生产者阶级的收入。马克思土地国有化的思想被列宁继承和发展。列宁所规定的俄国民主革命的土地纲领正是土地国有化:“要在俄国建立起真正自由的农场主经济,必须‘废除’全部土地——无论是地主的土地还是份地——的‘地界’。必须摧毁一切中世纪的土地占有制,必须为自由的业主经营自由的土地铲除一切土地方面的特权。必须尽最大的可能保证自由交换土地、自由迁居、自由扩大地块,建立新的自由的协作社来代替陈旧的带纳税性质的村社。必须把一切土地上的中世纪垃圾全部‘清扫’。”(列宁,2017a)列宁还认为:在土地国有化的基础上“农民经济获得最充分的自由,在全民的或者说不属于谁的或者说属于‘上帝的’土地上经营的小业主相互之间完全平等,这就是商品生产的制度。……这种经济愈少受土地的牵制,愈彻底地摆脱地主的压迫,摆脱中世纪土地占有关系和土地占有制度的压抑,摆脱盘剥和专横现象,农民经济自身中的资本主义关系就能愈蓬勃地发展起来”(列宁,2017b)。中国的土地制度正是这样一种先进的土地制度。

第二,公有制经济的主体地位。新中国成立后,中国逐步完成了生产资料的所有制改造,在公有制的基础上推动了工业化尤其是重工业的发展。改革开放以来,所有制关系发生了一系列重大变化,但国有企业的主导地位是一直被坚持的原则。1992年之后,中国提出了抓大放小,国有企业进行了改制,但战略性的行业还是由国有企业所主导的。在社会主义市场经济体系中,外商独资企业、中外合资、合作企业,在不操纵国计民生反而服务于国计民生的条件下,也成为我国经济体系的有机构成部分。全民所有制和集体所有制为主体,多种经济成分长期共同发展,构成社会市场经济体系的有机体系。党的十八届三中全会通过的《中共中央关于全面深化改革若干重大问题的决定》中指出:公有制经济和非公有制经济都是社会主义市场经济的重要组成部分,都是我国经济社会发展的重要基础。必须毫不动摇巩固和发展公有制经济,坚持公有制主体地位,发挥国有经济主导作用,不断增强国有经济活力、控制力、影响力。必须毫不动摇鼓励、支持、引导非公有制经济发展,激发非公有制经济活力和创造力。在新时代,又明确提出做大、做强、做优国有企业,完善按劳分配为主体的分配结构,实现共富共享。

第三,政府的宏观规划作用。中国的发展具有长远的宏观规划。周恩来总理在 50 年代和 60 年代就提出了现代农业、现代工业、现代国防、现代科技。改革开放后,我国又提出了三步走的战略目标:到 20 世纪 90 年代实现经济翻一番,解决温饱问题,到 20 世纪末实现小康,到 21 世纪中叶实现现代化。新时代以来,提出了未来 30 年现代化分两步走:一个是 2035 年基本现代化,一个是 2050 年建成现代化强国。在当今的世界上,能这样进行长时间规划的国家是不多的。政府的规划对工业的基础建设意义重大。例如,重工业优先发展,就需要有政府的宏观规划作保障。没有政府规划,企业的自发行为是倾向于周转快、赚钱快的行业的。中国通过政府的宏观规划,运用社会主义体制集中力量办大事的优势,快速地推进了工业化的发展。当然,重工业的优先发展,也要与轻工业、农业的综合平衡中来推进。中国从 20 世纪 50 年代中期毛泽东就试图探索一条带有中国特点的工业化道路,集中表现在《论十大关系》等文章中。改革开放后,国家仍然在经济发展中发挥了主导功能。中国政府之所以能在经济发展中发挥积极的规划作用,是和我国社会主义的基本制度联系起来的:首先是社会主义国家的目标,除了人民幸福、民族复兴、世界和平等之外,没有特殊利益集团来主导政府的运作;其次,战略产业、金融系统操在国家手中,使政府有能力进行宏观调控。

第四,在公有制主体地位的基础上引入市场竞争机制。亚当·斯密所谓"看不见的手",认为私有制基础上的自由放任经济就能实现最佳的资源配置。北京大学李玲教授指出:经济学最近多年的"诺奖"都给的是非主流的经济学家。他们研究了经济机制设计、市场设计、行为经济学,而市场设计的这一套理论,其实非常符合社会主义市场经济,也即社会制度宏观的设计是社会主义的,但是微观的机制是市场机制。市场不代表私有化,市场更多是一个激励机制,应该兼容国家利益、个体利益,达到一个平衡。李玲教授介绍自己在美国读书时的老师艾伦教授,其市场设计被非常成功地用于医疗、肾脏的匹配、公立学校的入学体系、医学院学生的分配,取得了非常好的效果。如何把政府作用和市场作用有效结合起来,这个大的框架只有在真正的社会主义政治制度里才能实现。艾伦老师现在经常来中国,他认为这套理论能够在中国用得更好,为什么?因为美国的政治制度没有让他有发挥整体的作用,他现在只能做一个小的作用，比如说肾脏匹配、入学体系的分配，不能对整个国民经济做有效的配置。从经济学的发展，其实也看到人类社会走向新的阶段。①

第五，与大数据的结合更能彰显中国社会主义市场经济的制度能力。大数据时代为经济计划提供了技术基础。苏联等社会主义国家的探索遇到了重挫，是因为在当时的技术条件下，计划的能力是有限的。苏联当年的计划也只是靠线性矩阵，方法与手段落后。21世纪人类社会进入一个新的世纪，就是信息化、智能化、大数据时代，使政府的计划有了手段去实现。信息化给我们带来的是不断的变化，因为不断有数据在反馈，而这个数据的反馈可以及时校正方向，不断满足人民群众的需求。大数据时代，可以做真正的精准的定质、定量的社会主义。现在进入智能世界，在5G领域中国是领先的。5G将开启万物互联的世界。共享经济时代的到来可以不为我所有，但要为我所用，只要能够满足人民群众真实对物质文化生活的需求，一切好的东西都可以吸收。信息化、智能化、大数据带来的变化是21世纪最伟大的一场革命，而这个革命必定要改变生产关系，而我们社会主义当然是新型的社会主义生产关系，它和新的生产力是匹配的。中国作为最大的发展中国家和最大的中国特色社会主义国家，能借助于大数据、信息化、智能化，创造新型的社会主义，即智能社会主义，为人类未来的进步做出更多的贡献。目前，在中国有些城市，比如说湖北宜昌，一个500万人左右的城市，已经实现了基于人口信息系统的所有数据集成，完全成为一个智能化运作。当一切数据都可以集成的时候，我们所做的社会主义将能够真正满足人民群众真实对物质文化的需求。②

三、中国社会主义经济对世界经济的贡献

中国道路克服了西方金融资本主导的积累制度，中国道路改变了国家作为金融资本守夜人的角色，中国道路避免了第三世界国家所陷入的新自由主义陷阱，中国道路制衡了新自由主义金融帝国的世界统治，中国道路具有引领全球化新阶段的制度潜能。

第一，中国道路克服了西方金融资本主导的积累制度。金融资本是一个实体、主体概念，而不仅是指虚拟资本。《资本论》从产品商品形式或者商品价值形式出发，价值形式转化为货币，货币转化为资本，资本又分化为一系列产业资本、商业资本、银行资本等职能资本形式，这些职能资本分别完成生产、流通、信用调节这样一些社会生产和再生产的职能。马克思在《资本论》中阐述了银行资本已经在形式上确立了对于产业资本和商业资本的支配定位。形式

① 转引自北京大学李玲教授在第三届“小世马会”上的发言。
② 转引自北京大学李玲教授在第三届“小世马会”上的发言。

上的支配地位如何发展为实质上的支配地位？主要是产业资本、商业资本、银行资本垄断融合的基础上产生大货币垄断资本家，这种支配着产业、商业和银行业的势力极大的货币垄断资本就是金融资本。希法亭写了《金融资本》这本书，被誉为《资本论》的第四卷，主要就是讲银行资本如何发展为金融资本的。希法亭的金融资本概念少一个环节，即没有论述金融资本的寄生性。列宁给金融资本加了一个规定，即金融资本的寄生性和腐朽。寄生性和腐朽不是一个现象性描述，而是金融资本的本质规定。金融资本产生之后，就有能力获得定价权、支配地产、国债，支配金融市场，制造和利用危机等等，支配货币发行权，总之，获得了一系列投机性、剥夺性、寄生性的积累机制。中国公有制主导的社会主义市场经济是不应、不能也不会允许金融资本的寄生性积累主导社会经济运行。

第二，中国道路改变了国家作为金融资本守夜人的角色。美国政府在公民宪政的名义下、在市民社会守夜人的名义下，实际上是金融资本的守夜人。美国政府的决策受制于各资本集团的利益。资本主义国家政府的背后是金融资本的力量。当金融资本积累陷入危机的时候，政府要为金融资本买单。在危机时期，在工薪阶层陷入困难时期，资本主义国家的行为逻辑却是削减社会福利，或者增发货币，造成通货膨胀，间接掠夺民众。中国作为社会主义国家，政府的行为逻辑不应受大货币资本家的控制。中国政府的立场应该出于人民的立场，而不是由利益集团所支配。程恩富教授指出：中国早就实行了五天工作制，但是当时的外国投资者都反对中国实行五天工作制，因为这会缩小他们的利润，但是在政治上我国政府因为是站在工人阶级和劳动人民市场的，果断实行五天工作制。在资本主义国家要靠斗争，是要靠劳动人民斗争，政治上斗争胜了，才能缩短工时、增加福利等。社会主义国家，不管是过去的苏联还是中国，政治上主动代表劳动人民利益；现在的主动性还应该进一步加强。在西方资本主义国家，政府是没有能力进行经济的宏观规划的，因为各种利益集团、军工集团、金融集团通过院外活动就把政策搞乱了。①

第三，中国道路避免了第三世界国家所陷入的新自由主义陷阱。新自由主义是与金融资本的统治相适应的意识形态。新自由主义在抽象人权的名义下，主张绝对的私有产权、自由放任、自发社会、极小国家，认为这样的制度出于人类的理性，是历史的终极制度。在人权、自由等这些美丽的诱饵之下，新自由主义逐步传播开来。新自由主义的教条后来被美国概括为华盛顿共识，向世界推销。一些第三世界国家，甚至包括苏东阵营这样的前社会主义国家，深受新自由主义教条的影响，结果不但经济没有发展起来，反而因为在国际金融资本的压力下，解除了武装、丧失了经济主权，陷入不能摆脱的经济社会危

① 转引自中国社会科学院程恩富教授在第三届“小世马会”上的发言。

机之中。例如，在拉美，新自由主义的推行导致像巴西这样的国家，其工业、商业、服务业、电力、石油、公交、水利、邮电、铁路、银行纷纷私有化，这种私有化的过程不是造成了自由竞争的自由社会，而是造成了公共生产资料的易主，即纷纷转到西方跨国公司和金融寡头手里。20世纪80年代被认为是拉美丢失的十年、倒退的十年。这种深刻的危机，反过来催生了拉美的左翼政权。但是，因为生产关系的倒退积重难返，左翼政权如果没有大力度的社会改革、坚强的政党和政治保障，那么在内外寡头势力的夹攻下，拉美左翼政党也难以撼动金融帝国在拉美的直接或间接统治。这也是今天拉美政坛左、右翼政治势力形成焦灼之势的原因。中国道路因为坚持政治的独立性、改革道路设计的自主性，坚持了公有制的主导地位，没有导致金融寡头对国民经济命脉的操纵之势，因而避免了拉美国家所陷入的新自由主义陷阱。

第四，中国道路制衡了新自由主义金融帝国的世界统治。中国崛起对于美国金融帝国起到了制衡作用。20世纪90年代，在美国金融资本的主导下，在国际货币基金组织的压力下，诸多第三世界国家被迫进行了结构性调整。中国在世贸组织谈判中抵挡住了西方国家的压力。中国加入世界贸易组织推动了整个世界秩序向多极化方向发展。在金融、投资等领域，中国和其合作伙伴进行了基于共赢的广泛合作。不同于西方国家主导的合作形式，中国强调不论国家大小强弱，都应在平等对话的基础上开展合作，这也是多边主义在当今重新焕发活力的重要原因。中国不仅在经济增长方面取得了巨大成功，同时也向整个世界敞开大门，努力让经济发展成果惠及所有国家和人民。中国制造业、中国金融、中国综合在世界经济中的影响日益增强。中国作为一个自主开放的主权国家，主动提出"一带一路"倡议、建立亚洲基础设施投资银行，获得了法国、英国及很多其他国家的积极响应，日益在世界舞台展现出负责任的大国姿态。中国提出的"一带一路"倡议以及金融领域的开放合作，正推动整个世界金融体系的发展与变革。在气候变化、环境治理方面，中国敢于直面挑战，并在巴黎协定以及其他重要国际场合展现坚定立场。国际社会现在需要加强合作来解决能源、极端贫困、气候变化和教育等关乎人类生存发展的基本问题。中国的发展战略或将成为解决当今全球普遍问题的重要表率。

第五，中国道路具有引领全球化新阶段的制度潜能。造成西方百年未有之大变局，造成当下逆全球化风险的根源是西方金融资本的积累制度。我们前面的分析表明，金融资本就是大货币垄断资本，它支配着产业、商业、信用，把社会生产职能垄断起来。通过职能资本的革命，也即通过生产、流通和信用的革命来积累，这是金融资本的生产性积累。此外，金融资本还支配另外一套积累机制，即寄生性积累机制，即通过定价权、地租、国债、一系列金融技术和剥夺机制、支配货币发行权等来积累，这是金融资本的非生产性积累机制。金融资本不仅存在两套积累机制，而且在这两套积累机制之间还存在着一个悖论：当金融资本这些生产性积累陷入矛盾的时候，它试图通过利用、放大、操纵非生产性积累手段来解决危机，比如说进一步投机房地产、寻找新的泡沫代替旧的泡沫、通过支配货币发行权引发货币来解决危机等。这些解决危机的手段本身都制造了更大的危机。正如马克思所说，消灭资本的是资本自身，消灭金融资本的也是金融资本自身。金融资本解决危机的手段是使危机的解决办法越来越少的手段，是使危机在越来越大的规模上、在新的形式上继续积累的手段。美国一系列的手段都用尽了，也没能解决危机，反而导致了越来越深的结构性危机。自由主义、社会民主主义、凯恩斯主义对克服金融资本内在矛盾和内在悖论都是无能为力的。只有社会主义才能解决金融资本的悖论逻辑问题。把由金融寡头所支配的生产资料转化社会联合所有，在此基础之上重建个人所有制，这就是马克思所提供的解决问题的思路。社会联合所有制在一定历史阶段上采取国家所有制的形式，这就是公有制的制度逻辑。公有制为主体的市场经济，否定了金融寡头对社会公共生产资料和交往资料的私人垄断，具有克服金融资本悖论逻辑的制度能力，具有克服金融资本全球化各类风险的能力，具有引领全球化新阶段的制度潜能。

四、评第三届“小世马会”外国学者群的中国意识

在第三世界广大国家发展面临困局、苏东地区陷入长期的结构性衰退、西方发达国家自身也面临深刻危机的条件下，中国道路的普遍意义自然引起了国外左翼学者的关切、思考和议论。下面，我们以第三届“小世马会”为例，对国外左翼学者的中国观进行分析。概括说来，国外左翼学者是以 2008 年以来尤其是 2016 年美国总统特朗普执政以来所发生的西方大变局为坐标来观察中国的，外国左翼学者对中国道路的成就基本上持肯定性的评价，他们大多能够认同中国社会主义市场经济是不同于新自由主义的新型道路，外国左翼学者还试图挖掘中国道路的普遍意义，同时也对中国道路如何避免新自由主义陷阱提出了一些担忧和建议。

第一，外国左翼学者是对西方发生大变局的背景下观察中国的。法国加布里埃·佩里基金会秘书长丹尼尔·塞瑞拉(Daniel Cirera)指出，西方工薪阶层的住房和医疗成本持续上涨，失业问题看不到改善的希望，政府置人民贫困于不顾，用巨额资金挽救大金融机构，经济危机和社会危机最终酿成政治危机。爱尔兰国立大学经济学系“荣休教授”特伦斯·麦克唐纳(Terrence McDonough)认为，第二次世界大战后是资本主义的一个黄金时期。20 世纪 70 年代，新自由主义阶段，这一阶段远不如第二次世界大战后的黄金时期。这一阶段，与经济增长相伴随的是严重的贫富分化，财富向少数人积累的现象被称为西方的“百分之一”现象。希腊马其顿大学政治经济学教授斯塔·马夫罗迪

亚斯(Stavros D. Mavroudeas)认为,过去几十年来世界一直流行着关于经济全球化的话语,这种话语导致人们认为民族经济的时代结束了,然而,经济全球化未能兑现提高人民生活水平、减小贫富差距的承诺。实际上,全球化的话语背后真实存在的仍然是资本的帝国主义。芬兰社会保障中心高级研究员佩蒂·哈基宁(Pertti Honkanen)认为,经济危机引发了西方民众对其政治价值观的信仰危机,但西欧国家中左翼党派力量弱小,美国甚至没有左翼政党,这些都导致了今天西方右翼民粹主义政党的兴起。韩国首尔国立大学国际关系研究生院教授赵英男(Cho Young-Nam)认为,西方国家对"普世价值"的坚持远不如其对自身利益和经济发展的重视,西方对新自由主义的普世主义发生怀疑,民粹主义随之兴起。印度旁遮普大学经济学系教授包文德尔·辛格·提瓦纳(Balwinder Singh Tiwana)认为,西方世界的变局始于2008年美国的金融危机,失业率居高不下、经济增长滑坡,危机至今还在发酵、延伸;危机最终加剧了国际关系的紧张;美国试图对外转嫁国内矛盾,挑起了经济施压、贸易摩擦乃至军事干预和战争。

第二,外国左翼学者对中国道路的成就基本上持肯定性的评价。国外左翼学者评价新中国70年发展成就,多从经济增长速度、基础设施建设水平、经济结构、文化教育事业、社会福利事业等方面入手。塞瑞拉和麦克唐纳表示,中国经济在短短几十年间取得了巨大的成就,与其他发达国家相比,中国的发展速度尤其引人注目,堪称奇迹。俄罗斯莫斯科国立大学经济学系教授尤里·瓦西里耶维奇(Taranukha Yuri Vasilievich)说自己去过中国很多地方,近30年来的巨变尤其是基础设施方面的建设成就给他留下了深刻印象;他认为中国在基础设施建设方面已经走在世界前列。提瓦纳教授认为,20世纪80年代以来中国以设立经济特区的方式逐步向外资开放,这些举措都对中国产生了直接或者间接的影响,尤其是创造了大量就业机会,但中国并没有否定政府宏观调控的积极作用;目前中国已经成为全球第二大经济体,制造业取得了巨大进步,并成为全球出口增长最快的国家之一;近几年来,全球GDP的增长主要源自美国和中国,且中国占比增长非常快;中国实现了举世瞩目的发展成就,成为世界上最为主要的经济力量和政治力量。

第三,外国左翼学者基本上确认了中国社会主义市场经济不同于新自由主义的制度体系。美国马萨诸塞州立大学经济学"荣休教授"大卫·科茨(David Kotz)认为,改革开放前,中国建立了较为完备的工业体系,打牢了工业发展基础,如果没有中央计划经济体制期间所规划建设的工业体系,改革开放后的快速增长就没有客观的物质基础。麦克唐纳教授认为,在1978年之前,中国的积累方式与苏联类似,主要依靠社会动员,集中力量发展重工业;在1978—1992年,中国更多地效仿匈牙利和南斯拉夫的模式,建设公有制主导下的市场导向型、激励型经济体制;1992年以后,自由的劳动力市场发展起来,国家对社会福利、退休金和医疗方面的干涉越来越少。印度德里大学经济学系助理教授萨拉邦德(Chandrasekharan Saratchand)指出:中国公共部门在经济发展中发挥着基础作用,政府的公共政策是目前中国顺利推进大型基础设施建设项目的主要动力;中国各级财政投资有助于刺激需求;公共部门在通信设施和交通设施等方面的投资建设,有助于降低企业的生产成本,有助于提高人均收入;公共部门的积极作用可以确保就业率更加稳定;中国公共部门也使得发展进程更加有序和新兴技术快速发展;在解决区域发展不平衡方面,公共部门的参与更是不可或缺;中国政府还积极推动基础设施建设"走出去",也产生了良好的效果。相比之下,印度政府更青睐私营部门而不是公共部门。印度政府往往把基础设施项目交由私人企业建设运营,很多企业在中标后,通常会跟政府再次进行谈判,以便得到一个更有利的条件。1991 年之前,印度公共部门在改变工人就业条件方面起到了一定作用;1991 年之后,印度公共部门的重要性越来越低,在工人就业方面所起的积极作用也越来越小。在俄罗斯莫斯科国立大学经济学系教授尤里·瓦西里耶维奇看来,中国的改革开放可以视为列宁新经济政策在中国的具体实践;中国道路在激励机制、利用市场建设社会主义和吸引外资方面取得了较大成果,与此同时,在政治层面,中国也确保了无产阶级政党对经济发展全过程的管理。塞瑞拉指出,不论在历史还是当下,中国都具有十分特殊的地位。中国道路的发展将回答:我们如何转变思维来实现社会秩序的变革,而不是始终站在为资本主义道路辩护的立场上;"走自己的路"虽不是中国的专利,但只有中国真正开辟了属于自己的发展道路。

第四,外国学者试图挖掘中国道路的普遍意义。萨拉邦德认为,中国道路是落后国家发展道路另辟蹊径的创举,中国的政府机构在解决实际问题中所发挥的作用,完全不同于其他发展中国家,中国的发展经验值得发展中国家学习,而目前已有许多发展中国家确实正在向中国学习。印度旁遮普大学经济学系教授包文德尔·辛格·提瓦纳尤为关注改革开放前 30 年中国在农业和农村方面的政策。1947 年,印度摆脱英国殖民统治取得独立,但印度没有像中国那样实行彻底的土地改革,这是导致印度当前发展水平落后于中国的原因之一。韩国瑞永大学教授金镇英(Kim Jinyoung)指出,中国用自身发展成就证明了社会主义是可行的,"社会主义失败"论反而自己失败了。印度和巴西学者指出,当前以美国为首的西方话语体系难以解释中国的巨大成就,这是打破西方话语垄断和话语霸权的良好时机,希望中国积极总结发展经验,以便其他国家更好地学习借鉴。科茨教授针对有人将"一带一路"倡议视作"旧殖民主义翻版"的观点,指出:今天的中国经济依赖于深度参与全球经济,但中国的社会主义属性决定了中国不会也不愿控制其他国家。哈基宁认为,"一带一路"倡议和构建人类命运共同体是非常具有建设性的积极主张,体现了中国愿意与其他国家合作共赢的友好态度。提瓦纳认为,中国通过“一带一路”倡议使许多国家实现互联互通,不仅将众多国家联合起来,还对世界政治经济格局产生重大影响。萨拉邦德进一步提出,“一带一路”倡议为许多国家,特别是欧亚大陆的发展中国家,提供了一套参与国际经济的新路径。

第五,外国学者对中国道路避免新自由主义陷阱提出警醒。瓦西里耶维奇认为,部分俄罗斯人以为中国特色社会主义道路的实质就是资本主义,因为很多中国年轻人日益表现出片面追求物质享受的趋向。因此,中国应加强对下一代青年社会主义品质的培养和教育。鉴于苏共教训,瓦西里耶维奇教授还提出,中国40年改革开放带来的新问题,如显著增大的收入差距,都是难啃的硬骨头。科茨建议中国继续走适合本国国情的发展道路,坚持马克思主义指导和社会主义原则,为社会主义的更高程度的发展准备条件;改革应使普通劳动者能从中获益而不是受到伤害,要以美国推行新自由主义导致社会贫富急速分化为鉴戒。麦克唐纳认为,中国目前对毛泽东时代的看法存在某种程度的扭曲,对其批评过多,但对其发挥的积极作用和其中的积极因素关注不足;要客观评价毛泽东及其所处的时代,从中汲取更多有益经验。哈基宁主张中国发挥税收对收入分配的调节作用,对富人多征税,以补充公共开支。提瓦纳表示,发展中国家看重中国道路带来的农业和制造业的高增长率,但中国道路仍存在不足,如不平等问题,也值得关注和重视;提瓦纳建议中国在兼顾国际市场和国内市场的同时,注重扩大内需,深耕国内市场,让技术进步和生产率提高的红利惠及更多人民,提高人民的购买力,实现更长远的发展。

五、小　结

中国经济的70年成就及其对世界经济的贡献,是需要好好总结的课题。新中国经济建设是在一穷二白的起点上展开的,新中国前30年取得了伟大的成就,改革开放巩固和推进了这些经济成就,中国经济前三十年和后四十年之所以一脉相承,是因为其在基本制度属性上是一致的。中国经济的制度属性涉及全民所有或集体所有的土地制度、公有制经济的主体地位、政府的宏观规划作用、对市场竞争机制的引入和利用等,这些制度要素相互联结,构成了中国的新型社会主义现代化道路。中国道路克服了西方金融资本主导的积累制度、改变了国家作为金融资本守夜人的角色、避免了第三世界国家所陷入的新自由主义陷阱、制衡了新自由主义金融帝国的世界统治,中国道路具有引领全球化新阶段的制度潜能。在第三世界广大国家发展面临困局、苏东地区陷入长期的结构性衰退、西方发达国家自身也面临深刻危机的条件下,中国道路的普遍意义,自然引起了国外左翼学者的关切。概括说来,国外左翼学者是以2008年以来尤其是2016年美国总统特朗普执政以来所发生的西方大变局为坐标来观察中国的，外国左翼学者对中国道路的成就基本上持肯定性的评价，他们大多能够认同中国社会主义市场经济是不同于新自由主义的新型道路，外国左翼学者还试图挖掘中国道路的普遍意义，同时，也对中国道路如何避免新自由主义陷阱提出了一些担忧和建议。

参考文献

[1][英]安格斯·麦迪森，伍晓鹰等译，2003，《世界经济千年史》，北京：北京大学出版社，第 211、260 页。

[2]丁冰，1999，新中国前 30 年生产建设的伟大成就，《高校理论战线》，第 10 期，第 4—8 页。

[4]列宁，2017a、b，《列宁全集》第 16 卷，北京：人民出版社，第 390—391、260 页。

[5]马克思、恩格斯，1972a、b，《马克思恩格斯全集》第 25 卷，北京：人民出版社，第 696、875 页。

[6]马克思、恩格斯，1975，《马克思恩格斯全集》，第 26 卷(Ⅱ)，北京：人民出版社，第 30—31 页。

[7]王晓鹏、顾昭明，2020a、b，新中国成立 70 年经济建设取得的重大成就与基本经验，《中北大学学报(社会科学版)》，第 3 期，第 16 页。

The Economic Achievements of China's Socialist Road and its Contribution to the World Economy

—On the Left-wing Foreign Scholars' Consciousness of China

Song Chaolong

Abstract China's socialist road's economic achievements, institutional attributes and its contribution to the world economy are topics that need to be summed up well. The economic development of new China is from the starting point of poverty. Great achievements have been made in the first 30 years of new China. The reform and opening up has promoted these economic achievements. The first 30 years and the last 40 years of China's economy share the same basic economic system. The institutional attributes of China's economy involve the land system owned by the whole people or the collective, the dominant position of the public owned economy, the macro planning function of the government, the utilization of the market competition mechanism, etc. These institutional elements are connected with each other and constitute the new socialist modernization road of China. China's road has overcame the accumulation system dominated by financial capital, changed the role of the government as a watchman of financial capital, avoided the traps of Neo-liberalism that many Third World countries has fell into, and resisted the world domination of the Neo-liberalism financial empire.

Key words China's Socialist Road Economic Achievements Institutional Attributes World Economy Contributions

图书在版编目(CIP)数据

海派经济学.2020年.第18卷.第2期:总第70期/程恩富,顾海良主编.—上海:上海财经大学出版社,2020.6

ISBN 978-7-5642-3628-1/F·3628

Ⅰ.①海…　Ⅱ.①程…　②顾…　Ⅲ.①经济学—丛刊　Ⅳ.①F0—55

中国版本图书馆CIP数据核字(2020)第152334号

□ 责任编辑　袁　敏
□ 封面设计　张克瑶

海派经济学

程恩富　顾海良　主编

上海财经大学出版社出版发行
(上海市中山北一路369号　邮编200083)
网　址:http://www.sufep.com
电子邮箱:webmaster@sufep.com
全国新华书店经销
上海华教印务有限公司印刷装订
2020年6月第1版　2020年6月第1次印刷

787mm×1092mm　1/16　15印张　285千字
定价:24.00元